Ulrike Peters
Das Alte Mexiko

Ulrike Peters

Das Alte Mexiko

und seine Hochkulturen

marixverlag

Meiner Mutter
Ursula Peters (1925–2008),
in Dankbarkeit und Erinnerung
an die Zeit in Mexiko

Bibliografische Information der Deutschen Nationalbibliothek
Die Deutsche Nationalbibliothek verzeichnet diese Publikation in der
Deutschen Nationalbibliografie; detaillierte bibliografische Daten sind
im Internet über
http://dnb.d-nb.de abrufbar.

© by marixverlag in der Verlagshaus Römerweg GmbH, Wiesbaden 2015
Covergestaltung: Kerstin Göhlich, Wiesbaden
Bildnachweis: Olmekischer Kolossalkopf. © akg/Bildarchiv Steffens
Satz und Bearbeitung: SATZstudio Josef Pieper, Bedburg-Hau
Der Titel wurde in der Palatino Linotype gesetzt.
Gesamtherstellung: CPI books GmbH, Leck – Germany

ISBN: 978-3-7374-0984-1

www.verlagshaus-roemerweg.de

»Wohin gehen wir?
Nur um geboren zu werden kommen wir,
denn dort ist unser Zuhause,
wo der Ort der Toten ist.«

Mexikanische Gesänge

Aussprache

Orts- und Personennamen der indianischen Sprachen werden nach spanischen Sprachregeln ausgesprochen, so Chihuahua = Tschiwawa, d. h.:

ch = tsch
j = ch
ll = lj
c = k (vor e und i = z)
u = w
x = s vor Konsonanten, bei indianischen
     Worten wie z. B. Uxmal auch = sch

Abkürzungen

MNA = Museo Nacional de Antropología = Nationalmuseum für Anthropologie in Mexiko-Stadt

INHALT

VORWORT

Lebt man wirklich hier auf Erden?
Nicht für immer sind wir auf Erden, nur ein wenig.
Auch Jade spaltet sich,
auch Gold zerbricht,
auch Quetzal-Federn zerreißen.
Nicht für immer sind wir auf Erden, nur ein wenig?[1]

Die Vergänglichkeit und der Sinn des menschlichen Lebens waren ein Hauptthema der aztekischen Poesie und Philosophie, wie dieses Beispiel aus den *Mexikanischen Gesängen (Cantares Mexicanos)* zeigt. Aber nicht nur in diesen Gedichten leben die Azteken und andere Völker des Alten Mexiko weiter, sondern sie haben ihre Spuren auch mit den Tempel- und Palastanlagen und zahlreichen Kunstwerken hinterlassen. Die Nachfahren dieser indianischen Hochkulturen wie Azteken, Maya, Zapoteken, Mixteken oder Totonaken sowie ihre indianische Tradition prägen noch heute entscheidend das Bild der zentralamerikanischen Länder.

Die Hochkulturen der Azteken und Maya sind die bekanntesten des Alten Mexiko. Weniger bekannt, aber nicht weniger faszinierend sind die anderen Kulturen, die es außerdem vom ersten Jahrtausend v. Chr. bis zur spanischen Eroberung gab: Olmeken an der Golfküste, die Megastadt Teotihuacán im Hochtal von Mexiko – die erste Metropole Amerikas –, Monte Albán in Oaxaca und die Kulturen der Zapoteken und Mixteken, die westmexikanischen Kulturen, El Tajín – die Stadt der Totonaken –, oder Tula – die Stadt der legendären Tolteken. Diese Kulturen folgten zeitlich nacheinander oder bestanden

---

1 *Cantares Mexicanos*, zit. in León-Portilla, Miguel: La Filosofía Nahuatl. Estuddiada en sus Fuentes, México 1983, S. 60 (dt. von U. P.).

auch gleichzeitig »nebeneinander« und beeinflussten sich gegenseitig.

Nicht selten sind gerade die Kulturen der Azteken oder Maya stark von Klischees geprägt. So verbindet man beispielsweise die aztekische Kultur meist mit blutigen Menschenopfern. Unbekannt dagegen ist die hochentwickelte Philosophie, Theologie und Dichtkunst der Azteken, wofür das oben zitierte Gedicht ein Beispiel ist. Ein aztekischer Herrscher wie Nezahualcóyotl war nicht nur ein fähiger Regent und Krieger, sondern ebenso ein qualifizierter Architekt, Dichter, Gesetzgeber, Theologe und Philosoph, von dem uns bis heutige einige Gedichte erhalten sind. Andererseits wurden die Maya bis vor wenigen Jahrzehnten als ein friedliebendes Volk ohne Menschenopfer und mit einer hochentwickelten Kultur dargestellt. Heute wissen wir, dass die Maya häufig Kriege führten und ihnen Menschenopfer nicht fremd waren. Über die Kulturen der Azteken und Maya sind wir relativ gut informiert. Denn es waren diejenigen Kulturen, die die Spanier bei ihrer Eroberung noch »live« erlebten und über die sie berichteten, ebenso wie indianische Chronisten in dieser Zeit. Aber von den Kulturen davor wissen wir letztlich wenig. Die meisten Spuren des alten Mexiko warten noch auf ihre Entdeckung, nur ein Bruchteil ist bisher ausgegraben.

Die spanische Eroberung hat den größten Teil dieser Kulturen zerstört – aber doch nicht alles. Indianische Tradition lebt heute weiter, so z. B. in der christlichen Religion – wie der Verehrung der Jungfrau von Guadalupe –, in den vielen Festen, im Kunsthandwerk bis hin zu der Kunst eines Diego Rivera oder einer Frida Kahlo. Die indianische Vergangenheit ist für die mexikanische Identität heute ein wichtiges Kriterium. So ist das Nationalmuseum für Anthropologie in Mexiko-Stadt, das die weltweit bedeutendste Sammlung altmexikanischer Geschichte repräsentiert, eines der prägnantesten Symbole mexikanischer Selbstdarstellung. Allerdings ist auch die Ambivalenz nicht zu übersehen zwischen der stolzen Präsentation der Vergangenheit des Alten Mexiko und der Verehrung indianischer »Helden« wie Cuauhtémoc, dem letzten Aztekenherrscher oder Benito Juárez, dem ersten indianischen Präsidenten Mexikos und Amerikas überhaupt auf der einen Seite und der sozialen Realität andererseits, in der »dem Indio« nur ein Platz in der untersten Gesellschaftsschicht zukommt.

Der vorliegende Band gibt einen Überblick über die Vielfalt der indianischen Hochkulturen Mexikos, wobei bestimmte, für den Leser interessante Aspekte hervorgehoben und die neuesten Forschungsergebnisse berücksichtigt werden.

Die archäologische Erforschung der indianischen Vergangenheit ist spannend und bringt immer wieder neue sensationelle Funde ans Licht. So wurde z. B. gerade bei Drucklegung dieser Publikation ein Schädelgerüst *(Tzompantli)* beim Haupttempel der Azteken in Mexiko-Stadt gefunden. Insofern versteht sich der vorliegende Band nicht als umfassende wissenschaftliche Arbeit, sondern Ziel und Zweck ist es einen allgemeinverständlichen Überblick über die Vielfalt der indianischen Hochkulturen des Alten Mexiko zu geben. Wenn dieses Ziel erreicht ist, ist das nicht zuletzt auch ein Verdienst von Frau Rebecca Hausdörfer, der Lektorin des marixverlages, der an dieser Stelle mein Dank gilt. Für den interessierten Leser, der sich intensiver mit der Thematik beschäftigen möchte, sei auf die Bibliografie verwiesen.

Gleichzeitig wird aber auch aufgezeigt, wie die Präsenz der indianischen Tradition die Geschichte der Länder wie z. B. Mexiko oder Guatemala von der spanischen Eroberung bis heute prägt und sie für den Touristen zu den faszinierendsten Ländern der Welt macht. Schon Bernal Díaz del Castillo, Augenzeuge der spanischen Eroberung Mexikos, vermerkte über den Anblick von Tenochtitlán, heute Mexiko-Stadt, im Jahre 1519: »Wir waren bass erstaunt über dieses Zauberreich, das fast so unwirklich schien wie die Paläste in dem Ritterbuch des Amadis.«

Einführung:
Die Grundlagen der altmexikanischen Kulturen

Das Alte Mexiko – geografisch gesehen

Unter allen Kolonien, welche dem Zepter des Königs von Spanien unterworfen sind, behauptet Mexiko gegenwärtig den ersten Rang, sowohl wegen der Schätze seines Bodens als wegen seiner für den Handel mit Europa und Asien so vorteilhaften Lage.

Das schrieb Alexander von Humboldt von seiner Reise nach Mexiko im Jahre 1803 in seinem »Mexico-Werk« (1. Bd.). Alexander von Humboldt (1769–1859) verdanken wir von seiner mexikanischen Reise (1803–1804) eine ausführliche landeskundliche Beschreibung Mexikos, mit der er den Grundstein zur Geografie Mexikos legte. Er war es auch, der als Pionier die Forschungen zum Alten Mexiko anregte. Zu Humboldts Zeit hieß Mexiko als spanische Kolonie noch Neuspanien (1535–1822) und war wesentlich größer als der heutige Staat Mexiko: Neuspanien reichte im Norden bis Kalifornien und im Süden bis Venezuela. Um es noch etwas komplizierter zu machen: Das, was wir heute gemeinhin als »Altes Mexiko« bezeichnen, wird in der Altamerikanistik, der Wissenschaft, die sich mit den indianischen Kulturen Amerikas beschäftigt, *Mesoamerika* genannt. Der Altamerikanist Paul Kirchhoff führte diesen Begriff 1943 ein, um damit unabhängig von den modernen Staatsgrenzen das Ausbreitungsgebiet bzw. Kulturareal der dortigen vorspanischen Hochkulturen zu bezeichnen. Die Grenze Mesoamerikas verlief in Nordmexiko auf der Höhe des nördlichen Wendekreises, ungefähr mit dem Verlauf der Flüsse Rio Pánuco und Rio Lerma übereinstimmend. Im Süden gehörten die heutigen Nachbarstaaten Mexikos, Guatemala, Belize, El Salvador und Honduras, zu gewissen Zeiten auch Nicaragua und Costa Rica zu Mesoamerika. Die Grenzen Mesoamerikas veränderten sich folglich und waren jeweils von den einzelnen Kulturen und ihren Zeiten abhängig – ähnlich wie die Ausbreitung und die Grenzen des Römischen Reiches sich mit den Zeiten veränderten. Wenn wir im Folgenden also vom »Alten Mexiko« sprechen, ist Mesoamerika gemeint. Die Bezeichnung »Altes Mexiko« hat insofern ihre Berechtigung, als es der gebräuchliche, umgangssprachliche Begriff ist und weil das Gebiet des heutigen Staates Mexiko der größte und wichtigste Teil Mesoamerikas war.

Geografisch gehört der größte Teil Mexikos zu Nordamerika, nur der südliche Teil ab der Höhe des Isthmus von Tehuantepec gehört zu Zentralamerika, der Landbrücke zwischen Nord- und Südamerika, die bis Panama bzw. Kolumbien reicht. Zählt man die Westindischen Inseln dazu, so spricht man statt von Zentralamerika auch von Mittelamerika. Die Gesamtfläche Mexikos beträgt 1 964 375 km²: Mexiko ist somit fast sechsmal so groß wie Deutschland (357 340 km²), mit 31 Bundesstaaten und der Hauptstadt, dem Distrito Federal. Die Ausdehnung von Norden nach Süden beträgt 3170 km, die größte Ausdehnung von Westen nach Osten 1200 km, die engste Stelle zwischen Westen und Osten am Isthmus von Tehuantepec ist 225 km breit. Das Hochtal von Mexiko-Stadt liegt 2240 m über dem Meeresspiegel; die schneebedeckten Vulkanberge des Umlandes, Pico de Orizaba bzw. Citlaltépetl (5636 m), Popocatépetl (»der rauchende Berg«, 5462 m) und Iztaccíhuatl (»die weiße Jungfrau«, 5230 m) sind die höchsten Erhebungen Mexikos.

Nicht nur kulturell, sondern auch geografisch ist Mesoamerika ein Gebiet mit vielen Gesichtern und der Gegensätze – vor allem im Hinblick auf Landschaft, Klima und Vegetation. Während der Norden durch Wüsten und Steppen mit entsprechend trockenem, heißem Klima geprägt ist, das Hochtal von Mexiko und andere Gebirgszonen in Vegetation und Klima den Alpen ähnlich und deren höchste Berge von Schnee bedeckt sind, herrscht an der Atlantik- und Pazifikküste sowie in den Regenwäldern im Süden feuchtheißes, tropisches Klima. Diese Vielfalt ist vor allem auf die ungleichmäßigen Niederschläge zurückzuführen. Mesoamerika liegt südlich des Wendekreises des Krebses und ist daher klimatisch der tropischen Zone zuzuordnen. Man teilt die Klimazonen ähnlich wie in Südamerika ein in eine *Tierra Caliente* (heiße Zone) bis 800 m über dem Meeresspiegel mit Regenwaldvegetation und Kakaoanbau, eine *Tierra Templada* (gemäßigte Zone) von 800 bis 1800 m mit Mischwäldern aus Laub- und Nadelbäumen, Kaffee-, Baumwoll-, Zuckerrohr- und Agavenanbau, und eine *Tierra Fría* (kühle Zone) über 1800 m Höhe mit einer den Alpen ähnlichen Vegetation mit Mischwäldern aus Nadel- und Laubbäumen sowie Graslandschaft. Der Unterschied zwischen Sommer und Winter ist nicht so entscheidend wie der zwischen der Regenzeit von Ende Mai / Anfang Juni bis Oktober / November und der Trockenzeit von Ende November bis Mai. Auch die Temperaturunterschiede zwischen den Jahreszeiten unterscheiden sich nicht so stark wie die zwischen Tag und Nacht. So können die Unterschiede z. B. im Hochtal von Mexiko oder in den Wüstengebieten durchaus 16 bis 20 °C betragen. Die tropische Regenwaldzone zeichnet sich mit Temperaturen im Monatsmittel von 24 bis 28 °C aus, einem Jahresniederschlag von 2000 bis 4000 Millimetern und einer Luftfeuchtigkeit von 70 bis 80 %. Im Vergleich dazu hat eine deutsche Stadt wie Köln eine Durchschnittstemperatur von 9,6 °C im Monatsmittel und einen Jahresniederschlag von 804 Millimetern.

Neben den Küstenebenen wird Mesoamerika vor allem durch die die Landesmitte der Länge nach von Norden nach Süden durchziehenden Gebirgszüge der Sierra Madre Occidental und der Sierra Madre Oriental geprägt. Die Sierra Madre ist sozusagen das Verbindungsstück zwischen den Rocky Mountains in Nordamerika und den Anden in Südamerika. Im Hochtal von Mexiko wird die Sierra Madre von einer zu ihr quer von Westen nach Osten verlaufenden Vulkankette, der Cordillera Neovolcánica, gekreuzt, zu der alle gegenwärtig noch aktiven Vulkane Mexikos gehören. In den Gebirgen befindet sich eine Reihe von Ebenen bzw. Hochtälern, wie das Hochtal von Mexiko, in dem Mexiko-Stadt liegt, oder das Hochtal von Puebla.

Eine Besonderheit bildet die Halbinsel Yucatán, eine 450 km breite Kalksteinplatte, geprägt von einer Savannenlandschaft mit Buschvegetation. Yucatán weist – mit Ausnahme des Usamacinta und Belize – keine größeren Flüsse auf. Für die Wasserversorgung im nördlichen Teil Yucatáns werden die durch den Einbruch von unterirdischen Höhlen entstandenen Wasserbecken, die *Cenotes*, wie sie in der Mayasprache heißen, genutzt. Unter dem Erdboden von Yucatán besteht ein ganzes System solcher Wasserbecken, die untereinander verbunden sind. Den Maya waren diese *Cenotes* heilig und die Zeremonialanlage Chichén Iztá verdankt einem solchen *Cenote* ihre Entstehung und ihren Namen.

Die Pflanzenwelt Mesoamerikas ist entsprechend der geografischen Vielfalt sehr artenreich. Mexiko ist das kakteenreichste Land der Welt. Aus den tropischen Gebieten kennen wir als mexikanischen Import die Tomate, Kakao, Vanille, Tabak, Avocado und Papaya. »Tomate« ist ein eingedeutschtes Nahuatl-Wort *(tomatl)*. Die Worte »Kakao« und »Schokolade« stammen aus der Maya-Sprache, von *cacau haa* und *chocol haa* (»heißes Wasser«). Die Spanier machten, wie Michael C. Coe nachwies, aus *chocol haa* das Nahuatl-Wort *chocolatl*, und so wurde es in die europäischen Sprachen übernommen. Die Kakao-Bohnen dienten bei den Maya und Azteken als Zahlungsmittel und Schokolade war ein Getränk der »High Society« sowohl bei den Maya als auch den Azteken. Erst nach Änderung der Zutaten konnten sich die Spanier mit der Schokolade als Getränk anfreunden, und damit begann der Siegeszug der Schokolade in der Alten Welt. Mais, Bohnen und Kürbis – bis heute das Hauptnahrungsmitteltrio in Mexiko und den südlichen Nachbarländern – aus den gemäßigten und kühleren Zonen stammen ebenfalls aus Mexiko, wurden hier domestiziert und dann von den Europäern übernommen. Die Agave, die bis zu einer Höhe knapp über 2000 m vorkommt, ist seit der vorspanischen Zeit eine wichtige Nutzpflanze: Aus den Blättern stellte man früher Kleidung her, die Dornen benutzte man als Nadeln (und für das Blutopfer), und aus dem Saft der Agave wird nach wie vor Pulque, Alkohol in gegorener Form (vergleichbar unserem Federweißen) gewonnen. Heute stellt man aus Agave auch Tequila, gebrannten Schnaps, der im vorspanischen Mexiko unbekannt war, her. Kaffee, Banane, Kokosnuss, Zuckerrohr und Zitrusfrüchte sind Pflanzen, die ursprünglich nicht in der Neuen Welt beheimatet waren, sondern aus der Alten Welt stammen.

Im tropischen und sehr artenreichen Regenwaldgebiet der Maya sind diverse Baumarten zu erwähnen: Zum einen die Zapote-Bäume *(Manilkara zapota)*, aus deren Milchsaft Kautschuk – auch ein Erbe der Maya, das wir heute von der Gummibis zur Kaugummiherstellung verwenden – für die Herstellung der Vollgummi-Bälle des rituellen Ballspiels gewonnen wurde. Zum anderen nutzten schon die Maya das gegen Feuchtigkeit und Termiten resistente Holz der Mahagoni-Bäume für ihre Bauten. Und schließlich ist der heilige Baum der Maya zu nennen, die Ceiba – oder *yaxché*, wie der Maya-Name lautet –, die mit ihren 30 m Höhe, einer weit ausladenden Krone und einem Stammumfang von 3 bis 5 m nicht nur im Regenwald auffällt, sondern auch als Schattenbaum die Plätze *(Zócalos)* der Dörfer und Städte damals wie heute prägt. Als kosmischer Baum symbolisierte sie für die Maya die alles verbindende Weltachse. Bäume, die den Maya Früchte lieferten, sind der Brotnussbaum, der Avocado-Baum, der Papaya-Baum, ein Baum mit tomatenähnlichen Früchten *(Diospyros ebenaster)*, und *Protium copal*, der Baum, aus dem man das Räucherharz (Copal) gewann. Alle diese Bäume und ebenso Palmenarten, deren Samen oder Fasern man verwertete, ließ man bei der Rodung auf den Feldern stehen.

Auch die Fauna Mesoamerikas ist artenreich. Und auch in diesem Fall haben wir mit »Ozelot« *(ozelotl)* und »Kojote« *(coyotl)* Wörter aus der Nahuatl-Sprache übernommen, wobei die Azteken mit *ozelotl* den Jaguar bezeichneten. Weit verbreitet und typisch für Mexiko sind: Jaguar, Puma, Ozelot, Kojote, Fuchs, Pekari (eine Wildschweinart), Rehwild, Kaninchen, Gürteltier, Nasenbär, Affen, Fledermäuse, Geier, Adler, Kolibris, Wachtel, Rebhuhn, Truthahn, Eulen, Sittiche, Fische, Spinnen (u. a. Vogelspinne, Schwarze Witwe), Skorpione, Schmetterlinge, Leguane und vor allem Schlangen. Mexiko ist mit 705

Arten das an Schlangenarten reichste Land der Welt. Die bekanntesten sind *Boa Constrictor* (Würgeschlange), Klapperschlange und Korallennatter. Als Seevögel sind Pelikan, Fregattvogel und Kormoran hervorzuheben. Aus der Fauna der tropischen Gebiete sind zu nennen: der Ameisenbär (Tamandua), Paka (eine Nagetierart), Schildkröten, Alligatoren, Rote Ameise, Aras, Tukan, Montezuma-Stirnvogel und vor allem der für die indianische Religion und als heutiges Wappentier Guatemalas bedeutungsvolle, aber seltene Quetzal-Vogel. In Nordmexiko ähnelt die Fauna der Nordamerikas: An der Pazifikküste Nordmexikos gibt es Grauwal, Seelöwe, Seeotter, Biber, Nutria (eine Nagetierart, auch »Biberratte« genannt), Gänse und Enten und im Landesinneren Nordmexikos Schwarzbär, Rotluchs, Wolf, Waschbär, Dachs, Katzenfrett und Opossum. In Religion und Mythologie des Alten Mexiko kommt den Tieren und tiergestaltigen Gottheiten eine besondere Rolle zu, so vor allem der »gefiederten Schlange« und dem Jaguar.

Die altmexikanischen Hochkulturen – ein Überblick über Wesen und Besonderheiten

Die geografischen Verhältnisse Mesoamerikas boten für die Entstehung von Hochkulturen eine optimale Grundlage. Das Alte Mexiko, das sind nicht nur die Kulturen der Maya und Azteken, sondern auch die einer ganzen Reihe anderer Kulturen. Nachdem die ersten Einwanderer zwischen 40 000 und 10 000 v. Chr. von Asien her in mehreren Schüben nach Amerika einwanderten, weisen Funde um 22 000 v. Chr. erstmalig auf menschliche Existenz in Mexiko hin. Die nomadische Lebensweise dieser ersten Jäger und Sammlerinnen wandelte sich zur Sesshaftigkeit, als um 5000 v. Chr. erstmals Mais angebaut und domestiziert wurde. Damit war der erste Schritt auf dem Weg zur Hochkultur vollzogen.

Nach dem Vorbild der griechischen Antike ordnet man die altmexikanischen Kulturen in eine archaische, vorklassische (präklassische), klassische und nachklassische (postklassische)

Zeit ein. Die erste nachweisbare Hochkultur Mesoamerikas ist die der Olmeken in der vorklassischen Zeit (2000 v. Chr. – 250 v. Chr.) mit ihren Zeremonialzentren San Lorenzo und La Venta (in den heutigen Bundesstaaten Veracruz und Tabasco). Die klassische Zeit (300–900 n. Chr.) wird durch den Höhepunkt der Kultur von Teotihuacán, einer Megastadt mit riesigem Zeremonialzentrum im Hochtal von Mexiko (nahe Mexiko-Stadt), geprägt. Die nachklassische Zeit (900 n. Chr. bis zur Ankunft der Spanier 1519) ist im Hochtal von Mexiko zunächst durch die Tolteken und ihre Stadt Tula (nahe Mexiko-Stadt, 950–1150 n. Chr.) gekennzeichnet. Erst als buchstäblich allerletzten Repräsentanten einer Hochkultur treten die Azteken in Erscheinung. Sie gründeten 1325 ihre Hauptstadt Tenochtitlán, die 1521 von den Spaniern erobert und schließlich zum heutigen Mexiko-Stadt wurde. Neben diesen Hochkulturen in Zentralmexiko sind ferner »Nachbarkulturen« zu nennen, wie die der Zapoteken und Mixteken in Oaxaca mit ihrem Zentren Monte Albán und Mitla, die der Totonaken an der Golfküste mit ihrer Stadt El Tajín sowie die westmexikanischen Kulturen. Und last but not least sind die Kulturen der Maya nicht zu vergessen, deren Ausbreitungsgebiet von Südmexiko über Guatemala, Belize und Honduras bis San Salvador reichte und deren Städte wie Tikal, Calakmul oder Palenque vor allem in der Klassik (300–900 n. Chr.) ihre Blütezeit im Zentralgebiet erlebten. Aber auch in der Nachklassik entstanden in Yucatán bedeutende Städte im sogenannten Puuc-Stil sowie die Städte Chichén Itzá und Mayapán. (Vgl. dazu die Zeittafel S. 248).

Alle diese Kulturen zeichnen sich durch Gemeinsamkeiten aus, die Paul Kirchhoff (1943) erstmals zusammenstellte. Er stellte dabei folgende gemeinsamen Merkmale der Kulturen Mesoamerikas heraus, die im Folgenden noch näher erklärt werden:

– hierarchisch gegliederte Gesellschaften
– Kultzentren und Stadtanlagen mit Tempelpyramiden und Palästen
– hochentwickelte Kunstwerke
– Schrift-, Zahlen- und Kalendersysteme

Die Gesellschaften der mesoamerikanischen Kulturen waren hierarchisch in Adel, Priester, Krieger, Handwerker und Bauern sowie Sklaven gegliedert. Damit verbunden war die Bildung von Reichen und Stadtstaaten. Kennzeichnend für Mesoamerika sind die Anlagen von Kultzentren und Städten mit Tempeln, Palästen und auch Ballspielplätzen. Die Tempel standen auf mehr oder weniger großen Pyramiden. In einigen Pyramiden hat man auch Gräber gefunden. Im Unterschied dazu waren die Pyramiden im alten Ägypten ausschließlich als Grabbauten und nicht als Unterbauten für Tempel konzipiert. Während die Pyramiden der mesoamerikanischen Kulturen erhalten sind, existieren die Tempel heute – bis auf sehr wenige Ausnahmen – nicht mehr. Der Bau der Tempel wurde genau nach astronomischen Gegebenheiten und Berechnungen (z. B. Sonnenaufgang zur Tag- und Nachtgleiche im März und September) ausgerichtet. Erscheinen heute die Reste der Pyramiden und Tempel in einem sehr »einfarbigen« Äußeren, so waren die Fassaden früher mit einer mehrfarbig bemalten Stuckschicht versehen, häufig in weiß, rot und blau. Die Tempel wurden oft in unterschiedlichen Bauphasen mehrmals »überbaut«, so dass eine Pyramide mehrere frühere Tempel in sich bergen kann. Als drittes gemeinsames Merkmal mesoamerikanischer Kulturen nennt Kirchhoff die hochentwickelte Kunst wie z. B. Keramik, Skulpturen, Malereien oder auch Textilien. Alle mesoamerikanischen Kulturen besaßen ein mehr oder weniger hoch entwickeltes Schrift-, Zahlen- und Kalendersystem. Das Zahlensystem der Maya enthält den Zählwert Null, mit dem sich wesentlich mehr und kompliziertere Rechnungen durchführen lassen als ohne ihn. In Europa fehlte der Nullwert bis zur Einführung der arabischen Zahlen im Mittelalter. Das bis dahin gebräuchliche römische Zahlensystem kennt keine Null. Erfunden wurde die Null nur zweimal in der Weltgeschichte, in Indien (von wo sie über Arabien nach Europa gelangte) und in Mesoamerika durch die Maya. Das astronomische Wissen um den Verlauf von Sonne und Mond sowie Venus bzw. die Kalendersysteme dienten für die Festlegung von Daten und Terminen wie z. B. für Aussaat, Ernte, Jahresfeste, Kriege, Anlage der Tempel bis hin zur Wahrsagerei im Alltagsbereich.

Neben den von Kirchhoff aufgezählten Merkmalen lassen sich noch weitere Gemeinsamkeiten der mesoamerikanischen Kulturen feststellen. So basierten alle diese Kulturen auf einer hochentwickelten Landwirtschaft mit Bewässerungstechniken. Die Grundnahrungsmittel waren und sind bis heute Mais, Bohnen und Kürbis.

Man spricht im Fall Mesoamerikas – technisch gesehen – oft von Hochkulturen auf Steinzeitniveau. Denn im Alten Mexiko kannte man zwar Metallverarbeitung von Kupfer und Gold zu Schmuck sowie bei den Tarasken zu kleinen Gebrauchsgegenständen wie Pinzetten, aber man stellte keine Werkzeuge aus Eisen her. Die Gebäude der Städte, die riesigen Pyramiden und Tempel wurden folglich mit Werkzeugen aus Stein, also Messern und Äxten aus Feuerstein und Obsidian, hergestellt. Aber Vergleiche hinken bekanntlich immer. Denn die altmexikanischen Kulturen unterschieden sich von der europäischen Steinzeit wie erwähnt durch Staatenbildung, Schrift-, Zahlen- und Kalendersysteme. Die altmexikanischen Kulturen kannten weder Töpferscheibe noch den Pflug.

Die altmexikanischen Hochkulturen waren »Fußgängerkulturen«, wie Hanns J. Prem es formulierte. Es fehlten Zug- und Reittiere wie Pferd oder Esel, und nicht zuletzt deshalb verwendete man auch keine Räder. Allerdings kannte man in Mesoamerika das Rad, wie Funde von Spielzeugtieren auf Rädern beweisen. Aber das Rad war nicht unbedingt notwendig. Denn der Handelsverkehr im Hochtal von Mexiko war durch den großen Texcoco-See begünstigt, wo man alle Handelsgüter per Kanu zu den wichtigsten Orten transportieren konnte. Im dichtbewachsenen Dschungelgebiet der Maya wäre man mit einem von Zugtieren gezogenen Wagen zudem kaum vorwärtsgekommen. An Haustieren gab es nur Hund und Truthahn, bei den Maya auch Bienen. Alle anderen Tiere wie Pferd, Esel, Schwein, oder Huhn brachten die Spanier mit. Sie stammen also aus Europa. Bis heute diskutieren die Wissenschaftler darüber, ob in Mexiko und generell in Amerika überhaupt

Tiere domestiziert wurden. Denn es ist durchaus möglich, dass der Hund bereits den ersten Einwanderern aus Asien folgte. Und im Fall des Truthahns ist es ist noch nicht geklärt, ob es sich um die Wildform oder um eine durch Zuchtauswahl veränderte, also domestizierte Art handelt. Zumindest hat man den Hund in Mexiko weitergezüchtet, denn man kannte eine kleine, kurzhaarige Rasse, die gemästet und entsprechend dick wurde – wie Hundefiguren aus Ton zeigen. Diese Rasse wird gern mit dem heutigen Chihuahua gleichgesetzt, mit dem eine gewisse Ähnlichkeit besteht, aber mehr auch nicht. Zum anderen gab es im Alten Mexiko eine haarlose Hunderasse in kleinerer und größerer Form, *Xoloitzcuintli* oder *Tepezcuintli*, oft auch einfach *Chichi* genannt, auf die man die heutige Rasse des Mexikanischen Nackthundes zurückführt.

Ein wesentlicher Faktor der mesoamerikanischen Kulturen war die Religion. Herrschaft und Staat, Gesellschaft und Kultur und das Alltagsleben standen in einem religiösen Kontext. Man kannte keine Trennung von religiös und profan wie in unserem modernen säkularen Weltbild, wo die Religion mehr oder weniger auf den privaten Bereich zurückgedrängt ist. So wurde die politische Macht in den mesoamerikanischen Staaten religiös legitimiert: Die Herrscher waren teilweise auch Priester, wie z. B. in Teotihuacán und Tula, oder sie beriefen sich wie die Maya-Herrscher auf ihre göttliche Abstammung. Somit war das Verhältnis zwischen Herrschenden und der breiten Bevölkerung ein anderes als bei einer weltlichen Herrschaft. Und dementsprechend ließen sich z. B. so gigantische Bauten wie die Pyramiden von Teotihuacán damit auch leichter durchführen. Auch die Kunst Mesoamerikas ist weitgehend religiös zu verstehen. Die Kunstwerke dienten religiösen Zwecken und Zielen und nicht als *l'art pour l'art* aus ästhetischen Gründen, einer Kunst, die sich »nur« als Kunst versteht, wie in unserer modernen Welt.

Nach dem Weltbild der mexikanischen Kulturen war der Kosmos meist in 13 Himmel und neun Unterwelten – mit der Erde zwischen beiden Bereichen – gegliedert. Den vier Himmelsrichtungen waren jeweils eine Gottheit, eine Farbe, ein Tier und / oder eine Pflanze zugeordnet. In allen mexikanischen Kulturen wurden Menschen- und Blutopfer praktiziert. Die meisten Gottheiten Mesoamerikas standen mit den Bereichen Wasser bzw. Regen und Fruchtbarkeit in Verbindung, wie Tlaloc, der Regengott, die Jaguargottheit oder die gefiederte Schlange (Quetzalcoatl).

Voraussetzung und Kennzeichen eines Staates oder Reiches sind prinzipiell, dass die Macht und Herrschaft zentral organisiert sind. Im Falle Mesoamerikas wissen wir aber oft nicht ganz genau, wie die Herrschaft und Herrschaftsformen konkret aussahen und funktionierten. Beruhte der weitreichende kulturelle Einfluss der Olmeken oder von Teotihuacán auf Handelsbeziehungen? Oder handelte es sich um eine militärische Eroberung bestimmter Gebiete? Von den Maya der klassischen Zeit wissen wir, dass ihre Herrschaft durch Stadtstaaten gekennzeichnet waren, ähnlich wie in der griechischen Antike die Polis. Ein Herrscher regierte also »nur« über eine Stadt und deren Umfeld. Allerdings führten die Maya-Herrscher auch Kriege, um andere Städte zu erobern. Wenn wir vom »Reich« der Azteken sprechen, so sind wir meist von unseren europäischen Vorstellungen eines einheitlichen Gebietes unter der Herrschaft *eines* Regenten geprägt. Das Reich der Azteken aber war kein einheitliches Gebiet, sondern wies sozusagen Lücken, d. h. Gebiete oder Orte auf, die nicht unter aztekischer Herrschaft standen. So war die im aztekischen Herrschaftsgebiet liegende Stadt Tlaxcala von den Azteken unabhängig. Basis der Macht der Azteken waren auch nicht Krieger, die in den beherrschten Gebieten stationiert waren, sondern die Herrschaft beruhte darauf, dass die aztekischen Herrscher Tribut durch die Kaufleute einforderten und erhielten. Die Herrscher des Alten Mexiko waren nicht nur weltliche Herrscher, sondern sie hatten auch religiöse Funktionen und Aufgaben. Im Fall von Teotihuacán oder Tula geht man von einem Priesterherrscher aus, d. h. der Herrscher war wahrscheinlich auch gleichzeitig oberster Priester. Bei den Maya und Azteken waren die Herrscher zwar keine Priester, aber vor allem die Maya-Regenten führten teilweise die Tätigkeit eines Priesters aus, wie z. B. das Blutopfer.

Eine Frage, die bisher nicht definitiv beantwortet ist, ist die nach den Gründen für den Untergang der mesoamerikanischen Reiche. Warum kam es zum Ende so machtvoller Kulturen wie der der Olmeken, der Teotihuacáns oder der klassischen Maya-Kultur? Warum wurden Teotihuacán oder die Maya-Städte verlassen? Waren es Eroberungen durch Fremde? Waren es soziale Unruhen und Revolten, weil die Bevölkerung unzufrieden mit der Herrschaftsschicht war? War es ein Klimawechsel, eine plötzliche Dürre, wodurch die Ernte und die Lebensgrundlage vernichtet wurden? Alles Gründe, die in Erwägung gezogen wurden. Es ist aber eher anzunehmen, dass mehrere Faktoren zusammentrafen. So könnte es aufgrund einer Dürre und eines Ernteausfalls zu sozialen Unruhen und somit zur Schwächung der Herrschaft gekommen sein. Und zu beachten ist auch, dass dem wirtschaftlichen Aufschwung und Wachstum Grenzen gesetzt sind. Als Beispiel sei Teotihuacán angeführt: Die zahlreichen Einwohner dieser Megastadt mussten ernährt werden. Die Landwirtschaft wurde bei immer mehr Einwohnern auch immer aufwendiger und schwieriger. Denn es fehlten Tiere und Wagen bzw. das Rad für den Transport und beim Feldbau fehlte der Pflug – man machte alles allein mit dem Pflanzstock. Wenn darüber hinaus der Boden zu stark bzw. falsch bewirtschaftet wurde und gar noch Katastrophen wie Dürren mit entsprechenden Ernteausfall hinzu kamen, hatte das dramatische Folgen für die Bevölkerung: Lebensmittel konnten nur von weither von Menschen selbst transportiert werden. Dies machte zusätzlichen Einsatz von menschlichen Arbeitskräften notwendig, die anderswo fehlten. Es kam zu einem Ungleichgewicht zwischen dem üppigen, reichen Leben im Kult- bzw. Stadtzentrum und der immer ärmer werdenden Umgebung. Soziale Unruhen und Aufstände schwächten noch mehr die Herrschaft, die darauf nicht adäquat reagieren konnte. Bei großen Zentren wie Teotihuacán erfolgte dann der Untergang etwas schneller, kleinere Zentren wie die Maya-Städte überdauerten die Krisen etwas länger. Hinzu kommt, dass Kultzentren und Städte wie La Venta, Teotihuacán, Monte Albán, El Tajin,

Xochilcalco und die Maya-Städte nach dem Zusammenbruch praktisch verlassen und oft auch gezielt zerstört wurden. Es liegt nahe, darin religiöse Gründe zu sehen, etwa dass diese Kultzentren heilige Orte waren, die nach dem Zusammenbruch ihre sakrale Macht und Ausstrahlung verloren hatten, von den göttlichen Mächten verlassen worden waren und durch die Zerstörung sakral »unbrauchbar« gemacht werden sollten.

Unsere heutigen Kenntnisse über diese Hochkulturen verdanken wir zum einen den archäologischen Funden, von der Architektur wie Tempeln bis hin zur Kleinkunst und den schriftlichen Quellen. Bei den schriftlichen Quellen gibt es einmal die indianischen »Bücher« bzw. Codices, die zum größten Teil in der Zeit kurz nach der Eroberung niedergeschrieben wurden, deren Inhalt aber (Mythen, Astrologie etc.) auf vorspanische Zeit zurückgeht. Zum anderen gibt es in der spanischen Zeit eine Reihe spanischer und indianischer Chronisten, die ihre Erfahrungen und Kenntnisse über die indianische Kultur niedergeschrieben haben – allerdings meist aus christlicher Sicht.

Die Hochkulturen Altmexikos – ein »Ableger« der Alten Welt?

Angesichts der kulturellen Leistungen im Alten Mexiko stellt sich immer wieder die Frage, ob es sich dabei um eigene, autochthone Leistungen handelt oder ob die altmexikanischen Kulturen ihren Ursprung den Kulturen der Alten Welt verdanken oder zumindest von ihnen beeinflusst wurden. Da existieren zum einen nach wie vor die nichtwissenschaftlichen aber populären Spekulationen, dass die Indianer z. B. die Nachkommen Sems oder der zehn verlorenen Stämme Israels (d. h. der Stämme, die das von den Assyrern 721 v. Chr. zerstörte Nordreich Israel bildeten) seien. Die Theorie der Abkunft von Israel ist noch heute Bestandteil der Lehre der Mormonen. Nach anderen, heute in der Esoterik verbreiteten Theorien verdanken die amerikanischen Kulturen ihren Ursprung den verschwundenen, sagenhaften Kontinenten Atlantis oder Mu.

In der Wissenschaft stehen sich als Antwort auf die Frage nach dem Ursprung der neuweltlichen Kulturen zwei Theorien gegenüber: Die Diffusions- und die Konvergenztheorie. Die Diffusionstheorie besagt, dass gleiche bzw. ähnliche Kulturleistungen und -merkmale einen einzigen, gemeinsamen Ursprung haben, von dem aus sie sich verbreiteten, und vertritt daher auch die Ansicht, dass die Leistungen der altmexikanischen Kulturen aus der Alten Welt stammen. Nach der Konvergenztheorie dagegen beruhen ähnliche Kulturphänomene nicht auf einem gemeinsamen Ursprung, sondern sind an verschiedenen Orten unabhängig voneinander mehrmals entstanden. Danach haben sich auch die altmexikanischen Kulturen ohne Einfluss der Alten Welt entwickelt.

Als Parallele zur altägyptischen Kultur werden vor allem die Pyramidenbauten in Mesoamerika genannt. Thor Heyerdhal hat auf einer Fahrt 1970 mit einem nach altägyptischem Vorbild nachgebauten Papyrusschiff von Ägypten nach Amerika bewiesen, dass solche Atlantiküberfahrten technisch möglich waren. Aber damit ist noch lange nicht bewiesen, dass die alten Ägypter solche Fahrten auch wirklich durchgeführt haben. Und zum anderen ist bei allen diesen Kulturvergleichen zwischen Alter und Neuer Welt immer die zeitliche Differenz zu beachten. Die Pyramiden Altägyptens entstanden in der Zeit des Alten Reiches (ca. 2700–2200 v. Chr.) und die erste Hochkultur (Olmeken) in Mesoamerika bzw. der Bau der ersten Pyramiden begann erst um 1450 v. Chr. Die großen Pyramiden von Teotihuacán, Cholula etc. entstanden erst um oder nach der Zeitenwende!

Ähnlichkeiten zu Indien wurden im Kalender- und Zahlsystem festgestellt: Sowohl die alten Inder als auch die Maya erfanden und rechneten mit der Zahl Null. Und der Kalender beider Kulturen rechnete mit großen Zeit- bzw. Weltepochen. Auch der Beginn der Zeitrechnung ist ungefähr gleich: Für die Inder ist es das Jahr 3102 v. Chr., für die Maya der 13. August 3114. Eine Parallele zum Alten China ist die besondere Verehrung des Drachen. Die »gefiederte Schlange«, oft einem Drachen verblüffend ähnlich dargestellt, erscheint in allen mexikanischen Kulturen. Ferner glaubte man auch, in einigen Skulpturen der Olmeken und Maya Ähnlichkeiten zu asiatischen Buddhadarstellungen feststellen zu können. Und sowohl in China als auch bei den Maya wurde häufig Jade für Schmuck u. a. verwendet.

Generell ist von einem autochthonen Ursprung der altmexikanischen Kulturen auszugehen. Spätere Einflüsse der Alten Welt sind äußerst unwahrscheinlich. Wenn es solche Einflüsse gegeben hat, dann waren sie nicht von entscheidender Bedeutung für die Entwicklung der altmexikanischen Kulturen. Und – was ausschlaggebend ist – bisher hat man keinen einzigen archäologischen Fund vorliegen, der ganz eindeutig aus der Alten Welt stammt. Damit fehlen bislang »handfeste« Beweise für einen Einfluss der Alten auf die Neue Welt.

Wie alles begann:
erste Eroberer und erste Schritte auf dem Weg zur Hochkultur

Ein Mammut wird von einer Gruppe wagemutiger Jäger umringt, die versuchen, das Tier mit Speeren zu erlegen. Nur von vorne können sie das Tier tödlich treffen. Das Mammut ist bereits in die Knie gegangen, getroffen von einer Reihe von Speeren – sein Ende ist vorhersehbar. Aber ohne Verluste ist dieses Jagdabenteuer für die Jägergruppe nicht abgegangen: Einer der Jäger liegt, zertrampelt vom Mammut, tot am Boden. Solche Jagdszenen spielten sich so oder ähnlich häufiger ab, eine ist als Diorama im MNA dargestellt. Und von einer solchen Jagd vor ungefähr 11 000 Jahren haben sich Knochenfunde sowohl vom Mammut als auch von dem getöteten Jäger erhalten. Es sind die bislang ältesten Knochenfunde eines Menschen in Mexiko und sie sind als »Mensch von Tepexpan« in die Geschichte eingegangen. Außer in Tepexpan hat man auch an anderen Orten Knochenfunde von insgesamt 41 Menschen aus dieser Zeit gefunden. Mexiko war zur Zeit des Menschen von Tepexpan landschaftlich vollkommen anders als wir es heute kennen. Denn durch die Eiszeit bedingt war es wesentlich kälter und durch eine savannen- und steppenartige Pflanzenwelt gekennzeichnet.

Der Mensch von Tepexpan gehörte allerdings nicht zu den ersten Menschen, die auf den amerikanischen Kontinent einwanderten. Die ersten Eroberer Amerikas waren eine Reihe von Jägergruppen aus Asien, die Jagdtiere verfolgten. Sie überschritten zwischen 30 000 und 6000 v. Chr. in mehreren Schüben die Grenze zum amerikanischen Kontinent über eine Landbrücke, die damals Sibirien und Alaska verband. Denn der Meeresspiegel war in der Eiszeit durch die Vereisung des Wassers sehr niedrig. Die genaue Datierung der Einwanderung ist nach wie vor umstritten. Man geht von mehreren Einwanderungswellen aus, die erste erfolgte wohl vor 30 000 bis 15 000 Jahren, die zweite vor ca. 15 000 bis 10 000 Jahren und die dritte vor ca. 9000 bis 6000 Jahren.

Bereits für die damaligen Einwanderer war Amerika das »gelobte Land«, nämlich ein wahres Jagdparadies, in dem man die großen Säugetiere wie Mammut, Mastodon, Bison, Säbeltiger, Bär, Antilope, Kamel und Pferd jagen konnte. Auch vom Fischfang ernährten sie sich. Die Frauen sammelten zusätzlich Beeren und Früchte. Diese Jäger und Sammlerinnen lebten nomadisch, folgten den großen Jagdtieren, zogen vom Norden des Kontinents immer weiter Richtung Süden und gelangten so nach Mexiko. Anhand der Funde von Projektilspitzen lassen sich verschiedene Typen und Kulturen feststellen, deren bekannteste die Clovis-Kultur (ca. 9050–8800 v. Chr.) mit ihren flachen, beidseitig bearbeiteten Speer- und Pfeilspitzen war. Aber nach und nach starben diese Tiere aus. Die konkrete Ursache ist unbekannt, vermutlich eine Klimaänderung. Um 7000 v. Chr. waren die großen Säugetiere dann weitgehend ausgestorben und die Menschen mussten sich mit kleinen Tieren wie Kaninchen, Ratten, Mäusen, Eidechsen etc. sowie pflanzlicher Ernährung zufrieden geben. Vor allem eine Pflanze gewann immer mehr an Bedeutung: der Mais. Man suchte besonders kräftige und fruchtbare Exemplare aus, damit sie sich besonders stark vermehrten. Man betrieb somit eine künstliche Selektion. Dies war der Beginn der Maisdomestizierung, eine der frühesten in der Menschheitsgeschichte und gleichzeitig eine Kulturrevolution.

Für Mesoamerika bedeutete die Maisdomestizierung um 5000 v. Chr. den ersten Schritt auf dem Weg zur Hochkultur. Denn damit wurde der gesellschaftliche Wechsel von der Stufe der Jäger und Sammlerinnen zum Pflanzenanbau und Ackerbau und somit zur Sesshaftigkeit endgültig vollzogen. Die Anfänge des Maisanbaues lassen sich im Gebiet von Tamaulipas, dem Tal von Tehuacán (Puebla) bis hin nach Oaxaca archäologisch nachweisen.

Mais *(Zea mays)* gehört zur Familie der Süßgräser. Der Name stammt aus der Sprache der südamerikanischen Arawak-Indianer, auf die Christoph Kolumbus auf einer seiner Entdeckungsfahrten traf. Kolumbus war es auch, der den ersten Mais nach Europa brachte. Schon 1525 gab es in Spanien die ersten Maisfelder. Ursprünglich auf wärmeres Klima angewiesen, wird der Mais heute in entsprechend klimatisch resistenten Sorten weltweit angebaut, 60 % davon für Tierfuttermittel. In Mexiko dagegen ist der Mais bis heute die wichtigste menschliche Nahrungsgrundlage. Der kultivierte Mais stammt von dem Wildgras Teosinte aus dem Becken des Rio Balsas in Zentralmexiko ab, trotz der äußeren Unterschiede. Die Ähre der Teosinte mit zwei Reihen von Körnern ist dem Aussehen nach eher den Ähren von Weizen oder Gerste vergleichbar als den großen Kolben mit mehreren Körnerreihen heutiger Maispflanzen, die ohne menschliche Hilfe nicht mehr fortpflanzungsfähig sind.

Im Hochtal von Mexiko, im Tal von Tehuacán, konnte der Archäologe Richard Stockton MacNeish (1918–2001) in den 1940er Jahren sehr deutlich die entscheidenden Schritte und die Entwicklungen der Domestizierung und des Anbaues von Mais und Bohnen sowie anderen Pflanzen wie Kürbis, Avocado und Chili in der »archaischen Zeit« belegen. MacNeish verdanken wir so unsere heutigen Kenntnisse über die Anfänge des Ackerbaus in Mesoamerika. Er teilte die Entwicklung in vier Phasen ein. Bedeutend sind dabei die zweite und die letzte Phase: Zu Ende der zweiten, der Coxactlán-Phase (5000–3400 v. Chr.), existierte das bis heute für die Ernährung maßgebende Pflanzentrio Mais, Bohne und Kürbis. Und in der letzten, der Purrón-Phase (2300–1500 v. Chr.), wurde erstmals Keramik hergestellt – wesentlich später als in Südamerika! Dies ist ein sicheres Zeichen für völlige Sesshaftigkeit, denn zerbrechliches Tongeschirr eignet sich nicht für ein Nomadenleben.

Zusammenfassend kann man Folgendes festhalten: Die ersten Nachweise menschlicher Existenz in Mexiko sind um 30 000 v. Chr. anzusetzen. Die ersten Spuren einer menschlichen Siedlung in Mexiko stammen aus Tlapacoya im Hochtal von Mexiko. Es sind Funde von Speerspitzen und Werkzeugen aus Stein und Obsidian um 22 000 v. Chr. sowie eine Feuerstelle aus der Zeit um 20 000 v. Chr. Um 10 000 v. Chr. bevölkerten nomadische, zeitweise in Höhlen lebende Jäger und Sammlerinnen Mexiko. Aus dieser Zeit stammt das älteste Kunstwerk Amerikas überhaupt, ein aus Knochen geschnitzter Hundekopf, gefunden in Tequixquiac. Die ältesten menschlichen Knochenfunde sind die bereits erwähnten des »Menschen von Tepexpan« (bei Mexiko-Stadt) und stammen aus der Zeit um 8000 v. Chr. Mit der Domestizierung des Maises um 5000 v. Chr. begannen der Ackerbau und die damit verbundene sesshafte Lebensweise und damit wurden die Grundlagen der Hochkulturen geschaffen.

Malinalco, aztekischer Tempel des Kriegerordens der Adler, der ein Bild davon vermittelt, wie die Tempel mit Strohdach ursprünglich aussahen

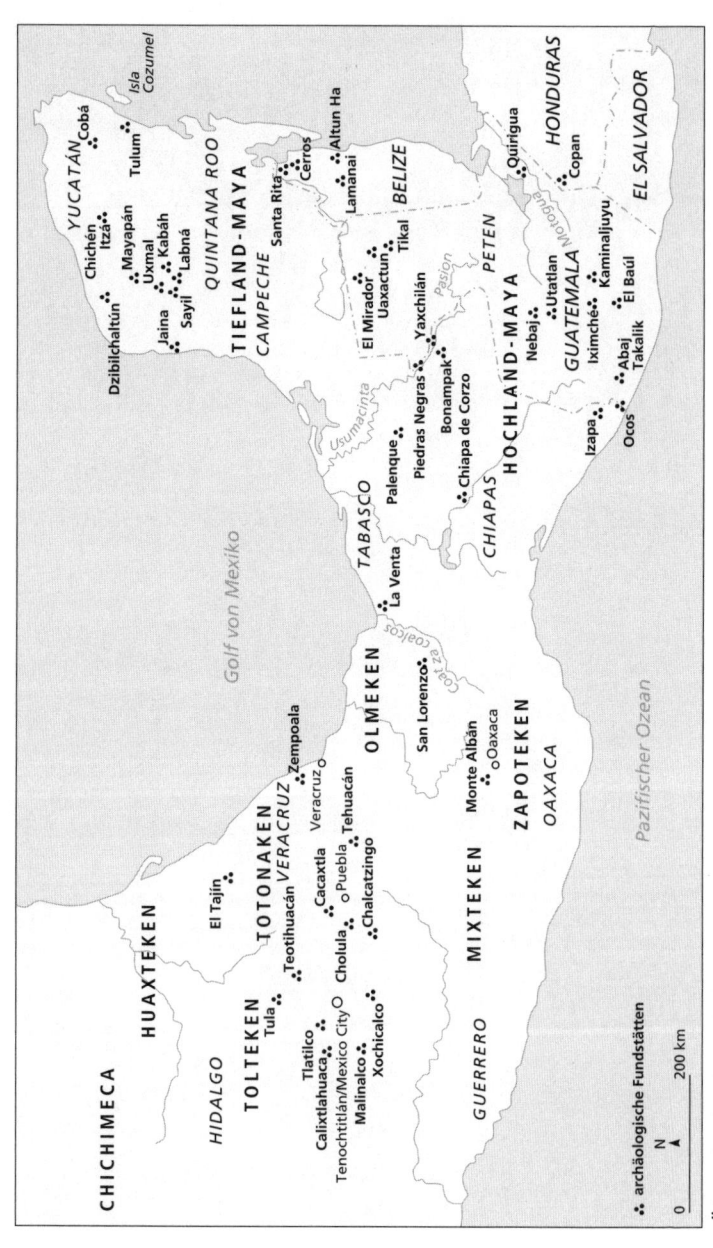

Übersicht über die Kulturen des Alten Mexiko

OLMEKEN –
IM ZEICHEN DES JAGUARS

Die erste Hochkultur des Alten Mexiko
in vorklassischer Zeit – mehr Fragen als Antworten

La Venta ist sicher ein frühe – vielleicht die früheste – Ma-
nifestation fortgeschrittener Plastik, und es beeinflusste
zweifellos die Klassik in ganz Mittelamerika; es gibt jedoch
keine Beweise, dass es in sonstiger Hinsicht bahnbrechend
gewirkt hat.

Dies schrieb 1954 kein Geringerer als der damals führende Maya-Forscher Eric Thompson[2]. Mittlerweile gilt die olmekische
Kultur von La Venta als Mutterkultur Mesoamerikas, die alle
folgenden Kulturen stark beeinflusst hat. Das erste Schrift-,
Zahlen- und Kalendersystem sowie die ersten hervorragenden
Kunstwerke in Amerika überhaupt – dies alles gilt als Verdienst der Olmeken. Die Hochkultur der Olmeken ist nicht nur
die erste, sondern bis heute auch die geheimnisvollste des Alten Mexiko – lange vor der Zeit der Maya und Azteken, ungefähr gleichzeitig mit Echnaton, Nofretete und Tutanchamun
im Neuen Reich des Alten Ägyptens. Die Zeit der Olmeken,
1500 v. Chr. bis zur Zeitenwende, wird als Vorklassik bzw. Prä-
klassik bezeichnet.

Im Unterschied zu den Maya oder Azteken weiß man wenig
über diese Kultur. Von den Tempelanlagen und Palästen sind
uns buchstäblich nur Überreste geblieben. Erhalten aber sind
die meisterhaft gearbeiteten, einzigartigen Kunstwerke aus
Stein: So vor allem riesige, bis zu drei Meter große Köpfe, deren Gesichter mehr denen von Afrikanern als Indianern ähneln, und viele andere Skulpturen von Menschen und Jaguaren sowie Mischwesen aus Mensch und Jaguar. Für die Ar-

---

2   *The Rise and Fall of Maya Civilization*, noch so 1975 in der deutschen Aus-
    gabe S. 89.

chäologen gibt es zur olmekischen Kultur mehr Fragen als Antworten. Wer waren die Träger bzw. die Menschen dieser Kultur? Wo kamen sie her? Die afrikanisch anmutenden Gesichter, vor allem die der Kolossalköpfe, geben wiederum neue Rätsel auf: Waren die Olmeken die einheimische Bevölkerung des Gebietes, wo sie ihre Spuren hinterließen, oder waren sie vielleicht eine eingewanderte Gruppe, die als Minderheit über die einheimische Bevölkerung herrschte? War es überhaupt ein einziges Volk, dessen Kultur- und Machtbereich sich über weite Teile Mesoamerikas ausbreitete und das die anderen Völker beeinflusste? Oder war es ein gemeinsamer, universaler Kunststil verschiedener Völker mit unterschiedlichen Kulturen und Sprachen? Ist die olmekische Gesellschaftsordnung als Häuptlingstum, Reich, Staat oder Theokratie anzusehen? Die Frage, wer die Olmeken wirklich waren, wird letztlich wohl nie geklärt werden. Sie selbst nannten sich jedenfalls nicht Olmeken und auch die Stämme aus späterer Zeit mit diesem Namen haben nichts mit ihnen zu tun. Der Name wurde von Archäologen aus der Sprache der Azteken übernommen und bedeutet »Leute aus dem Kautschukland«. So nannten die Azteken damals schlicht und einfach die Bewohner der Golfküste von Veracruz und Tabasco, dem Gebiet, das das Zentrum der olmekischen Kultur war.

Wie aus dem Nichts scheint sich die olmekische Hochkultur ohne Vorläufer entwickelt zu haben. Sicher ist: Die olmekische Kultur beeinflusste entscheidend alle anderen nachfolgenden Hochkulturen in Mexiko, darum gilt sie als »Mutterkultur« Mesoamerikas. Denn schon in der olmekischen Kultur sind erstmals alle typischen Merkmale der mexikanischen Hochkulturen nachweisbar, wie beispielsweise Stadtanlagen mit Tempeln, Schrift, Zahlen- und Kalendersystem oder das Ballspiel. Während die Kultur der Maya im 19. Jahrhundert »wiederentdeckt« und ihre Leistungen entsprechend anerkannt wurden, dauerte es bei den Olmeken fast 100 Jahre länger, ehe sie als eigenständige Kultur gewürdigt wurden. Im 19. Jahrhundert entdeckte ein Bauer einen der riesigen Olmekenköpfe, der dann 1869 erstmals von José Maria Melgar y Serrano be-

schrieben wurde. La Venta wurde 1925 von Franz Blom entdeckt. Aber sowohl Melgar als auch Blom ordneten die Funde
der Maya-Kultur zu. Erst Matthew Williams Stirling (1896–
1975), der in den 1940er Jahren Tres Zapotes und die berühmte
Stele C entdeckte und dann auch in La Venta Ausgrabungen
durchführte, sah in den Funden die Überreste einer eigenständigen Kultur. Der bereits erwähnte Maya-Forscher Eric Thompson beharrte aber zunächst weiterhin auf einer Zuordnung zur
Maya-Kultur und Stirling kapitulierte. Erst durch Radiokar-
bon-Datierungen 1957 wurde das wahre, sehr viel höhere Alter der Funde nachgewiesen und diese einer eigenständigen
Kultur, eben den Olmeken zugeordnet.

Die olmekische Kultur umfasst den Zeitraum der vorklassischen Zeit (1500 v. Chr. bis zur Zeitenwende). In der späteren
Vorklassik folgte dann noch die epi-olmekische Zeit (bis ca.
300 n. Chr.). Der Höhepunkt der olmekischen Kultur (1200–600
v. Chr.) ist durch zwei Phasen und zwei Orte gekennzeichnet:
San Lorenzo Tenochtitlán im Bundesstaat Veracruz (1200–900
v. Chr.) und La Venta im Bundesstaat Tabasco (900–600 v. Chr.).
Diese beiden Orte an der Golfküste waren das Kernland der
Olmeken. Das Einflussgebiet der Olmeken zu ihrer Blütezeit,
aber auch noch danach, in der Zeit der Epi-Olmeken, reichte
bis zum westlichen Mexiko und zentralen Hochland Mexikos,
bis Oaxaca sowie bis zu den Küstenzonen in Chiapas und Guatemala. Als Orte, wo Funde die Spuren des olmekischen Einflusses nachweisen, sind z. B. zu nennen: Tres Zapotes, Chalcatzingo, Tlatilco, Las Bocas, Tlapacoya, Juxtlahuaca oder Monte Albán.

Im Kerngebiet der Olmeken ist aufgrund des sehr nieder-
schlagsreichen Klimas die Ernte von Mais und anderen Pflanzen während des ganzen Jahres möglich. In der Regenzeit
(Mai bis November) werden die niedriggelegenen Landstriche
vom Hochwasser der Flüsse überflutet, das beim Zurückgehen
der Flut eine fruchtbare Uferschlammschicht zurücklässt. Die
deshalb reichhaltige Ernte, die mehr als den Tagesbedarf deck-
te, war die Voraussetzung für die olmekische Kultur bzw. dafür, dass nicht mehr die gesamte Bevölkerung mit der Nah-

rungsbeschaffung beschäftigt war. Und dies wiederum war die Voraussetzung dafür, dass unterschiedliche gesellschaftliche Schichten und entsprechende spezialisierte Berufe wie z. B. Handwerker oder Künstler entstanden, die die besonderen Bau- und Kunstwerke schufen. Die Kunst der Olmeken ist gekennzeichnet durch Monumentalskulpturen, wie z. B. die Kolossalköpfe, Figuren, Stelen und Altäre aus Stein wie Basalt, Andesit oder Travertin, kleine Jadefiguren sowie Masken und Wandmalereien. Die Keramik der Olmeken war in weiten Teilen Mexikos verbreitet, was auf einen intensiven Handel hindeutet. In dem tropisch-feuchten Klima haben sich nur die Kunstwerke aus Stein erhalten, nicht die aus Holz, Stoff oder anderen Materialien. Und aus demselben Grund gibt es auch keine Skelettfunde in den Gräbern.

Im Zentrum olmekischer Macht: San Lorenzo, La Venta und Tres Zapotes

Wie erwähnt, sind zwei Zeremonialzentren im Kerngebiet der Olmeken hervorzuheben: San Lorenzo Tenochtitlán und La Venta. San Lorenzo Tenochtitlán, kurz San Lorenzo genannt, wurde schon seit ca. 1500 v. Chr. besiedelt und hatte seine Blütezeit in der Zeit von 1200 bis 900 v. Chr. Es war ein Zeremonialzentrum auf einer künstlich errichteten Plattform von 50 m Höhe mit zwei großen, mit Erde aufgefüllten Pyramiden im Norden und Süden. Ein künstlich angelegtes Bewässerungssystem, unterirdische Drainagen aus Basaltsteinen in U-Form, sind Beleg für einen hohen Entwicklungsstand von Wirtschaft und Gesellschaft der Olmeken. Es wird vermutet, dass das Bewässerungsystem im Zusammenhang mit dem Kult des Regengottes stand. Auch Reste von Hauswällen hat man gefunden. Die schätzungsweise 1000 Bewohner waren wohl die Oberschicht mit ihren Familien, vor allem Herrscher und Priester; die übrige Bevölkerung lebte im Umland von San Lorenzo. Das Ende vor San Lorenzo kam plötzlich, vielleicht durch Aufstände oder durch Eroberung von außen. Jedenfalls hörte man auf zu bauen, verstümmelte die Steinskulpturen in ritueller Weise, vergrub sie und verließ den Ort.

La Venta, eine Insel im Sumpfgebiet von Tabasco, trat die Nachfolge von San Lorenzo an. Es war die zweite Phase der olmekischen Kultur in der Zeit zwischen 1000 und 475 v. Chr. Auch La Venta war ein Zeremonialzentrum. Entlang einer Nord-Süd-Achse wurden mehrere Plätze, umgeben von Tempel- und Palastgebäuden, angelegt. Der bedeutendste Bau von La Venta war eine Pyramide, heute »nur« noch ein Erdhaufen von ca. 33 m Höhe mit einem Volumen von ca. 900 000 m³ festgestampfter Erde. Die Pyramide hatte eine Kegelform und eine Grundrissgröße von 70 x 130 m. Die Pyramide besaß, im Unterschied zu anderen Pyramiden, keine Treppe. Auf der Pyramide stand der nicht mehr erhaltene Tempel aus Holz. Der Pyramide vorgelagert war ein großer, rechteckiger Platz, der an beiden Seiten durch ca. 90 m lange Erdwälle eingrenzt war. Es war sehr wahrscheinlich ein Ballspielplatz, der sich in dieser Grundform auch bei den späteren Kulturen Mesoamerikas findet[3]. Reste eines weiteren Platzes, von Erdwällen und Basaltsäulen eingegrenzt, gehörten vielleicht zu einem Herrscherhaus bzw. einer Palastanlage. Außerdem fand man eine Reihe von Gräbern, darunter auch größere Grabkammern sowie einen Steinsarkophag. Ein besonderes Merkmal, das La Venta von San Lorenzo unterscheidet, sind drei Mosaikfußböden aus Serpentin mit Darstellungen von Jaguarmasken, die – noch zur Zeit der Olmeken – mit Sand abgedeckt worden waren. Warum, weiß man nicht. Auch Altäre, Stelen und Kolossalköpfe gehörten zu dem Zeremonialzentrum. Die kleinen Figuren aus Jade und auch Serpentin gab es nur in La Venta, nicht in San Lorenzo. Die Figuren zeigen eine Mischung der Gesichtszüge von Mensch und Jaguar. Vor allem die Mischung der Gesichter von Kindern, als »Baby Face« bezeichnet, und eines Jaguars sind beliebt. Eines der bekanntesten Beispiele dieser Jade- und Serpentinfiguren ist die Opfergabe 4 (MNA), eine Gruppe von Jade- und Serpentinfiguren – oft als Gruppe von

---

3   s. Kap. Religion und Weltbild.

Betenden interpretiert. Das Gebiet von La Venta ist heute für Touristen so gut wie unzugänglich, deshalb schuf man bei Villahermosa einen archäologischen Park, in dem man die Monumentalskulpturen besichtigen kann.

Wie San Lorenzo fand auch La Venta ein plötzliches Ende; auch hier wurden alle Monumentalskulpturen rituell zerstört. Mit San Lorenzo und La Venta endete zwar die Blütezeit der Olmeken, nicht aber ihre Kultur. Sie fand ihre Fortsetzung und ihr neues Zentrum in Tres Zapotes, ca. 150 km nördlich von La Venta. Dem heutigen Besucher bietet der Ort nur ein Museum mit den Fundstücken. Die Fundstätten selbst hat man nach der Ausgrabung nicht restauriert, sondern sie sind heute wieder mit Erde bedeckt. Entdeckt hatte man zwei Erdhügel, wahrscheinlich Pyramiden, und vier Anlagen von Plätzen, vielleicht Paläste. Bekannt ist Tres Zapotes wegen seiner Stelen, vor allem der Stelen C und D. Auf der Stele C ist eine Herrschergestalt zu sehen; die Rückseite hat man später mit dem bei den Maya üblichen Long-Count-Datum (einem Datum der linearen Kalenderrechnung) des Jahres 32 v. Chr. versehen. Es gilt als eine der ersten Kalenderangaben in der Long-Count-Rechnung (s. Kap. Schrift-, Zahlen- und Kalendersystem). Stele D zeigt das aufgerissene Maul eines Jaguars, in dem eine Person vor zwei anderen Personen mit auffallendem Kopfputz kniet.

Jaguar und kolossale Köpfe – die Kunst der Olmeken

Die olmekischen Künstler schufen Meisterwerke. Kennzeichnend sind die vielen großen Steinskulpturen aus Basalt, Andesit oder Serpentin: Kolossalköpfe, rundplastische Figuren von sitzenden oder stehenden Männern, von Kindern und Jaguaren. Die Kolossalköpfe aus Basalt wurden als Einzelteile geschaffen, nicht als Teil einer Skulptur. Warum und wofür ist unbekannt. Sie sind ungefähr 1 m hoch und wiegen bis zu 20 t. Der wohl jüngste und größte Kopf aus Tres Zapotes ist ca. 3 m hoch und 38 kg schwer. Sehr wahrscheinlich handelt es sich

Ein Beispiel der kolossalen olmekischen Köpfe mit afrikanischen Gesichtszügen

um Herrscherdarstellungen. Jeder Kopf ist individuell gestaltet, mit einem Helm, der jeweils mit einem individuellen Emblem versehen ist. Die Helme sind vielleicht ein Teil der Ausrüstung für das Ballspiel. Auffallend sind die afrikanischen
Gesichtszüge mit großen dicken Lippen und einer flachen Nase mit stark ausgeprägten Nasenwurzeln, die zu allerhand
Spekulationen Anlass gaben. Bis heute rätselt man darüber, ob
es sich dabei um ein »fremdes« Volk handelt. Es gibt Spekulationen, dass vielleicht Afrikaner zu dieser Zeit in Mexiko gelandet seien. Aber für diese Theorie fehlen bis heute eindeutige Beweise. Vielleicht waren unter den ersten asiatischen Einwanderern in Amerika auch solche dabei, deren Vorfahren bereits vor der Auswanderung nach Amerika aus Afrika in Asien
eingewandert waren und die somit afrikanisches Erbgut in
sich trugen – so eine andere Theorie. Oder zeigen die Gesichter die Vermischung der Gesichtszüge von Mensch und Jaguar, die in anderen olmekischen Kunstwerken wesentlich deut-
licher hervortreten?

Das Basaltgestein für die Skulpturen musste aus den ca.
90 km Luftlinie entfernten Tuxtla-Bergen geholt werden, ohne
Wagen und Zugtiere. Wahrscheinlich transportierte man sie
mit Hilfe von Baumstämmen, die als Rollen fungierten, über
Land, und mit Flößen über Wasser. Die Schwierigkeit des
Transportes ist auch ein Beweis dafür, dass San Lorenzo und
La Venta das Kerngebiet der olmekischen Kultur waren. Denn
ein Transport der riesigen Steinblöcke über weite Strecken wäre nicht möglich gewesen. Zudem wurden die Steine mit Stein-
werkzeugen bearbeitet, nicht mit Metallwerkzeugen, die es vor
der spanischen Eroberung in Amerika nicht gab. Waren schon
der Transport und die Bearbeitung der Steine eine Meisterleis-
tung, so erst recht das Ergebnis. Denn die olmekischen Kunstwerke können durchaus den Wettbewerb mit der Kunst anderer Hochkulturen aufnehmen. Im Unterschied zu der barock
anmutenden Kunst der Maya ist die olmekische Kunst durch
einen realistischen Stil geprägt.

Eine weitere Besonderheit der olmekischen Kunst sind große, rechteckige Steinblöcke, die wie Tische aussehen und als

Altäre gedeutet werden. An einer Längsseite befindet sich jeweils ein Relief mit der – an asiatische Kunstwerke erinnernden – Darstellung eines Herrschers bzw. Würdenträgers im Schneidersitz. Andere, vollplastische Steinskulpturen stellen meist lebensgroße, nackte, sitzende Männer dar. Bekanntestes Beispiel sind der »Ringer« und der Mann von Limas, der in den Armen ein Kind hält, so, als würde er es opfern. Ferner gibt es die »Uncle Sam«-Darstellungen: Würdenträger im Schneidersitz und mit einem anderen anderen Gesichtstyp als den der Kolossalköpfe, nämlich mit einem Spitzbart. Viele der Steinfiguren wurden noch in olmekischer Zeit absichtlich beschädigt und rituell begraben. Sollten sie als Opfergabe oder als Grabbeigabe dargebracht werden? Zumindest hat man auch in Gräbern die zerstörten Figuren oder Teile von ihnen gefunden.

Typisch sind auch die bereits erwähnten, vor allem in La Venta gefundenen kleinen Jade- und Serpentinfiguren. Außerdem fand man kleine Äxte und Masken aus Stein sowie Spiegel aus Obsidian oder Eisenerz. Aufgrund ihrer geringen Größe waren die Masken wahrscheinlich als Brustschmuck gedacht. Während die figürlichen Darstellungen im zentralen Olmekengebiet aus Stein sind, finden sich im ferneren Verbreitungsgebiet der Olmeken wie z. B. Tlatilco, Tlapacoya oder Las Bocas auch Tonfiguren: Jaguare, Werjaguare, Männer oder auch Figuren mit Baby Face.

Der Jaguar spielte in der olmekischen Kunst und Religion eine zentrale Rolle, wie die entsprechend zahlreichen Darstellungen zeigen. Genau so häufig wie reine Jaguardarstellungen sind Darstellungen des Werjaguars. Diesen Werjaguar, ein Wesen halb Mensch, halb Jaguar, stellten die Olmeken mit den Gesichtszügen und Pfoten des Jaguars und mit menschlichem Körper dar, oder auch als Mensch in der Haltung eines Jaguars, so z. B. in sitzender Haltung mit den Händen auf dem Boden gestützt und nicht wie sonst mit auf den Beinen abgelegten Händen. Über die Deutung dieser Jaguardarstellungen ist man sich nicht einig: Zeigen sie den Jaguar als eine Gottheit? Waren die Olmeken das Volk des Jaguars, d. h. war der Jaguar ein Totemtier, von dem die Olmeken oder ihre Herrscherdynastie abstammten? Oder ist ein Schamane dargestellt, der die Fähigkeit besitzt, sich in einen Jaguar zu verwandeln?[4]

Ebenfalls sehr häufig sind Kindesdarstellungen in der olmekischen Kunst. Einige Wissenschaftler meinen, es wäre die Darstellung einer Gottheit, die sie aufgrund der babyhaften Gesichtszüge »Regenbaby« genannt haben. Häufig zeigen die Gesichter Baby- und Jaguargesichtszüge vermischt. Zudem nimmt das Regenbaby oft die Haltung eines Jaguars ein. Dabei wird das Kind nicht selten von einem Erwachsenen im Arm gehalten, so als sollte es geopfert werden oder als wäre es bereits tot.

Ansonsten dominierten in der Religion der Olmeken – soweit ikonographisch durch Skulpturen oder Zeichnungen belegt – weitere tiergestaltige Gottheiten. Neben der Jaguargottheit ist vor allem eine Harpyien-Gottheit[5] zu nennen.

Die Ausbreitung der olmekischen Kultur

Die Gesellschaft der Olmeken war hierarchisch gegliedert. Ohne eine Aufteilung der Gesellschaft in eine Oberschicht mit Herrscher und Priestern, eine Schicht von Händlern, Handwerken und Künstlern sowie eine mehrheitlich bäuerliche Bevölkerung, die für die Ernährungsgrundlage sorgte, wäre die Schaffung von Kultzentren wie San Lorenzo und La Venta nicht möglich gewesen. Die wirtschaftliche Grundlage war die Landwirtschaft, aber auch die Jagd. Hauptnahrungsmittel war der Mais. Aufgrund der Überflutungen in der Regenzeit eignet sich nicht der ganze Boden im olmekischen Zentralgebiet zum Feldanbau. Zur Nahrung gehörten auch das Fleisch von Hund und Truthahn, die bereits die »Haustiere« der Olmeken waren, aber auch Vögel, Fische oder Schildkröten.

---

4 s. dazu ausführlich Kap. Religion und Weltbild.
5 Die Harpyie, eine Adlerart in Mittel- und Südamerika, gehört mit einer Körperlänge von 1 m und einer Flügelbreite von 2 m zu den größten Greifvögeln überhaupt.

Der Handel spielte eine wichtige Rolle für die weite Ausbreitung der olmekischen Kultur. Diese Ausbreitung scheint sich friedlich durch Handel vollzogen zu haben, weniger durch Kriege und Eroberungen. Der Einfluss der Olmeken reichte sehr weit: Im Nordwesten bis Puebla, dem Hochtal von Mexiko, Guerrero, Morelos und Oaxaca und im Süden bis Guatemala und El Salvador. Dies lässt sich anhand der Verbreitung von Handelsobjekten und des Kunststiles belegen. So gab es im Kerngebiet der Olmeken keinen Obsidian, er musste aus dem Hochland von Mexiko oder aus Guatemala importiert werden; ebenso das Eisenerz, das zur Herstellung von Spiegeln diente. Aus dem Obsidian wurden Werkzeuge wie Messer und Figuren hergestellt. Begehrt war der seltene grüne Obsidian aus Pachuca (Hidalgo). Serpentin bezogen die Olmeken aus Puebla. Jade kam aus Guatemala.

Tlatilco und Tlapacoya in der Nähe von Mexiko-Stadt sowie Las Bocas (Puebla) sind bekannt als Fundstätten von Tonfiguren in olmekischem Stil, wie z. B. der »Akrobat von Tlatilco« (MNA). In Chalcatzingo (Morelos), ca. 100 km von Mexiko-Stadt entfernt, entstand zeitgleich mit La Venta eine weitere Anlage der olmekischen Kultur. Chalcatzingo liegt unterhalb von drei Bergen bzw. hohen Felsen, wo man künstliche Terrassen für Wohn- und Kultanlagen fand. Die bedeutendsten Funde sind aber eine Reihe von Steinblöcken mit Flachreliefs. Ein Relief zeigt einen Würdenträger auf einem Thron mit hohem Kopfschmuck in einer Höhle oder vielleicht im Maul eines Jaguars. Ein anderes Relief zeigt einen Jaguar, der zwei Menschen angreift. Chalcatzingo war wohl ein für die Olmeken wichtiger Ort für ihren Handel, von wo sie Eisenerz für ihre Spiegel bezogen.

Einzigartig sind die Wandgemälde olmekischen Stils in den Höhlen von Juxtlahuaca (Guerrero), weit entfernt vom Kernland der Olmeken. Ein 2 m großes Gemälde zeigt einen Mann mit Bart, tunikaartigem Umhang und Jaguarfell, der vor einem wesentlich kleineren Mann steht. In der Hand scheint er eine Waffe zu halten, die einem Dreizack ähnelt. Michael D. Coe deutet die Szene als einen Herrscher, der vor einem vielleicht zum Opfer bestimmten Gefangenen steht. Coe datiert dieses erste Porträt Amerikas in die Zeit zwischen 1200 und 900 v. Chr., in die Zeit von San Lorenzo. Die beiden anderen Wandmalereien in Juxtlahuaca zeigen zum einen den Jaguar, zum anderen eine gefiederte Schlange. Auch in den Höhlen von Oxtotitlán (Guerrero) entdeckte man Wandmalereien, die unter anderem einen Herrscher auf seinem Thron zeigen.

In Monte Albán in Oaxaca befinden sich die »Danzantes« (»Tänzer«) genannten Reliefdarstellungen tanzender Männer 2 auf einzelnen Steinplatten, entstanden um 250 v. Chr. (in der Phase Monte Albán I), im olmekischen Stil. Sie zeigen wahrscheinlich olmekische Herrscher und Inschriften. Die bis heute nicht vollständig entzifferten Schriftzeichen berichten sehr wahrscheinlich über diese Personen. Es ist anzunehmen, dass einheimische Künstler im olmekischen Stil diese Reliefs herstellten. Auch Kalenderangaben mit den in den späteren Kulturen gebräuchlichen Strichen und Punkten enthalten diese Inschriften. Dies wird weitgehend als ein Beleg dafür gedeutet, dass schon die Olmeken ein Kalendersystem besaßen.[6]

Übergänge bzw. Verbindungen zwischen der olmekischen und den späteren Kulturen Mesoamerikas zeigen sich z. B. in Izapa und Cuicuilco. Izapa, eine Kultstätte an der Pazifikküste im Süden Mexikos, ist zeitlich nach den Olmeken und vor den Maya einzuordnen und somit ein wichtiges Bindeglied zwischen Olmeken- und Maya-Kultur. Eine ähnliche Verbindung, nämlich zwischen den Olmeken und Teotihuacán, könnte die Tempelanlage von Cuicuilco im Hochtal von Mexiko (heute ein südwestlich gelegener Stadtteil von Mexiko-Stadt) sein. Dominierend ist hier die 27 m hohe Rundpyramide, die zu Ende der Olmeken-Zeit (nach 400/300 v. Chr.) wahrscheinlich zu Ehren des Feuergottes erbaut wurde. Aber Cuicuilco war keine lange Dauer beschieden, es wurde sehr bald durch den Ausbruch des Vulkans Xitle zerstört. Die Nachfolge im Tal von Me-

---

6 Die Stelen von Tres Zapotes, La Mojarra und Tuxtla aus der den Olmeken nachfolgenden Kultur der Epi-Olmeken enthalten die ersten Schrift- und Kalenderangaben Mesoamerikas (s. Kap. Kalender und Schrift).

xiko sollte die Kultur von Teotihuacán antreten. Es scheint, dass die Bevölkerung von Cuicuilco, die zunächst mit der Stadt Teotihuacán konkurrierte, nach der Zerstörung zum großen Teil nach Teotihuacán auswanderte. Und Teotihuacán ist die nächste Hochkultur des Alten Mexiko in der Zeit der Klassik.

Teotihuacán –
Die Stadt, wo man zum Gott wird

Nur so viel steht fest, dass es einen Ort Teotihuacán gibt,
wo, zur Zeit, als es noch dunkle Nacht war, alle Götter sich
versammelten und berieten, wer die Last des Regiments auf
den Rücken nehmen sollte, wer Sonne sein solle (...). Und
als die Sonne ihren Platz eingenommen hatte, starben sie
alle, indem sich die Sonne mit ihrem Blute ernährte, und
niemand blieb, der nicht gestorben wäre (...).

So gibt Bernardino de Sahagún den Mythos der Azteken von
der Schöpfung der Fünften Sonne, dem gegenwärtigen Zeitalter, wieder (Geschichtswerk, Buch III, 1)[7]. Den Azteken galt,
Jahrhunderte nach seiner Blütezeit, Teotihuacán (Nahuatl: *der*
Ort, wo man zum Gott wird) als heiliger Ort, und bis auf den
heutigen Tag wird Teotihuacán in der indianischen Tradition
als besondere Stätte verehrt.

Teotihuacán –
Amerikas erste Metropole in klassischer Zeit

Die Zeit der Klassik ist im Hochtal von Mexiko durch die Stadt
und die Kultur von Teotihuacán geprägt. Die Stadt entwickelte sich in der Zeit von 150 v. Chr. bis 650 n. Chr. zu einer Megastadt, zu einem religiösen Kult- und Wallfahrtszentrum und
einer Handelsmetropole, damals eine der größten Städte in der
Welt. Selbst der heutige Besucher ist von den Ruinen des riesigen Zeremonialzentrums beeindruckt. Aber das ist kein Vergleich zu dem Bild, dass die Stadt zu ihren Lebzeiten bot: Alle
Gebäude bunt bemalt, in den Straßen das pulsierende Leben
einer Großstadt. Und was der heutige Tourist sieht, sind nur
5 % der gesamten Stadt. In der Zeit der Klassik hatte Teotihuacán als wirtschaftliche Metropole entscheidenden Einfluss

---

7 s. Kap. Religion und Weltbild.

auf ganz Mesoamerika. 1987 wurde die Stadt von der UNESCO zum Weltkulturerbe erklärt.

Teotihuacán liegt im Hochtal von Mexiko, ca. 45 km nordöstlich von Mexiko-Stadt entfernt und ca. 2000 m hoch über dem Meeresspiegel. Es ist ein semiarides, d. h. halbtrockenes Gebiet mit geringen Niederschlägen. Aber es gab Grundwasservorräte, die durch künstliche Bewässerung den Anbau von Mais und Bohnen ermöglichten. Dort, wo sich heute die größte Pyramide der Stadt, die Sonnenpyramide, erhebt, befand sich in einer Höhle eine Quelle. Diese Quelle ist es, die Teotihuacán zum Wallfahrtsort machte, und sie war somit der Ausgangspunkt für den Aufstieg zur Metropole. Hinzu kommt die Lage an der Handelsroute zwischen der Golfküste und dem Hochtal von Mexiko.

Die Straße der Toten von der Mondpyramide aus gesehen (links die Sonnenpyramide)

Schon um 500 v. Chr. gibt es erste Siedlungsspuren im Gebiet von Teotihuacán. In der Entwicklung zur Stadt unterscheidet man mehrere Phasen. Davon stellt die Xololpan-Phase (350–550 n. Chr.) die Blütezeit und die Zeit der Klassik dar, in der sich die Stadt über 25 km² ausdehnte und eine Einwohnerzahl von vermutlich 135 000, vielleicht sogar 200 000 hatte. Die Stadt wurde nach einem schachbrettartigen Grundriss entlang einer Mittelachse in Nordsüdrichtung, der »Straße der Toten«, geplant und angelegt. Über Jahrhunderte erbaute man die Stadt und dabei wich man nie von diesem grundlegenden Rastersystem ab. Wer genau die Einwohner, die Träger der teotihuacánischen Kultur waren, weiß man nicht. Wahrscheinlich setzte sich die Bevölkerung einerseits aus Einwanderern aus dem Norden und andererseits aus bereits im Hochtal von Mexiko Ansässigen wie z. B. den Bewohnern von Cuicuilco, zusammen. Man fand zwar einzelne Hieroglyphen, aber letztlich besitzen wir keine schriftlichen Informationen über die Geschichte der Stadt, sondern sind allein auf die archäologischen Zeugnisse angewiesen.

Man unterscheidet verschiedene Phasen der Teotihuacán-Kultur:

Patlachique-Phase:	150–1 v. Chr.
Tzacualli-Phase:	1 v. Chr. – 150 n. Chr.
Miccaotli-Phase:	150–225 n. Chr.
Tlamimilolpa-Phase:	225–350 n. Chr.
Xololpan-Phase:	350–550 n. Chr. (Blütezeit / Klassik)
Metepec-Phase:	550–650 n. Chr.

Von 600 bis 200 v. Chr. existierte im Tal von Teotihuacán eine Reihe von Dörfern. Die Patlachique-Phase von 150 bis 1 v. Chr. markiert den Beginn der Stadt Teotihuacán, zunächst mit schätzungsweise 30 000 oder 40 000 Einwohnern auf einer Fläche von 8 km². Eine erste kleine, bescheidene Pyramide wurde an der Stelle der heutigen Mondpyramide erbaut. In der Zeit der Tzacualli-Phase (1 v. Chr. – 150 n. Chr.) wuchs die Einwohnerzahl auf 60 000 und die Fläche der Stadt auf ca. 20 km². Vor allem aus dem Gebiet von Tlaxcala und Puebla zogen viele Einwohner nach Teotihuacán, um wahrscheinlich vom wirtschaftlichen Aufschwung der neu entstandenen Stadt zu profitieren. Diese ersten Migranten passten sich schnell dem Leben in der Stadt Teotihuacán an und integrierten sich. Die Sonnenpyramide als Zentrum der Stadt sowie eine Reihe von anderen öffentlichen Gebäuden entstanden, der erste Bau der Mondpyramide wurde erweitert.

In der Miccaotli-Phase (150–225 n. Chr.) wuchs die Einwohnerzahl auf schätzungsweise 100 000. Das Stadtgebiet vergrößerte sich aber kaum. Es kam zu einer zweiten Einwanderungswelle vor allem von Zapoteken aus Oaxaca, die im Unterschied zu den ersten Migranten an ihrer kulturellen Tradition festhielten, nach wie vor in Kontakt mit ihrer alten Heimat standen, aber sich in das Wirtschaftsleben integrierten. Letzteres war vielleicht der Grund dafür, dass die Herrscher die Beibehaltung kultureller Eigenheiten der Fremden tolerierten. Die überschüssigen Erträge aus Landwirtschaft und Handel führten zu einem Reichtum von Teotihuacán, durch den der Bau der Zeremonial- und Palastgebäude ermöglicht wurde. So erhielt die Sonnenpyramide Anbauten, die Mondpyramide wurde erheblich vergrößert. Die Zitadelle und der Quetzalcoatl-Tempel entstanden. Aus dieser Zeit stammen Monumentalskulpturen und eine dünnwandige, orangefarbige Keramik (»Fine Orange«). Diese Keramik fand man auch weit entfernt von Teotihuacán, was den weitreichenden Einfluss dieser Stadt belegt. Ähnlichkeiten der Fine Orange-Keramik mit Bronzegefäßen in China zur gleichen Zeit während der Han-Dynastie führten zu der Theorie, dass Chinesen bis Mexiko gesegelt und an der Kultur von Teotihuacán beteiligt gewesen seien. Bisher fehlen dafür eindeutige Beweise.

Die späte Tlamimilolpa-Phase (250–350 n. Chr.) und die Xololpan-Phase (350–550 n. Chr.) stellen einerseits die Blütezeit mit einer intensiven Bautätigkeit, aber auch den Beginn des Niedergangs dar. Teotihuacán war zum größten Handelszentrum geworden.

Im 6. Jahrhundert n. Chr. nahm die Einwohnerzahl immer mehr ab, die Stadt verlor ihre Bedeutung als kulturelles Zentrum. In der Zeit zwischen 550 und 650 n. Chr. zerstörte ein Brand die wichtigsten Bauten im Zentrum. Da nur das Zentrum abbrannte, vermutet man, dass die Bewohner den Brand als rituelle Zerstörung selbst gelegt haben, wie es wohl auch schon die Olmeken praktiziert hatten.

Ein archäologischer Stadtrundgang

Teotihuacán ist, wie bereits erwähnt, nach schachbrettartigem Grundriss angelegt. Durch zwei Hauptachsen ist die Stadt in vier Bezirke unterteilt. Eine der beiden Hauptachsen ist die Straße der Toten, eine 2,5 km lange und 40 bis 50 m breite Prachtstraße. Sie verläuft vom Süden nach Norden mit einer Neigung von 15° 30′ nach Nordosten durch das Zeremonialzentrum der Stadt. Rechts und links an der Straße der Toten liegt eine Unzahl von Pyramiden, auf denen sich früher Tempel befanden. Die ersten Archäologen vermuteten noch, dass es sich um Grabbauten handelte – daher der Name »Straße der Toten«. Aber nicht nur Tempel, auch Paläste der Herrscher und Priester oder Marktplätze befinden sich im Zentrum. Geht der heutige Tourist die Straße der Toten entlang, präsentiert sich ihm nur noch ein schwacher Abglanz der einst buchstäblich bunten Stadt.

Am Anfang der Straße der Toten im Süden befinden sich die beiden größten Pyramiden, die »Pyramide des Mondes« direkt am Anfang und die »Pyramide der Sonne« etwas zurückversetzt, an der Westseite dieser Straße. Die Sonnenpyramide, 65 m hoch, hat eine Grundfläche von 222 x 225 m und einen Inhalt von 1 100 000 m³ (halb so viel an Rauminhalt wie die Cheopspyramide in Ägypten). Sie entstand bereits um 150 n. Chr. (Tzacualli-Phase) in einer einzigen Bauphase. Die heutige Pyramide ist eine – nicht ganz korrekte – Rekonstruktion von 1910. Das Innere der Pyramide besteht aus getrockneten Lehmziegeln, überdeckt mit rötlichen Steinen, die ursprünglich mit einer bemalten Stuckschicht überzogen waren. Der Außenbau ist durch vier Stufen gekennzeichnet. Oben auf der Plattform stand einst ein Tempel, für welche Gottheit ist unbekannt. Das Innere der Pyramide enthält einen älteren, kleineren Bau. Und genau unter der Sonnenpyramide befindet sich eine 100 m lange Höhle, die in vier Kammern endet. Diese Höhle war wahrscheinlich das Heiligtum der Erdgottheit und Ausgangspunkt für die Entwicklung Teotihuacáns zur Pilgerstadt.

Die Sonnenpyramide in Teotihuacán

Die erste Ausgrabung an der Sonnenpyramide unternahm im 17. Jahrhundert der Gelehrte Don Carlos de Sigüenza y Góngora. Er versuchte – vergeblich – ins Innere der Pyramide zu gelangen. Erst in der Zeit von 1905 bis 1910 erfolgte die nächste Ausgrabungsarbeit durch Leopoldo Batres (1852–1926), der die Sonnenpyramide freilegte und mit Fantasie rekonstruierte. So fügte er den ursprünglich vier Stufen der Pyramide eine fünfte hinzu, veränderte außerdem aus heute nicht mehr nachvollziehbaren Gründen die Treppen und die Plattform, die die Pyramide an drei Seiten umgibt. Bis heute präsentiert sich die Sonnenpyramide in dieser nicht ursprünglichen Form. Manuel Gamio führte von 1917 bis 1920 Ausgrabungen in Teotihuacán durch. Es folgten 1933 weitere Arbeiten unter Eduardo Noguera, der wie Gamio einen Tunnel in die Sonnenpyramide anlegte. 1959 konnten René Millon und Bruce Drewitt mit Grabungen nachweisen, dass die Sonnenpyramide in einer einzigen Bauphase entstanden war. Jorge Acosta war es, der die Höhle unter der Sonnenpyramide 1971 entdeckte.

Die Mondpyramide ist mit einem Grundriss von 120 x 150 m und einer Höhe von 35 m nicht so groß wie die Sonnenpyramide, hat jedoch einen höheren Standort, so dass der Größenunterschied nicht so auffällt, da die Straße der Toten in ihrem Verlauf einen Höhenunterschied von 30 m aufweist. In den Jahren 1998 bis 2004 unternahmen Rubén Cabrera Castro und Saburo Sugiyama Ausgrabungen an der Mondpyramide, die neue Funde brachten. Die Mondpyramide entstand nicht wie die Sonnenpyramide in einer Bauphase, sondern in sieben Phasen. In der Zeit von ca. 100 bis ca. 400 n. Chr. entstanden so nacheinander insgesamt sieben Gebäude. Das erste Gebäude (um 100 n. Chr.), der bisher nachweisbar älteste Bau in Teotihuacán, befindet sich unter der der heutigen Mondpyramide vorgelagerten Plattform. Dieser wurde von dem zweiten und dritten Gebäude später überbaut. Das vierte Gebäude (3. Jahrhundert) war deutlich größer als die Vorgängerbauten. Auch das fünfte Gebäude (300 n. Chr.) weist Unterschiede zu den vorherigen Bauten auf: Erstmals wurden die Fassaden in dem typischen Talud-Tablero-System gestaltet und vor dem Bauwerk eine Plattform errichtet. Der sechste Bau war dem Vorgängerbau ähnlich, nur größer. Als siebtes, letztes und größtes Gebäude (400 n. Chr.) entstand die Mondpyramide in der Form und Gestalt, wie wir sie heute kennen, mit vier Stufen und einer vorgelagerten Plattform. Spannend wird es aber mit den Funden von fünf Opfergräbern (registriert als Opfergrab 2 bis 6), d. h. Grabkammern mit Skeletten von Geopferten im Inneren der Mondpyramide. Dass die Bestatteten geopfert wurden, schließt man daraus, dass sich ihre Hände jeweils – wohl gefesselt – auf dem Rücken befanden. Die fünf Opfergräber stehen mit den verschiedenen Bauphasen der Mondpyramide in einem Zusammenhang: Sie entstanden jeweils mit dem Bau eines neuen Gebäudes. Die Geopferten bestattete man mit Grabbeigaben wie z. B. Keramik, Schmuck, Obsidianmessern oder Muscheln, aber auch mit Tieren wie Hund, Puma, Adler oder Schlangen. In dem mit Gebäude 4 in Verbindung stehenden Opfergrab 2 war ein Mann von ca. 45 Jahren in sitzender Haltung nach Westen blickend bestattet worden. Die wertvollen Beigaben für ihn weisen auf seine hohe gesellschaftliche Stellung hin. Da sich Arme und Hände am Rücken befanden, wurde der Mann wohl geopfert. Opfergrab 3 enthielt fünf Bestattete sowie 18 hunde- und katzenartige Tierköpfe. In Opfergrab 4, das sich im Gebäude 5 befindet, fand man 18 Menschenschädel, die allem Anschein nach geopfert wurden, indem man sie enthauptete. Aufsehenerregend sind die Funde im Opfergrab 5, das man wohl zu Baubeginn des Gebäudes 6 anlegte: Hier wurden drei Männer im Alter zwischen 40 und 70 Jahren bestattet. Die drei sitzen im Schneidersitz nach Westen blickend. Diese Position ist in Mesoamerika, vor allem bei den Maya, nur sehr ranghohen Personen vorbehalten. In Teotihuacán ist es das einzige Beispiel dieser Bestattungsform. Zwei von den Männern trugen als Brustschmuck Pektorale, wie man sie von hohen Würdenträgern bei den Maya her kennt. Der Dritte trug zwei große, scheibenförmige Ohrringe. Nicht nur die Pektorale, sondern auch der Schneidersitz weist auf das Maya-Gebiet hin. Genau gegenüber eines jeden Toten hat man jeweils einen Adler und zwei Pumas bestattet, vielleicht ihre Totemtiere. Das Grab ist somit ein weiterer Beleg für die Kontakte und Handelsbeziehungen zwischen Teotihuacán und den Maya. Denn es ist zu vermuten, dass es sich bei den Toten um Würdenträger, Botschafter, Krieger oder vielleicht Händler aus dem Maya-Gebiet handelt. Ebenfalls interessant sind die Funde von Opfergrab 6: zwölf Skelette, zehn davon ohne Kopf. Letztere hat man wohl bei der Opferung enthauptet. Außerdem fand man die Überreste von mehr als 50 Tieren als Beigabe.

Der Mondpyramide vorgelagert ist der »Platz des Mondes«. An dessen Westseite befindet sich der »Palast des Quetzalpapalotl« (»Quetzalschmetterling« bzw. »Vogelschmetterling«) aus der Phase Teotihuacán III, der Blütezeit bzw. Klassik. Es ist ein um einen Innenhof gruppierter und durch seine Fresken bekannter Gebäudekomplex, bei dem es sich sehr wahrscheinlich um Priesterwohnungen handelt. Die Säulen des Innenhofes sind mit Reliefs versehen, auf denen Vögel und Schmetterlinge dargestellt sind und die dem Palast seinen Namen gegeben haben. Der Palast wurde über ein anderes Gebäude erbaut, den wegen seiner Wandmalereien so genannten »Tempel des Jaguars«.

Folgt man der Straße der Toten weiter Richtung Norden und überquert den Rio San Juan, so gelangt man zu dem »Zitadelle« genannten Komplex, der genau im Zentrum der Stadt liegt, wo sich die Straße der Toten in Nord-Süd-Richtung mit der anderen Hauptstraße in Ost-West-Richtung kreuzt. Bei der Zitadelle *(Ciudadela)* handelt es sich wahrscheinlich um die Residenz- und Palastanlage der Herrscherdynastie. Ganze 160 000 m² umfasst der gesamte Komplex, der von vier großen Plattformen und 15 Pyramidensockeln umgeben ist und in dem sich drei Wohngebäude, ein zentraler Platz und der Quetzalcoatl-Tempel befinden. Der Komplex der Zitadelle, so wie er sich heute präsentiert, entstand in der Miccaotli-Phase (150–225 n. Chr.), nachdem man die Vorgängerbauten abgerissen hatte.

Der Quetzalcoatl-Tempel, wohl um 200 n. Chr. (Miccaotli-Phase) in einer einzigen Bauphase erbaut, ist nach seinem Fassadenschmuck der Frontseite benannt. Diese ist der einzige heute noch erhaltene Teil des Tempels. Im 4. Jahrhundert wurde der Tempel durch einen Brand zerstört. An der Frontseite baute man danach eine Plattform an, die den Tempel verdeckte. Erst bei den Ausgrabungen unter Manuel Gamis in den Jahren 1917 bis 1920 wurde die Tempelfassade wiederentdeckt und freigelegt. Sie zeigt abwechselnd vollplastische Köpfe der gefiederten Schlange (Quetzalcoatl) mit einem Kragen aus Vogelfedern und des Regengottes (Tlaloc) mit brillenartigen Augen. Ob die dargestellten Gottheiten wirklich vollkommen mit den aztekischen Göttern Quetzalcoatl und Tlaloc, deren Namen sie tragen, identisch waren, ist fraglich. Wohl an die 400 Darstellungen der gefiederten Schlange schmückten den Tempel. Während die Köpfe vollplastisch dargestellt waren, sind die Körper im Flachrelief zu sehen. Der Hintergrund mit Muschelverzierungen stellt wahrscheinlich Wasser dar, so dass die Schlange zwischen den Muscheln umher zu schwimmen scheint. An der Fassade des Quetzalcoatl-Tempels sind noch Spuren der ursprünglichen Bemalung zu sehen. Eine Vorstellung vom früheren Aussehen vermittelt die Replik der Fassade im MNA. Im Unterschied zu den anderen Tempeln, die mit

Kalk verputzt und einer Stuckschicht darüber versehen sind, ist der Quetzalcoatl-Tempel nur mit Steinen verkleidet.

Im Tempel des Quetzalcoatl wurden zu bestimmten Festen Menschen geopfert. 200 Opfertote vermutet man aufgrund der archäologischen Funde. Bisher hat man mehr als 25 Grabstätten an allen vier Seiten und Ecken sowie in der Mitte im Inneren der Pyramide gefunden. Es handelt sich sowohl um Einzel- als auch um Gruppengräber von Opfertoten. Die Bestatteten wurden mit Grabbeigaben wie Meeresschnecken, Schmuck aus Halbedelsteinen und Perlen, Messern, Speerspitzen und Figuren aus Obsidian, Figuren aus Jade und Stein sowie menschlichen Zähnen mit Einlegearbeiten bedacht. Manche der Bestatteten trugen Ohr- und Halsschmuck aus Muscheln, bei anderen fanden sich die erwähnten Zahninkrustationen. Genau im Zentrum der Pyramide befindet sich das größte Gruppengrab, das Grab 14, mit Überresten von 20 mit Schlamm und Steinen bedeckten Männerskeletten. Ein Teil der Geopferten lag auf der Seite, andere auf dem Rücken, manche saßen, alle mit den Händen auf dem Rücken. Ein weiteres größeres Gruppengrab mit neun Skeletten ist das Grab 9 an der Ostseite der Pyramide. In Grab 16 an der Nordseite der Pyramide fand man die Skelettreste von Frauen. In ihm fand sich auch das Skelett eines Fötus, das sich nicht im Beckenbereich der Mutter befand, sondern an deren Seite.

Am Quetzalcoatl-Tempel ist ein typisches Merkmal der Architektur Teotihuacáns erkennbar, das Talud-Tablero-System. Dabei wird die Fassade abwechselnd durch einen abgeschrägten Sockel *(talud)* und einen senkrechten, vorspringenden Sims *(tablero)* gestaltet. Durch dieses Stilmerkmal wird der Kontrast von Licht und Schatten betont, der sich durch die am Himmel wandernde Sonne zu unterschiedlichen Tageszeiten unterschiedlich präsentiert. Dieses Baumerkmal Teotihuacáns findet sich an den meisten Gebäuden sowie auch an anderen Orten Mesoamerikas und belegt so den Einfluss und die Nachwirkung der Stadt.

In Teotihuacán gab es wohl mehrere Marktplätze. Man vermutet, dass sich der Hauptmarktplatz gegenüber der Zitadelle auf der anderen Seite der Straße der Toten befunden hat. Denn dort gibt es einen großen von Plattformen eingerahmten Platz. Auffallend ist, dass in Teotihuacán kein Ballspielplatz gefunden wurde. Es ist aber zu vermuten, dass unbefestigte und daher heute nicht mehr erhaltene Ballspielplätze existierten. Zumindest wurde das Ballspiel praktiziert, wie Wandmalereien z. B. im Viertel Tepantitla belegen. Die Wandmalereien zeigen unterschiedliche Arten des Ballspieles: mit dem Stock, mit der Hüfte und mit den Füßen. Scheinbar pflegte man in der multikulturellen Stadt Teotihuacán die je nach Region verschiedenen Ballspielformen des ganzen Landes. Abgetrennte Köpfe in den Szenen des Ballspieles weisen auf Menschenopfer im Zusammenhang mit den Spielen hin. Auch großartige Grabanlagen wie z. B. in Monte Albán fehlen in Teotihuacán.

Teotihuacán war nicht nur als Kultzentrum in der Region von Bedeutung, sondern wie gesagt auch als Handelsmetropole, eine der weltweit größten Städte jener Zeit mit einer Einwohnerzahl von ca. 100 000. Insgesamt soll es ca. 5000 Gebäude in der Stadt gegeben haben: Tempel, Paläste sowie 2300 Wohnkomplexe der breiten Bevölkerung. Die Gestaltung und Größe dieser Wohnkomplexe ist unterschiedlich, je nach dem gesellschaftlichen Stand der Bewohner. Die Wohnhäuser der »High Society« lagen näher am Zentrum und an der Straße der Toten als die der übrigen Bevölkerung. Die Wohnkomplexe der einfachen Bewohner bestehen aus einer Anzahl einstöckiger Häuser, die sich jeweils um einen Innenhof gruppieren. Ein solches Haus bot für eine Großfamilie ca. 50 bis 60 m^2 Wohnfläche. Es gab auch viele Häuser aus Lehmziegeln oder Lehmflechtwerk. Die Häuserwände bestanden meist aus Basalt- oder Tuffsteinen und getrockneten Lehmziegeln, die man mit Kalk verputzte. Türen und Fenster gab es keine. Als Ersatz von Türen dienten Decken, worauf Ringe zu deren Befestigung an den Durchgängen hinweisen. Statt der Fenster gelangte Licht und Luft durch die Durchgänge von den Innenhöfen in die Häuser. Ein System von Kanälen leitete zwar das Regenwasser ab, ein Abwassersystem und Latrinen gab es aber nicht. Entsprechend wurden die Ausscheidungen wohl gesammelt und vielleicht als Dung in der Landwirtschaft verwendet. Die Verstorbenen bestattete man mit Grabbeigaben in der Regel unter den Häusern. Die Innenhöfe der Wohnkomplexe, wo sich meistens ein Altar befand, dienten entsprechend auch Kulthandlungen

Im Unterschied zu dem Zeremonialzentrum hat man die Wohnkomplexe bisher noch nicht so eingehend untersucht. Erforscht sind bisher die Stadtviertel, denen man die Namen Tlamimilolpa, Tetitla, Atelco, Oztoyahualco, Zacuala, Yayahuala, Xolalpan, Teopancaxco, La Ventilla oder Tlailotlacan gab. Die Stadt war in sozial und wirtschaftlich verschiedene Stadtviertel unterteilt. So gab es besondere Viertel für unterschiedliche Handwerks- und Produktionsbereiche, z. B. ein Viertel für Keramik-Handwerker und ein Viertel, in dem Obsidian verarbeitet wurde. Ferner gab es »Migranten-Viertel«. Nachweisbar ist die Präsenz von ethnischen Gruppen von der Golfküste (Veracruz), aus Michoacán, aus dem Maya-Gebiet und von Zapoteken aus Oaxaca. Am besten informiert sind wir über das Viertel der Zapoteken (Tlailotlacan) durch Funde von Keramik, einer Graburne und einer Stele aus Oaxaca. Wohl seit 200 n. Chr. wohnten Zapoteken in Teotihuacán, hielten dort weitgehend an ihrer traditionellen Lebensweise fest. Nur in gewissen Bereichen wie z. B. der Bestattung gab es nach einiger Zeit eine gewisse Anpassung an die örtlichen Traditionen. Sie heirateten in der Regel auch nur innerhalb ihrer Gruppe.

Das Paradies des Regengottes – die Kunst Teotihuacáns

Prägend für die Kunst Teotihuacáns sind neben den monumentalen Pyramiden- und Palastbauten die großen Weihrauchgefäße und Steinmasken und vor allem die Wandmalereien. Teotihuacán war eine bunte Stadt, so gut wie jedes Gebäude war bemalt. Kennzeichnend war die rote Farbe für die Gebäude, die auch als Hintergrundfarbe für Wandgemälde benutzt wurde. Die Wandmalereien unterscheiden Teotihuacán von den anderen mesoamerikanischen Kulturen. 300 von vermutlich zigtausenden rot gehaltenen Wandmalereien sind erhalten. Sie bezeugen eine Vielfalt künstlerischen Schaffens. Sie sind mit Ornamenten versehen oder zeigen Szenen aus Religion, Mythologie und dem alltäglichen Leben. Götter oder Herrscher erkennt man daran, dass sie größer als andere Wesen dargestellt sind. Die Malereien wurden *al fresco*, d. h. frisch auf den Kalkputz aufgetragen. Als Gefäße für Farbmittel dienten menschliche Schädeldecken. Obwohl wir heute oftmals erkennen, was dargestellt ist, ist uns die symbolische Bedeutung und somit die eigentliche Information der Darstellungen weitgehend verborgen. So können wir an bestimmten Merkmalen erkennen, dass der Gott Tlaloc dargestellt ist. Am bekanntesten ist das als Tlalocan (= »Paradies des Tlaloc«) bezeichnete Wandgemälde aus dem Tepantitla-Palast in der Nähe der Sonnenpyramide. Im Original nicht mehr vollständig erhalten, befindet sich eine Rekonstruktion des ganzen Gemäldes im MNA. Wie der Name schon sagt, ist das Paradies des Tlalocs dargestellt: Der Gott Tlaloc, dargestellt mit einer Krone, herrscht über eine Landschaft mit Flüssen, Bäumen und Menschen, die fischen, jagen, tanzen, spielen oder sich ausruhen.

Auch Schrift und Kalender gab es in Teotihuacán – davon geht man heute zumindest aus. Allerdings besitzen wir wenig Funde und entsprechend wenig Informationen darüber. Auffallend ist, dass wir von den Herrschern und Herrscherdynastien in Teotihuacán keine Informationen besitzen, im Unterschied z. B. zu den Maya-Herrschern, die ihre Geschichte schriftlich festhielten. Es ist aber gut möglich, dass einige der vielen Tierdarstellungen Informationen über Herrscherdynastien beinhalten. Vergleichbar wäre dies mit der Heraldik Europas, wo Tiere oft das Emblem oder Symbol einer Herrscherfamilie darstellen.

Typisch für die teotihuacanische Kunst sind Steinmasken unterschiedlicher Größe und Färbung. Sie sind meist dreieckig, die ausgehöhlten Augen und Münder erhielten durch den Einsatz von Muscheln und Obsidian ein lebendiges Aussehen. Von diesen Inkrustationen sind teilweise noch Reste erhalten. Da Augen und Mund keine Öffnungen enthielten, wurden die teils schweren Masken sicher nicht bei kultischen Veranstaltungen getragen. Aber sie dienten auch nicht als Totenmasken bei Bestattungen, denn man hat keine dieser Masken in einem Grab entdeckt. Eine Vermutung ist, dass sie ein Teil von aufgestellten Holzskulpturen waren, die Ahnen oder Gottheiten darstellten. Alle Masken haben perforierte Ohren, an denen sie wohl Ohrschmuck trugen. Es ist anzunehmen, dass die Masken auch anderweitig geschmückt waren und z. B. Federn als Kopfputz besaßen. Möglicherweise waren die Masken Teil eines Totenbündels des verstorbenen Herrschers wie bei den Azteken. Nur von wenigen Masken ist die genaue Fundstelle bekannt. Denn schon bei den Azteken waren die Masken als Opfergaben ein beliebtes Sammelobjekt. Später gelangten viele Masken mehr auf illegalem als legalen Weg in Privatsammlungen und Museen.

Die Skulpturen von Teotihuacán zeigen neben anthropomorphen Gottheiten häufig Tiere, vor allem Schlange und Jaguar. Daneben wurden auch Vögel, Muscheln oder Mischwesen dargestellt. Eine Gottheit, die häufig dargestellt wurde, war der »alte Gott« im Schneidersitz, der auf Kopf und Schultern ein Kohlebecken trägt. Wer das Nationalmuseum für Anthropologie besucht, wird von einer Monumentalskulptur aus Teotihuacán begrüßt, eine weibliche Gottheit mit Rock, Kopfputz, Ohren- und Halsschmuck. Zuerst hatte man sie als den Regengott Tlaloc gedeutet, dann aufgrund des Rockes als dessen Frau Chalchiuhtlicue und heute als »Große Göttin«. Zwei Skulpturen dieser Großen Göttin hat man auf dem Platz vor der Mondpyramide entdeckt. Zudem gibt es eine Reihe symbolhafter Skulpturen, wie z. B. Klapperschlangenrasseln oder Jaguartatzen.

Zur teotihuacánischen Kunst gehören auch kleine, flache Figuren aus Halbedelsteinen, Grünstein oder auch Schiefer. Es sind meist Darstellungen von stehenden Männern, seltener Frauen. Bei einigen dieser Figuren ist der Kopf- und Ohrschmuck abnehmbar. Man vermutet, dass es sich um die Darstellungen geopferter Menschen handelt, vielleicht auch Gottheiten oder Ahnen. Sie dienten als Opfergaben, einige aber vielleicht auch als Amulette.

Welchen Gottheiten die Sonnen- und Mondpyramide geweiht waren, ist unbekannt. Beim Quetzalcoatl-Tempel weiß man aufgrund des Fassadenschmuckes, dass er für den Regengott und die »gefiederte Schlange« erbaut worden war. Weiterhin wurden auch der Totengott und die Schwester oder Frau des Regengottes verehrt. Grundlage der Teotihuacán-Kultur war die Landwirtschaft und diese war auf Regen angewiesen, den man sich vom Regengott erhoffte. Daher war er der wichtigste Gott in Teotihuacán. Das Paradies war für die Einwohner Teotihuacáns das Land des Regengottes, in dem es viel Wasser gab und in dem eine Unmenge von Pflanzen wuchs. Man bezeichnet Teotihuacán gerne als theokratische Gesellschaft. Denn man vermutet, dass die Herrscher gleichzeitig auch Priester waren oder zumindest priesterliche Aufgaben wahrnahmen. Auf alle Fälle nahmen die Priester eine wichtige und hohe Stellung in der Gesellschaft ein.

Eine multikulturelle Stadt – Wirtschaft, Handel und Ausbreitung Teotihuacáns

Die Landwirtschaft Teotihuacáns beruhte auf intensivem Feldanbau. Es wurden hauptsächlich Mais und Bohnen angebaut, daneben auch Tomaten, Chili und Kaktusfeigen. Die Felder wurden teilweise von Terrassen künstlich bewässert. Für die wachsende Bevölkerungszahl musste man aber auch Lebensmittel importieren, aus der Hochebene von Mexiko (wahrscheinlich auch aus Toluca) und aus dem Gebiet von Puebla. Neben der Landwirtschaft trugen auch die Jagd, vor allem von Hirsch und Kaninchen, sowie der Fischfang zur Ernährung bei. Für den Fischfang bot sich der Texcoco-See an, der damals wesentlich größer war und dessen Ufer nicht weit von Teotihuacán entfernt waren.

Grundlage der Kultur von Teotihuacán war neben dem intensiven Feldbau der weitreichende Handel nicht nur in den angrenzenden Gebieten im Hochtal von Mexiko, sondern weit nach Westen bis Monte Albán (Oaxaca), nach Norden bis Sinaloa, nach Osten bis an die Golfküste (Veracruz) und nach Süden bis ins Maya-Gebiet (Guatemala, Chiapas) hinein. Teotihuacán importierte Lebensmittel, Keramik, Baumwolle, Kautschuk und Luxus-Artikel wie Türkissteine, Jade, Gold, Federn exotischer Vögel oder Kakao. Andererseits exportierte Teotihuacán z. B. Keramikwaren. Der Exportschlager Teotihuacáns war aber der allseits begehrte Obsidian, ein glasartiges Gestein vulkanischer Herkunft.[8] Denn aus ihm stellte man Werkzeuge und Waffen, Schmuck, Opfer- und Grabbeigaben her. Eine Besonderheit sind sichelförmige Messer, die einerseits als Opfer- und Grabbeigabe dienten, aber wahrscheinlich auch bei Menschenopfern zum Einsatz kamen. Denn auf Wandgemälden werden diese Messer zusammen mit blutigen Herzen abgebildet.

Wie erwähnt, gab es in Teotihuacán Stadtviertel für »Migranten« wie z. B. aus Oacaxa, aus dem Maya-Gebiet, von Westmexiko oder der Golfküste. Andererseits gab es in Oaxaca, dem Maya-Gebiet, in Westmexiko oder an der Golfküste Siedlungen der Teotihuacáner. Aufgrund von Funden, vor allem Keramik, konnte man solche Siedlungen in Matacapan (Veracruz), Tinganio in Westmexiko (Michoacán), El Grillo in der Nähe von Mexiko-Stadt sowie Kaminaljuyú und Tikal in Guatemala nachweisen. Es waren Stützpunkte auf Handelsrouten, aber vielleicht dienten sie auch militärischen Zwecken. Bis heute diskutiert man darüber, ob Teotihuacán nur friedli-

---

8 Der Obsidian in der grauschwarzen Variante stammte aus dem ca. 20 km von Teotihuacán entfernten Otumba, der grüne Obsidian aus der ca. 50 km entfernten Sierra de las Navajas (Hidalgo). An beiden Orten hatten die Teotihuacáner Minen angelegt, um den Obsidian abzubauen. In der Sierra de las Navajas erfolgte der Abbau im Untertagebau: Man hatte hier Stollen und Schächte angelegt, um die Obsidianblöcke abzubauen. Bei den Minen befanden sich Siedlungen und Werkstätten, in denen der Obsidian weiterverarbeitet wurde. Aber auch in Teotihuacán selbst wurden Obsidian-Werkstätten entdeckt.

che Handelsbeziehungen pflegte oder auch militärische Eroberungszüge unternahm.[9]

Zum Ende der Xololpan-Phase (350–550 n. Chr.) hatte die
Stadt die meisten ihrer Einwohner und an Bedeutung verloren.
Das Zentrum von Teotihuacán, die Straße der Toten, wurde
durch einen Brand zerstört. Aber auch Außenbezirke wie Metepec wurden geplündert und gebrandschatzt. Die Gründe dafür sind bis heute nicht eindeutig erklärt. Von der Annahme,
dass die Ursache eine Eroberung der Stadt durch fremde Gruppen gewesen sei, rückt man heute ab. Zu vermuten ist eine
landwirtschaftliche Überbeanspruchung des Bodens. Die Ernteerträge waren für die wachsende Bevölkerung nicht mehr
ausreichend. Dadurch kam es vielleicht zu inneren Unruhen.
Neuerdings wird auch vermutet, dass es zu Spannungen zwischen den einzelnen Stadtteilen kam, vielleicht auch zwischen
den Stadtteilen und der Herrschaftselite.

Einige Jahrhunderte später waren die Azteken von Teotihuacán beeindruckt, obwohl die Pyramiden sich zu dieser Zeit
nur noch als Ruinen präsentierten. Für die Azteken war Teotihuacán der Ort, wo die Schöpfung der gegenwärtigen Welt
stattgefunden hatte, »der Ort, wo man zum Gott wird«, wie der
Nahuatl-Name »Teotihuacán« übersetzt heißt. Heute ist Teotihuacán nicht nur für Touristen ein Anziehungspunkt, sondern
auch wieder zum heiligen Ort und Treffpunkt für Indianer im
Zuge der Rückbesinnung auf ihre Tradition und Religion geworden.

9　In Tikal jedenfalls mischten Teotihuacáner in der Politik mit und setzten eine Herrscherdynastie ab (s. dazu Kap. Maya). Schon lange davor
gab es Kontakt zwischen Teotihuacán und dem Maya-Gebiet. Es waren
wohl zunächst Handelskontakte, denn die exotischen Güter wie z. B. Jade, Kakao oder Vogelfedern aus dem Maya-Land waren in Teotihuacán
begehrt; umgekehrt war grüner Obsidian bei den Maya gefragt. Bei der
teotihuacánischen Siedlung in dem Maya-Ort Kaminaljuyú (heute ein
Vorort von Guatemala City) ist bis heute nicht ganz eindeutig geklärt,
inwiefern dies ein Handelsposten oder ein militärischer Stützpunkt
war. Genauer gesagt: Es ist unklar, inwiefern man von einer militärisch-politischen Herrschaft oder – was wohl eher der Fall ist – einer auf
Handel basierenden Vorherrschaft Teotihuacáns ausgehen kann.

VIELFALT DER KULTUREN:
DIE KULTUREN DER ZAPOTEKEN,
MIXTEKEN, DER GOLFKÜSTE UND
WESTMEXIKOS

Die Kulturen der Zapoteken und Mixteken:
von Monte Albán und den Goldschätzen
der Mixteken

Unter den Individuen wie unter den Nationen bedeutet der
Respekt vor den Anderen Friede.

Dieses Zitat, heute noch auf der Flagge des Bundesstaates von Oaxaca präsent, stammt von Benito Juárez (1806–1872), einem Zapoteken, der bis zu seinem 15. Lebensjahr kein Spanisch, sondern nur Zapotekisch sprach. Er vollzog eine steile Karriere nicht nur als erster indianischer Präsident Mexikos, sondern von ganz Amerika überhaupt. Er verfolgte eine liberale Politik, und ihm verdankt Mexiko wichtige Reformen. Noch heute leben Zapoteken im Kerngebiet und im Südwesten des Bundesstaates Oaxaca und Mixteken in Zentral- und Südwest-Oaxaca sowie in Teilen des westlichen Puebla und östlichen Guerrero. Die zapotekische und mixtekische Sprache gehören der Oto-mangue-Sprachgruppe an. Zapotekisch wird noch von 750 000, Mixtekisch von 450 000 Indianern gesprochen (nach der Volkszählung von 2000). Oaxaca gilt als *der* indianische Bundesstaat Mexikos schlechthin und blickt auf eine fast 4000-jährige Geschichte zurück.

Die bekannteste archäologische Stätte der Zapoteken, später auch der Mixteken, ist Monte Albán (span. »weißer Berg«) in Oaxaca, seit 1987 Weltkulturerbe der Unesco. Sie liegt auf einem Tafelberg im ca. 1200 km² großen und ca. 1500 m hochgelegenen Tal von Oaxaca, nahe der Stadt Oaxaca. Ehe das Kultzentrum von Monte Albán entstand, gab es im Tal von Oaxaca einzelne Siedlungsorte, von denen San José Mogote der bedeutendste war. Bei der Entwicklung und dem Aufstieg Monte Albáns zum Kultzentrum unterscheidet man verschiedene Phasen:

San José Mogote:	1600–1150 v. Chr.
Monte Albán I:	500–100 v. Chr.
Monte Albán II:	100 v. Chr. – 350 n. Chr.
Monte Albán III A:	350–500 n. Chr. (Zapoteken // Klassik)
Monte Albán III B:	500–800 n. Chr. (Zapoteken / Mixteken // Blütezeit / Klassik)
Monte Albán IV:	800–1200 n. Chr. (Zapoteken / Mixteken)
Monte Albán V:	1200–1521 n. Chr. (Mixteken)

Die ältesten bisher bekannten Funde und Nachweise der Besiedlung des Tales von Oaxaca stammen aus der Zeit um 10 000 v. Chr. Im Tal von Etla entstanden um 1600 v. Chr. drei bedeutende Siedlungsorte: San José Mogote, Tierras Largas und Hacienda Blanca. San José Mogote entwickelte sich zur größten und bedeutendsten Siedlung. Austausch und Handel mit den anderen Orten in der Nähe, aber auch in der Ferne sind prägend. Funde olmekischer Keramik zeigen, dass es ungefähr ab 1150 v. Chr. Kontakt zwischen San José Mogote und den Olmeken an der Golfküste gab. Aber auch zu kriegerischen Auseinandersetzungen kam es: Ein Beleg dafür sind die aus späterer Zeit stammenden *Danzantes*-Figuren, die Darstellung nackter Menschen, wahrscheinlich Kriegsgefangene und Opfer, auf einer Reliefplatte. Kriege um Macht und Vorherrschaft waren wohl auch der Grund für das Ende von San José Mogote.

Danach, ab 500 v. Chr., entwickelt sich Monte Albán zum alles beherrschenden Zentrum, das über ein weit größeres Gebiet die Vorherrschaft erlangte als San José Mogote. Während San José Mogote aller Wahrscheinlichkeit nach durch ein Häuptlingstum geprägt war, wurde Monte Albán, modern ausgedrückt, die Hauptstadt eines der frühesten Staaten bzw. Reiche Mesoamerikas und Amerikas überhaupt. Der Archäologe Richard E. Blanton und seine Kollegen bezeichnen Monte Albán und Teotihuacán als »korporative« Staaten, weil die politische Macht und Struktur mehr auf soziale und kulturelle Mechanismen der Integration konzentriert waren als auf individuelle Herrscherfamilien wie z. B. bei den Maya. Der Aufstieg Monte Albáns zum Zentrum Oaxacas kam durch diverse Neuerungen zustande: Durch Monte Albán wurde der Handel gefördert, ebenso die Allianzen mit anderen Siedlungen wie z. B. mit Tomaltepec oder Yagul sowie die Integration von Einwanderern durch ein gemeinsames Weltbild, einschließlich Schrift und Kalender.

Auf dem 500 m hohen, das Tal von Oaxaca überragenden Tafelberg Monte Albán errichtete man ein Kult- und Verwaltungszentrum. Aufgrund der weiten Aussicht konnte man von dort die Täler der Umgebung perfekt kontrollieren. Auf der Bergkuppe hatte man eine künstliche Plattform mit einer Fläche von 750 m Länge und 250 m Breite errichtet. Um einen großen Platz gruppierten sich Tempelgebäude, ein Ballspielplatz und Grabanlagen sowie eine Reihe öffentlicher Gebäude, darunter der Palast, wohl der Wohnsitz des Herrschers bzw. Regierungssitz. Im Unterschied zu Teotihuacán gab es in Monte Albán keine Wohnanlagen, Handwerkerviertel oder einen Marktplatz. An den Berghängen von Monte Albán lebten während der Blütezeit in der klassischen Zeit bis zu 25 000 Bewohner; die übrige Bevölkerung lebte in den Tälern von Oaxaca.

Die Phase Monte Albán I und II (500 v. Chr. bis 350 n. Chr.) ist zunächst von olmekischen Einflüssen aus La Venta geprägt. Das zeigt sich zum einen an der Keramik, zum anderen darin, dass zu dieser Zeit der Jaguar wie in La Venta eine zentrale Rolle in der Religion spielt. Aus dieser Zeit stammt auch die Galerie der *Danzantes*, 320 Steinplatten mit Reliefs, die nackte Kriegsgefangene bzw. Opfer zeigen und wohl wiederum ein Hinweis auf kriegerische Auseinandersetzungen sind. Auch die Grabkammern wurden schon früh angelegt. In ihnen bestattete man die Verstorbenen der oberen Gesellschaftsschicht mit vielen Grabbeigaben wie Räuchergefäßen aus Ton in Form von Figuren und vor allem Goldschmuck. Später macht sich in der Phase II auch Einfluss aus dem Maya-Gebiet bemerkbar.

In der Phase Monte Albán III A (350–500 n. Chr.) ist ein reger Kontakt mit Teotihuacán feststellbar, der sich architektonisch in der Südplattform zeigt.[10] In Teotihuacán gab es ein Stadtviertel mit Zapoteken, vor allem Handwerker, aber vielleicht auch Astrologen und Diplomaten. Diese Beziehungen zwischen Monte Albán und Teotihuacán bestanden zur gleichen Zeit, als Teotihuacán auch Kontakte zu Kaminaljuyú oder Tikal im Maya-Gebiet hatte. Um 500 n. Chr. endeten die Beziehungen zu Teotihuacán. Es wird auch die These vertreten, dass sich der anfangs friedliche Austausch zwischen Teotihuacán und Oaxaca dahingehend änderte, dass Teotihuacán versuchte, Monte Albán zu erobern. Ein Beweis dafür könnten Funde von Teilen teotihuacánischer Geschossspitzen aus Obsidian in Monte Albán sein.

Die Blütezeit von Monte Albán war die Phase III B (500–800 n. Chr.), die Zeit der Klassik. Der Bezirk auf dem Berg selbst war wohl für die einfache Bevölkerung nicht zugänglich.

In der IV. Phase (800–1200 n. Chr.) verlor Monte Albán allmählich seine Bedeutung, und die Einwohner wanderten ab. Die Stadt wurde verlassen und buchstäblich nur noch als Nekropole, als »Totenstadt« für die Bestattung von Toten benutzt. Aus dieser Zeit stammt das berühmte Grab 7 mit reichhaltigen Grabbeigaben, das Alfonso Caso (1896–1970) entdeckte. Die Gräber von Monte Albán wurden später von den Mixteken zur Bestattung übernommen. Gleichzeitig mit dem Niedergang Monte Albáns entstanden im Tal von Tlacolula neue, wenn auch kleinere Zentren wie z. B. Lambityeco, Yagul, Macuitxóchitl und Mitla. Die nachklassische Phase Monte Albán V. (1200–1521 n. Chr.) ist durch Palastbauten, weniger durch Tempelanlagen gekennzeichnet. In dieser Zeit erbauten die Zapoteken im Tal von Tlacolula die prachtvollen Paläste in

---

10 Besonders typisch für die Phase III von Monte Albán sind Figurengefäße in Zylinderform mit der Figur eines Gottes. Die Archäologen fanden meist eine Gruppe von fünf Gefäßen aufgestellt, in der Mitte der Regengott oder der Maisgott. Vermutlich waren es Grabbeigaben. Die Gefäße enthielten wohl Speisen für die Toten, die dargestellten Götter sollten vielleicht den Toten beschützen.

Monte Albán: Südliche Plattform und Struktur M der Zeremonialanlage

Mitla, Yagul, Teotilán de Valle und Xaagá in einem neuen, vor allem durch Meandermuster und Mosaiken geprägten Kunststil. Und es war die Zeit der Mixteken, die schließlich auch Mitla übernahmen. Mixtekisch ist auch der Name »Mitla«, der so viel wie »Wolkenland« *(= Mictlán)* bedeutet.

Die Mixteken siedelten in dem nach ihnen benannten Gebiet der Mixteca, das sich vom Westen und Nordwesten Oaxacas über Teile im Südwesten Pueblas und im Osten und Nordosten Guerreros erstreckte. Landschaftlich und kulturell ist die Mixteca aufgeteilt in die Gebiete des Hochlands der *Mixteca Alta* (Oaxaca, Guerrero), des Tieflands der *Mixteca Baja* (Oaxaca, Puebla) und der Küste der *Mixteca de la Costa* (Oaxaca, Guerrero). Bereits um 5000 v. Chr. eroberten Sammler und Jäger die Mixteca. In der vorklassischen Zeit sind vor allem die Siedlungen von Tayata und von Yucunama de Teposcolula zu erwähnen. In der klassischen Zeit (von 300–950 n. Chr.) entstanden Städte wie Yanhuitlán, Yucuita, Tixa oder Cerro de las Minas in der Größe von schätzungsweise 12 000 Einwohnern.

Die Mixteca der klassischen Zeit war also kein einheitliches »Reich« mit einer großen Stadt als Zentrum (wie z. B. Monte Albán oder Teotihuacán), sondern ein Herrscher regierte über eine oder mehrere Städte. Über diese Zeit wissen wir wenig, da entsprechende Untersuchungen noch fehlen.

Der Höhepunkt der mixtekischen Kultur, das buchstäblich »goldene Zeitalter«, war die nachklassische Zeit von 950 n. Chr. bis zur spanischen Eroberung 1520. In dieser Zeit entstanden die für die Mixteken kennzeichnenden Bilderhandschriften und die berühmten Goldarbeiten. Wichtige Städte in der nachklassischen Zeit waren z. B. Tututepec in der Mixteca Costa, Tilantongo, San Juan Laguna und Yanhuitlán in der Mixteca Alta und Santiago Huaxolotitlán in der Mixteca Baja. Die ursprünglich zapotekischen Städte Monte Albán und Mitla wurden von den Mixteken übernommen. Vor allem Mitla, so wie es die Touristen heute kennen, ist von mixtekischen Bauten geprägt.

Die Mixteken waren für ihre hervorragenden Mosaikarbeiten, besonders aus Türkis, für ihre Codices bzw. Buchmalerei und für ihre Goldschmiedearbeiten, vor allem Schmuck, bekannt. Die Azteken engagierten daher mixtekische Künstler und siedelten sie in Tenochtitlán an. So sind die in der aztekischen Hauptstadt Tenochtitlán gefundenen Mosaik- und Goldarbeiten nicht von den mixtekischen zu unterscheiden bzw. haben letztlich den gleichen Ursprung. Die Technik der Goldmetallverarbeitung wurde wohl aus Südamerika (Ecuador, Kolumbien) und Panama übernommen. In Südamerika datieren die ältesten Goldfunde aus der Zeit um 600 v. Chr., in Mexiko um 900 n. Chr. Die Mixteken waren Meister der Goldschmiedekunst. Sowohl die Technik des Aushämmerns bzw. Überziehens anderer Materialien mit Goldblech als auch den Guss in verlorener Form wandte man an.[11]

---

11 Beim Guss in verlorener Form ummantelte man ein vorher angefertigtes Wachsmodell mit Ton, brannte es, so dass das Wachs schmolz und man in die hohle Tonfigur Gold hineingießen konnte. War das Gold kalt, zerschlug man den Ton und hatte als Endresultat die Figur aus Gold.

Wie alle Kulturen Mexikos verfügten auch die Zapoteken und Mixteken über Schrift und Kalender. Die Schrift ist – bis auf eine Reihe von Kalenderzeichen – noch kaum entziffert. Auch über die Religion ist bisher wenig bekannt. Man verehrte den Regengott Cocijo, eine Fledermausgottheit, den Maisgott, den Alten Gott, die gefiederte Schlange und wie bei den Maya die mit der Unterwelt in Verbindung stehende Jaguargottheit.

Aus der Geschichte der Mixteken und ihrer Herrscherdynastien tritt im *Codex Nuttall* und in anderen Codices (wie z. B. *Codex Vindobonensis*, *Codex Bodley* oder *Codex Selden*) vor allem ein Herrscher konkreter hervor. Es ist 8 Hirsch (so genannt nach dem Kalendertag seiner Geburt)[12] mit dem Beinamen »Tigerkralle« (1011–1063 n. Chr.), der Sohn von 5 Krokodil mit Beinamen »Regen-Sonne«. 8 Hirsch war nicht zum Herrscher bestimmt. Und doch wurde er der bekannteste mixtekische Herrscher, der über die wichtigen Städte Tilantongo und Teozacoalco und viele andere Orte herrschte. Die Bilderhandschriften berichten von Ereignissen aus dem Leben von 8 Hirsch und seinen Kriegszügen.

In der späten nachklassichen Zeit gerieten viele, wenn auch nicht alle Städte der Mixteken unter aztekische Herrschaft. Es war der Aztekenherrscher Moctezuma I. (der von 1440 bis 1468 regierte), der die mixtekischen Gebiete eroberte. Die Mixteken mussten nun Tribut zahlen, vor allem Gold- und Türkisarbeiten waren bei den Azteken gefragt. Die Goldkunstwerke der Azteken stammten, wie bereits erwähnt, letztlich fast alle von mixtekischen Künstlern.

Der Luxemburger Guillermo Joseph Dupaix (1746–1818), der Amerikaner Adolph Francis Alphonse Bandelier (1840–1914) und José Maria García waren die ersten, die sich im 19. Jahrhundert mit der Erforschung Monte Albáns beschäftigten. Erste archäologische Forschungen unternahm ab 1902 Leopoldo Batres (1852–1926), der auch die ersten archäologischen Arbeiten in Teotihuacán durchführte. Unter Leitung von Alfonso

---

12 s. Kap. Schrift und Kalendersystem.

Caso (1896–1970) begannen ab 1931 umfangreiche Ausgrabungen, an denen auch die Archäologen Ignacio Bernal (1910–1992) und Jorge Ruffier Acosta (1908–1975) teilnahmen. Alfonso Caso sind in der Erforschung der zapotekischen und mixtekischen Kultur große Verdienste zu verdanken. Er hatte zunächst Jura studiert und wurde erst später zum Archäologen. Ihm gelang die Entzifferung der Bilderschriften der mixtekischen Codices, er stellte erstmals eine Chronologie Monte Albáns auf und er war ebenso an der Entdeckung wichtiger mixtekischer Stätten wie Monte Negro, Yucuita oder Tilantongo beteiligt. Vor allem war er es, der das wegen seiner mixtekischen Goldschätze (heute im Regionalmuseum Oaxaca) berühmte Grab 7 in Monte Albán entdeckte.

Die Kulturen der Golfküste: von den Ballspielplätzen der Totonaken in El Tajín und den nackten Huasteken

Nach dem Ende der olmekischen Kultur entwickelten sich im Süden der Golfküste neue Kulturen und Zentren: Cerro de las Mesas, El Tajín oder die Remojadas-Kultur. Ihre Bedeutung liegt vor allem in ihrer Funktion als Durchgangsstation auf dem Handelsweg zwischen dem Hochtal von Mexiko und dem Maya-Gebiet.

Cerro de las Mesas, 50 km von der Stadt Veracruz und nahe am Fluss Papaloapan gelegen, war durchgehend von der vorklassischen bis zur klassischen Zeit besiedelt. Es war zunächst wie Tres Zapotes ein Ort der epi-olmekischen Kultur und erlebte später seinen Höhepunkt in der Zeit von 300 bis 600 n. Chr., gleichzeitig wie und beeinflusst von Teotihuacán. Relativ wenig ist bis heute erforscht und ausgegraben, dem Besucher bieten sich nur einige Tempelplattformen. Als Funde sind Tonfiguren zu erwähnen, die wohl Gottheiten darstellen, einige Stelen mit Schriftzeichen und ein Depot mit kunstvoll gestalteten Objekten aus Jade und Serpentin, wie z. B. ein Kanu aus Jade, Beile aus Jade oder Jadeschmuck.

Die Nischenpyramide in El Tajín

Bekannt ist die Tempelanlage El Tajín (Veracruz), die zeitlich von 200 bis 950 n. Chr. (Klassik) anzusetzen ist. Der Name »El Tajín« stammt aus der totonakischen Sprache und bedeutet »Blitz«. Bis heute ist das Gebiet von Totonaken besiedelt. Zunächst war der Einfluss Teotihuacáns so groß, dass El Tajín vielleicht nur eine Handelsstation war. Ab 600 n. Chr. scheint El Tajín unabhängig zu sein und entwickelt eine eigene Kultur. Deutlichstes Beispiel dafür und einzigartig in ganz Mesoamerika ist die stufenförmige »Nischenpyramide«. Sie ist ca. 20 m hoch, 1225 m² groß und hat ihren Namen von 365 fensterartig umrahmten Nischen mit Mäandermuster, deren Zahl wahrscheinlich den Tagen des Sonnenjahres entspricht.

El Tajín zeigt zwar Einflüsse der Maya-Kultur, wie die Verwendung des falschen Gewölbes, und Einflüsse aus Teotihuacán, wie das Talud-Tablero-System, aber andererseits wurden architektonische Neuerungen wie Scheintreppen, mit Pfeilern versehene Räume, statt Innenhöfe rechteckige Gänge und die erwähnten Nischen entwickelt. Neben der Anlage der Nischenpyramide gibt es in El Tajín noch einen Gebäudekomplex mit Namen »kleines Tajín« (»El Tajín Chico«), wahrscheinlich Palast- und Verwaltungsgebäude.

Das Ballspiel hatte in El Tajín eine wichtige Bedeutung, man fand bisher nicht weniger als elf Ballspielplätze mit einem rechteckigen, an ein »I« erinnernden Grundriss. Am bekanntesten ist der 60 m lange Ballspielplatz im Süden, der von zwei senkrechten Steinwänden begrenzt wird. Diese Wände sind mit Reliefs versehen, die Szenen des Ballspieles zeigen, wie z. B. die Opferung eines Ballspielers. Vielleicht gerade wegen der außerordentlich großen Bedeutung des Ballspieles gab es in El Tajín viele Darstellungen des Totengottes, von Schädeln und Skeletten auf Reliefs und als Skulpturen (s. dazu Kap. Religion und Weltbild, Ballspiel).

Eine Besonderheit in El Tajín – wohl im Zusammenhang mit dem Ballspiel – sind Steinplastiken, die man je nach Form als Joche (*yugos*), Äxte (*hachas*), Palmblätter (*palmas*) oder Vorhängeschlösser (*candados*) bezeichnet.[13] Ihre konkrete Funktion ist bis heute nicht geklärt. Sie wurden als Grabbeigaben verwendet und hatten wohl eine rituelle Bedeutung für das Ballspiel. Man geht aufgrund von Bilddarstellungen davon aus, dass es sich um Nachbildungen der wohl aus Leder bestehenden Ausrüstung der Ballspieler handelt. Diese Nachbildungen aus Stein selbst im Ballspiel zu tragen, wäre für die Spieler wegen des Gewichts unmöglich gewesen.

El Tajín fand 950 n. Chr. wahrscheinlich durch die Tolteken sein Ende, zumindest ist die Anwesenheit von Tolteken in El Tajín zu dieser Zeit belegt. In den 1930er Jahren fanden erste Ausgrabungen statt, aber bis heute ist kaum ein Viertel der gesamten Anlage erforscht und ausgegraben.

Das Gebiet weiter nördlich von El Tajín ist durch die Remojadas-Kultur geprägt, deren Dauer von 225 v. Chr. bis 900 n. Chr. anzusetzen ist. Typisch für diese Kultur sind unzählige sitzende oder stehende, hohle Tonfiguren mit lächelnden Gesichtern. Vielleicht stellen sie Personen dar, die im rituellen

---

13 Die *yugos* sind u-förmige Gegenstände und stellen die von den Spielern getragenen Ledergürtel dar. Die *hachas* sind Äxte in Form schmaler Köpfe, und die *palmas* haben große Ähnlichkeit mit einem Palmenblatt.

Zusammenhang Drogen wie z. B. Peyote eingenommen hatten. Vielleicht sind es auch Darstellungen von Toten. Während die frühen Tonfiguren noch relativ große Köpfe und eine unnatürlich steife Haltung haben, werden Proportionen und Haltung später natürlicher gestaltet. Die Figuren stammen meist aus Gräbern oder Opferdepots, viele wurden rituell zerbrochen, was eine Rekonstruktion bzw. Zusammensetzung erschwert. Die Tonfiguren mit den lachenden Gesichtern der Nopiloa-Kultur in Süd-Veracruz (600–900 n. Chr.) verwendete man vielleicht im Kult (Tänze etc.), gefunden wurden sie in Gräbern und Opferdepots. Ebenfalls aus Veracruz stammen Tonfiguren, die Ähnlichkeiten mit denen der Maya aufzeigen, und vor allem Tierfiguren, deren durchbohrte Fußenden auf Achsen für Räder hinweisen. Man kannte also das Rad in Mexiko sehr wohl, verwendete es aber nicht.

Im nördlichen Gebiet der Golfküste, der »Huasteca«, sind schließlich auch die Huasteken zu erwähnen. Die Huasteken sind ein Maya-Stamm. Sie kamen wie die anderen Maya aus dem Norden, trennten sich allerdings früh von den anderen Maya-Stämmen – nach Ansicht von Sprachforschern schon um 1300 v. Chr. Waren die Huasteken erst ins Maya-Gebiet mit eingewandert und dann zurückgekehrt? Oder waren sie erst gar nicht mit ins Maya-Gebiet gezogen, sondern in ihrem heutigen Wohngebiet geblieben? Wurden die Huasteken durch die Olmeken oder Totonaken daran gehindert, weiter zu wandern? Fragen, auf die es bis heute keine definitive Antwort gibt. Tamuín, Las Flores, Palacho, Tanquián oder Tamiahua sind Siedlungsorte der Huasteken. Und vor allem Pánuco, ein Ort, nach dem die einzelnen Phasen der huastekischen Kulturentwicklung benannt sind. In der klassischen Zeit, in der Phase Pánuco III bis IV, sind vor allem Einflüsse aus Teotihuacán festzustellen. Höhepunkt der huastekischen Kultur war aber die nachklassische Zeit, in der die Huasteken trotz toltekischer Einflüsse ihre kulturelle Eigenart bewahrten. Dies stellten dann auch die Azteken fest, bei denen die Huasteken als wilde Krieger, als Zauberer und Trunkenbolde verschrien waren. Bei ihren Nachbarvölkern waren die Huasteken dafür bekannt, dass sie keine Kleidung trugen – eine für das alte Mexiko ungewöhnliche Sitte. Das zeigt auch die bekannte Skulptur eines Mannes (MNA), der nur mit großen Ohrringen »bekleidet« ist. Trotz dieser Nacktheit waren die huastekischen Webarbeiten aus Baumwolle bei den Azteken begehrt. Die Tempel und Gebäude der Huasteken, wie z. B. in der Stadt Tamuín (San Luis Potosí) hatten meistens einen runden Grundriss und waren aus Lehm erbaut. Die Wände waren mit Stuck überzogen und oft mit Wandmalereien versehen. Noch heute leben ungefähr 66 000 Huasteken in den Bundesstaaten San Luis Potosí und Veracruz.

Westmexiko:
nur »Randkulturen« und
El Dorado der Huaqueros?

Das Kulturareal Westmexiko umfasst die heutigen Bundesstaaten Colima, Nayarit, Guerrero und Teile von Jalisco, Michoacán und Guanajato. Hervorzuheben sind hier die Colima-Phase bzw. der Colima-Stil (Colima, Nayarit und Jalisco), die Kulturen von Chupícuaro (Guanajuato) und der Tarasken (Michoacán). Sie unterscheiden sich von den übrigen mesoamerikanischen Kulturen und nahmen erst später Einflüsse aus Zentralmexiko auf.

Die Kulturen Westmexikos sind, vor allem was Siedlungen und Gebäude betrifft, forschungsmäßig ein weißer Fleck und wurden von der Archäologie vernachlässigt. Dies machte die Tätigkeit von Grabräubern, *Huaqueros*, sehr leicht und Westmexiko wurde so zu einem El Dorado der Grabräuber. So sind z. B. 10 000 Figuren aus Jalisco durch Grabräuberei in Privatsammlungen, aber auch in Museen gelangt. Wissenschaftlich ausgegraben wurden nicht einmal 100 der Figuren. Ist der Fundort unbekannt, fehlen entscheidende Details des Kontextes, so dass in den meisten Fällen eine genaue Einordnung der Funde unmöglich ist. Inzwischen sind aber auch die Kulturen Westmexikos in den Fokus des Forschungsinteresses gerückt.

Allerdings arbeitet man bislang mehr mit Vermutungen und Hypothesen als mit gesicherten Tatsachen.

In Colima unterscheidet man anhand der Keramikfunde mehrere Phasen, die sich nach Radiokarbondatierung scheinbar teilweise zeitlich überlappen: In der vorklassischen Zeit die Phase Capacha (1500–1100 v. Chr.), in der vorklassischen und klassischen Zeit die Phase Ortices (500 v. Chr. – 500 n. Chr.) und in der klassischen Zeit die Phasen Comala (100 v. Chr. – ca. 700 n. Chr.) und Colima (400–600 n. Chr.). Typisch für die Capacha-Keramik sind schwarze bis dunkelrote, krugartige Gefäße mit Kalabassenform und Steigbügelausguss oder Doppelgefäße, die man in einfachen Gräbern fand.

Am bekanntesten sind die Menschen- und Tierfiguren der Colima-Phase aus Ton (Colima, Nayarit und Jalisco), die sich in fast jedem Museum mit Funden des präkolumbianischen Mexiko und auch in vielen Privatsammlungen finden. Sie stammen ausschließlich aus Gräbern und standen demnach als Grabbeigabe mit dem Totenkult in Zusammenhang. Bei den Gräbern handelt es sich um Schachtgräber. Sie bestehen aus einem ca. 7 m langen, senkrechten Schacht, der in eine oder mehrere Grabkammern mündet. Man vermutet, dass es sich um Familiengräber handelt, die mehrmals zwecks Bestattung geöffnet wurden. Wenige dieser Gräber sind bisher erforscht worden und Wohnsiedlungen hat man bisher auch nicht gefunden. In Nayarit fanden sich allerdings Hausmodelle aus Ton, die eine ungefähre Vorstellung von der Wohnweise vermitteln. Nicht selten sind die Häuser um einen Platz mit einer Rundpyramide in der Mitte angeordnet. Ansonsten ist das Fehlen religiöser und kultischer Spuren auffallend: Wie erwähnt, wurden bisher keine Reste von Tempeln oder dergleichen entdeckt, und die Keramik oder die Tonfiguren geben keine Hinweise auf religiöse Darstellungen wie z. B. Gottheiten. Auffallend sind Ähnlichkeiten zu südamerikanischen Kulturen. So gab es in Kolumbien und Ecuador ähnliche Schachtgräber. Und einige Keramikfiguren der Vicús-Kultur in Peru (ca. 400 v. Chr. – 550 n. Chr.) ähneln der Keramik des Colima-Stiles. Vor allem die Tarasken in Michoacán der nachklassischen Zeit waren für ihre Metallarbeiten bekannt. In Südamerika wurde Metall bereits früher verarbeitet. Dies alles lässt vermuten, dass es Kontakte zwischen Westmexiko und Südamerika gab, wahrscheinlich über den Pazifik, denn in Südamerika gab es die bekannten Balsaboote, die eine Fahrt übers Meer an der Küste entlang ermöglicht hätten.

Die größeren Tonfiguren im Colima-Stil stellen vorwiegend Menschen und Tiere in einer uns auch heute noch naturalistischen, eindrucksvollen Weise dar: rundliche Formen in rötlich-braun gebranntem Ton. Die Tiertonfiguren zeigen Vögel wie Papageien oder Enten, am häufigsten aber Hunde. Diese »Colima-Hunde« stellen eine kleine, wahrscheinlich nackte Hunderasse dar. Die spanischen Eroberer berichten, dass die Azteken kleine Hunde mit Mais mästeten. Sie sollen als Opfer gedient haben, deren Fleisch man rituell verzehrte. Außerdem dienten sie den Toten als Führer im Jenseits. Eine ähnliche Funktion ist wohl auch bei den Colima-Hunden anzunehmen: Als Führer der Toten im Jenseits oder auch als Ersatzopfer anstelle richtiger Hunde. Einige Tierfiguren haben einen Ausguss und dienten wohl als Gefäße. Die menschlichen Figuren werden – oft mit nacktem Oberkörper – bei ihren alltäglichen Tätigkeiten wie z. B. beim Maismahlen, als Lastenträger, Ballspieler, Akrobaten, Tänzer, Musiker oder Krieger gezeigt.

In Nayarit ist ferner die Chinesco-Kultur (ca. 50–400 n. Chr.) zu nennen. Typisch sind größere Figuren in sitzender Stellung mit auffallend langem Oberkörper und schrägstehenden Augen oder mit Masken. Auch diese Figuren dienten als Grabbeigaben. Der Ethnologe Peter Fürst stellte die These auf, dass die Tonfiguren die Haltung eines Schamanen zeigen, der mit Geistern kommuniziert oder kämpft. 2010 wurde in Tepic erstmals ein von Grabräubern unversehrtes Grab der Chinesco-Kultur offiziell von Archäologen ausgegraben – in Westmexiko bisher eine Ausnahme.

In Guerrero ist zum einen die Mezcala-Kultur (ca. 700 v. Chr. – 650 n. Chr.) südlich des Rio Balsas zu erwähnen, zum anderen die Chontal-Kultur (ca. 300–100 v. Chr.) im Gebiet nördlich des Rio Balsas. Von der Mezcala-Kultur sind kleine

Figuren und Masken aus grünem Stein erhalten, die in einem streng abstrakt-symmetrischen Stil gearbeitet sind. So haben z. B. Figuren und Masken eine rechteckige bzw. quadratische Form. Bei den Masken sind Augen und Mund nur strichförmig eingeritzt angedeutet. Im Unterschied zu anderen westmexikanischen Kulturen zeigt die Mezcala-Kultur in der klassischen Zeit deutliche zentralmexikanische Einflüsse, wie z. B. Kultzentren mit Tempelpyramiden und Ballspielplätzen. Auch der Chontal-Stil ist abstrakt, aber nicht so ausgeprägt wie im Mezcala-Stil. Die Masken haben eher eine rundplastische Form.

Vielfältig ist auch die Keramik der Chupicuaro-Kultur in Michoacán (ca. 400 v. Chr. – 200 n. Chr.), die sich ebenfalls in Grabanlagen (neben Schmuck, Musikinstrumenten u. a. Beigaben) fand. Es sind Gefäße, Teller und Figuren mit auffallend schräg gestellten Augen, die wie Kaffeebohnen aussehen. Die Keramik ist vor allem in den Farben rot, dunkelbraun und creme bemalt; häufig sind schwarz-weiße Muster auf rotem Hintergrund. Über die Kultur der Tarasken in Michoacán ist wenig bekannt. Von ihrer Hauptstadt Tzintzuntzan am Pátzcuaro-See ist – bis auf die rekonstruierten, rechteckigen Pyramiden mit runden Anbauten – so gut wie nichts erhalten. Die Azteken wurden unter ihrem Herrscher Axacayatl 1478 bei dem Versuch, die Tarasken zu unterwerfen, besiegt. Die Azteken berichteten Bernardino de Sahagún, dass die Tarasken sich nach ihrem Gott Taras nannten und dass die Frauen keine Oberkörperbekleidung trugen, für das Alte Mexiko ungewöhnlich. Auch die Kleidung der Männer unterschied sich von der der übrigen Völker: »Sie trugen keine Schambinden, hatten ihre Schamteile nicht bedeckt. Sie verhüllten sie nur mit dem Cicuilli genannten Wams, das wie ein Weiberhemd ist, das sie anzogen. Und sehr breite Löcher hatten sie in der Lippe und im Ohr. Sehr groß war der Lippenpflock. Die Frauen trugen nur ein Hüfttuch, hatten kein Hemd. Auch ihr Hüfttuch war nicht groß, nicht sehr lang, es reichte nur bis oberhalb des Knies.« (Sahagún, Geschichtswerk, Buch X, 29) Bekannt waren die Tarasken für ihre – ebenfalls ungewöhnlichen – Metallarbeiten. Vor allem aus Kupfer wurden Schmuck, Schellen, Pinzetten (um die Barthaare auszureißen), Nadeln oder Beilklingen hergestellt. Man stellte ferner Gegenstände aus Gold, Silber, Zinn (und eventuell auch Blei), aus Tumbaga, einer Gold-Kupfer-Legierung, und Bronze her.

Die Kunst der westmexikanischen Kulturen, besonders die Tonfiguren des Colima-Stils sind nach wie vor bei Kunstsammlern beliebte Objekte. Bekannte Künstler wie Rufino Tamayo, Diego Rivera, Frida Kahlo oder Henry Moore sammelten sie und ließen sich durch sie inspirieren. Gerade in den Malereien von Diego Rivera ist der Einfluss deutlich erkennbar. Und last but not least, aus Westmexiko bzw. Michoácan stammt – nach Benito Juarez – ein weiterer indianischer Präsident: Lázaro Cárdenas del Río (1895–1970), der von 1934 bis 1940 das Präsidentenamt in Mexiko innehatte.

Tula und die Tolteken –
das Volk des Quetzalcoatls

*Tolteken, das sind kluge und geschickte Leute, ihre Werke
sind alle schön, alle trefflich, alle verständig, alle wunderbar.*

So berichteten die Azteken Bernardino de Sahagún von den
Tolteken (Geschichtswerk, Buch X, 29), deren Stadt Tula von
950 bis 1150 n. Chr. ihre Blütezeit erlebte. Vorangegangen waren der Stadt einige kleinere, aber durchaus bedeutende Zentren in Zentralmexiko, die sich nach dem Ende Teotihuacáns
entwickelten. Beispielhaft werden hier Cholula, Cacaxtla und
Xochicalco angeführt, die alle – wie Tula später auch – durch
Kultstätten für den Gott Quetzalcoatl gekennzeichnet sind,
dessen Verehrung in Tula ihren Höhepunkt fand. Während
Cholula schon in klassischer Zeit, zur Zeit Teotihuacáns, ein
bedeutendes Kultzentrum war, erfolgte die Blütezeit von Cacaxtla und Xochicalco ca. zwischen 700 und 900 n. Chr. Die
Kultur Tulas und der Tolteken fällt in die Zeit der frühen Nachklassik; ihre Nachfolger, die Azteken, erscheinen in der späten
nachklassischen Zeit auf der Bühne der Geschichte.

Cholula, Cacaxtla und Xochicalco:
zwischen Teotihuacán und Tula

*Das ganze Land um die Stadt ist herrlich bebaut, weil dort
die Erde sehr fruchtbar ist und leicht bewässert werden
kann. Die Stadt ist im Grunde schöner als irgendeine in
Spanien, wie sie so in einer Ebene liegt und von hohen
Türmen geschmückt ist.*

Das schrieb der Eroberer Hernán Cortés in einem Brief an den
spanischen König über Cholula (von Nahuatl *chollolan*), den
»Ort des Wasserfalls« nahe der heutigen Stadt Puebla. Die
Stadt liegt, wie der Name schon sagt, in einer fruchtbaren

Landschaft. Cholula war für Jahrhunderte ein religiöses Zentrum und durch die heutige christliche Kirche hat der Ort nach wie vor eine religiöse Funktion. Die Stadt hatte zudem aufgrund ihrer Lage auch eine entscheidende Bedeutung für den Handel zwischen dem Hochtal von Mexiko und der Golfküste. Cholula war von der späten vorklassischen Zeit an besiedelt. Vor allem in der klassischen Zeit hatte der Ort eine große Bedeutung in Zentralmexiko, was man an der Verbreitung seiner »Coyotlatelco-Keramik« ablesen kann. Es bestand eine enge Verbindung zu Teotihuacán, was sich nicht zuletzt an dem architektonischen Merkmal des Talud-Tablero-Systems an der Pyramide zeigt. Nach dem Niedergang Teotihuacáns wurde Cholula Hauptstadt der Olmeca-Xicalanca (nicht zu verwechseln mit den Olmeken der vorklassischen Zeit) und in nachklassicher Zeit übernahmen die Tolteken die Herrschaft und die Bedeutung Cholulas ging etwas zurück. Aber nach der toltekischen Zeit folgte eine Renaissance, Cholula wurde zu einer Pilgerstätte des Gottes Quetzalcoatl.

Die Pyramide von Cholula ist vom Volumen (nicht von der Höhe) her die größte der Welt, größer als die ägyptische Cheops-Pyramide. Ihre Grundfläche beträgt 450 x 450 m, ihre Höhe 62 m und ihr Volumen 3 000 000 m³. Heute sieht man sie nur noch in Form eines großen Hügels, auf dem die von den Spaniern errichtete Kirche »Santa Maria de los Remedios« steht. Die Pyramide wurde insgesamt sieben Mal überbaut, d. h. über die erste Pyramide baute man die zweite und dann die dritte Pyramide etc. Dies lässt sich heute noch gut an dem Pyramidenmodell im Museum vor Ort sehen. Gleichzeitig ist die Pyramide auch ein Beispiel für ein typisches Phänomen der spanischen Eroberung, nämlich dass christliche Kirchen direkt über die Stätten der indianischen Tempel errichtet wurden. Im 19. Jahrhundert entfernte man für den Straßenbau eine Ecke des Hügels bzw. der Pyramide. 1917 fanden die ersten archäologischen Untersuchungen statt, die in den 1930er Jahren und 1966 bis 1970 fortgesetzt wurden. Dabei legte man einen Tunnel durch die Pyramide an, durch den man heute die Pyramide »durchqueren« kann. Man fand auch Wandgemälde mit

Pulquetrinkern, die aber heute für den Touristen nicht mehr im Original zugänglich sind.

Cacaxtla, dessen Blütezeit zwischen 600 und 950 n. Chr. anzusetzen ist, liegt in der Nähe von Puebla und zeichnet sich durch faszinierende Wandgemälde aus, die ihrem Stil nach auf starken Einfluss des Maya-Gebiets hinweisen. Die Ausgrabungsstätte liegt auf einem ca. 100 m hohen Bergzug über dem Tal von Puebla und besteht aus Wohn- und Tempelgebäuden, die sich um zwei Plazas gruppieren. Die Freskenmalereien von Cacaxtla zählen zu den besten des Alten Mexiko, sowohl von der künstlerischen Qualität als auch vom Erhaltungszustand her. Die aus unterschiedlichen Zeitperioden stammenden Gemälde befinden sich im »Roten Tempel«, im »Venustempel« und in den Gebäuden A und B. Am bekanntesten ist das Gemälde des Gebäudes A, dass eine Schlacht zwischen Jaguarkriegern und Adlerkriegern zeigt: Die Jaguarkrieger ähneln dabei den zentralmexikanischen Kriegern; die Adlerkrieger haben Maya-Gesichter. Die Jaguarkrieger, mit Jaguarfell bekleidet und mit Speerschleuder, Messer und Schild bewaffnet, besiegen die Adlerkrieger, die fast unbekleidet sind und nur einen Kopfputz in Gestalt eines Adlerkopfes mit Federn haben. Zu sehen ist an beiden Seiten der Haupttreppe auch die Gefangennahme zweier Adlerkrieger. Der eine Adlerkrieger wird gefangengenommen, als er sich gerade eine Speerschleuder aus dem Kopf zieht, von der er getroffen wurde. Der andere Adlerkrieger steht bei der Festnahme mit verschränkten Armen da. Im Roten Tempel ist ein in ein Jaguarfell gekleideter Mann dargestellt. Er ist wahrscheinlich ein Händler, denn hinter ihm befindet sich ein Händlerbündel. Dieses, im Nahuatl *cacaxtli* genannt, ist namensgebend für den Ort an sich und ein Hinweis auf dessen Bedeutung als Handelsstadt. Dieses Händlerbündel enthält einen Kopfschmuck in Tierform, Federbündel und einen Schildkrötenpanzer sowie Weihrauchblöcke. Vor dem Mann sieht man Maispflanzen mit Menschenköpfen als Maiskolben. Eingerahmt ist die ganze Szene von einem Fluss mit Wassertieren und -symbolen. Die Gemälde des Gebäudes wurden zuerst entdeckt. Die beiden Wandflächen zeigen zwei Personen: auf der nördlichen Wand einen Herrscher, Priester oder Krieger in Jaguarfell, auf der südlichen Wand mit Adlerkostüm. Der Mann im Jaguarfell steht auf einem Mischwesen in Gestalt einer Schlange mit Jaguarfell und -beinen und hält ein Bündel mit Speeren in der Hand, aus denen Wasser tropft. Neben ihm ist groß die Glyphe, d. h. die grafische Darstellung des Schriftzeichens 9 Reptilauge zu erkennen sowie kleinere Glyphen. Das Gesicht des Mannes auf der südlichen Wand sieht aus dem riesigen Schnabel eines Adlerkopfes hinaus; seine Füße stecken in Vogelkrallenschuhen. Auch er trägt ein stabartiges Bündel in der Hand und steht auf einer gefiederten Schlange. Neben ihm findet sich die Glyphe 13 Feder und ein Vogel. Auch auf der nördlichen Türseite ist ein Mann in Jaguarfell dargestellt, der aus einem Gefäß mit dem Gesicht des Regengottes Tlaloc Wasser gießt. Auf der südlichen Türseite ist ein Mann mit Jaguarschurz und gekreuzten Beinen dargestellt. In der Hand hält er eine Muschel, aus der ein Kopf mit rotem Haar herausguckt. Links oben im Bild ist groß die Hieroglyphe 3 Hirsch zu sehen. Im Venustempel zeigen zwei Darstellungen eine männliche und eine weibliche Figur, die wohl mit dem Venusstern zusammenhängen. Der Mann trägt einen Jaguarschurz und darüber das Symbol des Venussterns, in der Hand hält er den Stachel eines Skorpions. Die Gemälde kann der Tourist heute nicht mehr im Original besichtigen, sondern nur die Kopien im Museum vor Ort.

Xochicalco (Nahuatl, »Ort des Blumenhauses«) liegt im Hochtal von Mexiko, etwa 120 km südlich von Mexiko-Stadt entfernt und hatte seine Blütezeit zwischen 700 und 900 n. Chr. Xochicalco war ein Kultzentrum, weniger eine Stadtanlage, und es stellte neben Cacaxtla eine Verbindung zwischen den verschiedenen altmexikanischen Kulturen der klassischen und nachklassischen Zeit dar. Denn der Ort weist starke Einflüsse von Teotihuacán, Monte Albán und aus dem Maya-Gebiet auf, die von den späteren Tula aufgenommen wurden. Ähnlich wie Monte Albán liegt Xochicalco, das Umland beherrschend, auf einem Berg von ca. 120 m Höhe, und wie in Monte Albán fehlt in dem Kultzentrum eine Wasserquelle. Be-

siedelt seit ca. 200 v. Chr., entstanden die meisten heute zu se-
henden Bauten in der Zeit zwischen 700 und 900 n. Chr. Es
sind Tempel- und Wohnanlagen auf verschiedenen Ebenen
des Berges, die jeweils künstlich aufgeschüttet und mit Mauern abgestützt sind. Der ganze Baukomplex ist von einem
Mauerring umgeben. Im Zentrum der Anlage liegt die zentrale Plaza, von Wohngebäuden, unter anderem der Akropolis,
umgeben, sowie der auffälligste und bekannteste Bau, die »Pyramide der gefiederten Schlange«. Die Wände sind im Talud-
Tablero-System erbaut, die Sockel der Pyramide zeigen Reliefs
mit einer gefiederten Schlange, deren Windungen mit Darstellungen von Menschen im Schneidersitz und Schriftzeichen
ausgefüllt sind, die an Maya-Darstellungen erinnern. Im Süden befindet sich eine Plaza mit den zwei Tempeln D und C sowie Wohngebäude, im Osten gibt es ebenfalls eine Plaza mit
Tempeln und Wohngebäuden. In Xochicalco gab es drei Ballspielplätze mit einem jeweils rechteckigen Spielfeld, das von
breiten bzw. hohen Rampen eingegrenzt war – ähnlich wie die
Ballspielplätze der Maya, vor allem in Copán (Honduras). Auch
große Steinringe für das Ballspiel fand man. Ein Observatorium diente ferner zur Beobachtung der Gestirne. Im Inneren
des Observatoriums fällt das Sonnenlicht durch einen Schacht
ein, allerdings nur an 105 Tagen im Jahr. Erste Ausgrabungen
in Xochicalco unternahm 1910 der Mexikaner Leopoldo Bart-
res an der Pyramide der gefiederten Schlange, die er auch res-
taurierte. In den Jahren 1934 bis 1967 und 1984 bis 1994 folgten
weitere Ausgrabungen. Von großem Interesse sind die Funde
ursprünglich freistehender Basaltstelen. Sie zeigen zum einen
Glyphen, zum anderen aber vor allem Quetzalcoatl erstmals in
menschlicher Gestalt mit den Symbolen des Venussterns, so
wie er später auch in Tula gezeigt wird – im Gegensatz zu Teotihuacán, wo er nur in Schlangengestalt erscheint. Einige der
Stelen wurden zerbrochen und nachweislich rituell begraben.
Bis auf eine Stele befinden sich die Originale heute im MNA. Im
Museum vor Ort sind auch einige Steinblöcke mit Schrift- und
Kalenderzeichen zu sehen.

Tula und die Tolteken

Die Tolteken, das sind kluge und geschickte Leute (...) Das waren Weise, die fanden, die gaben Kenntnis von den Heilmitteln, die machten den Anfang mit der ärztlichen Kunst. (...) Denn sie machten den Anfang mit der Rechnung nach einem Jahr, mit der Rechnung nach Tageszeichen (...) Diese Tolteken waren in jeder Weise rechtschaffen, nicht lügnerisch waren sie (...) Diese Tolteken, so wie man sagt, waren Nahua, keine Popolaca (keine fremdrassigen Leute), aber sie sprachen Nonoualca (...) Sie waren reich, wegen ihrer Klugheit brachten sie es schnell zu Vermögen. Daher heißt jetzt der, der es schnell zu Vermögen bringt: das ist ein Sohn Quetzalcoatls, Quetzalcoatl ist sein Herr.

So lautet der Bericht der aztekischen Informanten über die Tolteken, den Bernardino de Sahagún festhielt (Geschichtswerk, Buch X, 29). Ebenso berichtet Sahagún von dem Tempel des Quetzalcoatl, des wichtigsten Gottes der Tolteken: »Was die Stätte seiner Andacht war (...) sie war in jeder Weise ein Wunder, sie war vierfach (hatte vier Räume oder Häuser). Eins stand im Osten sichtbar, das Goldhaus. Als Stuck diente (an Stelle des Stucks) Gold, damit war es gepflastert, belegt. Eins stand im Westen sichtbar gegen Sonnenuntergang, das Grünsteinhaus, das Türkishaus. Es heißt Grünsteinhaus, Türkishaus, (weil) mit Grünsteinen, Türkisen musivisch eingelegt war im Innern des Gebäudes das, was als Stuckfläche diente. (...) Und es gab das Federhaus, mit Federn gedeckt im Innern des Gebäudes das, was als Stuck dient (...).« (ebd.) Bei den Azteken und ihren Nachbarvölkern im Hochtal von Mexiko galten die Tolteken als *die* Weisen schlechthin. Die Bezeichnung »Tolteken« (vom Nahuatl-Wort *toltecatl* = Bewohner von *Tollan*) wurde zum Synonym für fähige Kunsthandwerker bis hin zur Bedeutung von »zivilisierter Mensch« bzw. »Vertreter eine hohen Kultur«. Entsprechend sahen sich die Azteken als Erben der Tolteken an, die deren Reich fortführten. Ihre Herrscher beriefen sich gerne auf eine direkte Abstammung von den Tolteken. Der erste Herrscher der Mexica, Acamapichtli, wurde gewählt, weil er toltekischer Herkunft war. Sein Neffe heiratete, wie es heißt, eine Tochter des Herrschers von Tollan, mit der er die letzte Dynastie in Tula gründete. Ähnlich entwickelte sich das Nahuatl-Wort *Tollan Xicocotitlan*, abgekürzt *Tollan* (= »Ort des Schilfrohrs«) bzw. *Tula* von der einfachen Ortsbezeichnung zum Synonym für eine große, bedeutende Stadt mit gold- und türkisverzierten Tempeln. Die Toltekenbegeisterung der Azteken ging so weit, dass sie Kunstwerke von Tula nach Tenochtitlán transportierten oder sie kopierten. Ein Beispiel dafür ist die Chac-Mool-Figur und einige Kriegerskulpturen im Haupttempel von Tenochtitlán. Die Verherrlichung Tollans und der Tolteken durch die Azteken wirkt bis in unsere Tage nach. So gelten die Tolteken bis heute, wie z. B. in der modernen Esoterik, als Weise und Heilkundige – wie ein Blick auf das entsprechende Angebot des Büchermarktes über das »Wissen« der Tolteken, das »Weisheitsbuch« der Tolteken usw. zeigt.

Selbst die Archäologen ließen sich von der aztekischen Verherrlichung der Tolteken und ihrer Stadt irreführen und meinten zunächst, dass nur eine so große, beeindruckende Stadt wie Teotihuacán das historische Tollan bzw. Tula sein könnte. Erst 1941, bei der Konferenz der Mexikanischen Gesellschaft für Anthropologie, setzte sich die Erkenntnis durch, dass das heutige Tula im Bundesstaat Hidalgo (ca. 90 km nördlich von Mexiko-Stadt) die Stadt der Tolteken war.

Die Kultur der Tolteken ist die erste in Mesoamerika, zu der nicht nur archäologische Funde vorliegen, sondern auch schriftliche Berichte aus der nicht viel späteren Zeit der Azteken. Zu nennen sind hier die Geschichtswerke des Bernardino de Sahagún und des Ixtlilxóchitl, die *Annalen von Cuauhtitlán* und die *Historia Tolteca-Chichimeca*. Allerdings vermischen sich in diesen Chroniken und Berichten Mythos und historische Realität.

Anhand von Keramikfunden ließ sich feststellen, dass die ersten Bewohner aus dem Nordwesten in das Gebiet von Tula einwanderten. Auch die schriftlichen Quellen berichten von diesen Einwanderern und nennen sie Tolteca-Chichimeca. Als Chichimeken werden allgemein nomadische Gruppen im nordwestlichen Grenzgebiet Mesoamerikas bezeichnet. Die Tolteca-Chichimeca, die aus dem Nordwesten, vielleicht Zacatecas, stammten, waren allerdings bereits sesshaft geworden. Die zweite ethnische Gruppe, die in Tula einwanderte, waren die Nonoalca, deren ursprüngliche Heimat die Golfküste war. Es lassen sich zwei Besiedlungsperioden unterscheiden: die Corall-Phase (800–950 n. Chr.) und der Höhepunkt Tulas, die Mazapan-Phase (950–1150 n. Chr.). Das Zusammenleben der Tolteca-Chichimeca und Nonoalca war scheinbar nicht ganz problemlos, denn im 10. Jahrhundert kam es zum Konflikt, der sich im Mythos vom Fall und von der Vertreibung des Priesterkönigs Quetzalcoatl durch seine Widersacher widerspiegelt. Scheinbar übernahmen die Tolteken die Alleinherrschaft und die Nonoalca verließen Tula. Auf jeden Fall wurde zu dieser Zeit Tula Chico, eines der Zeremonialzentren, zerstört.

Die Stadt Tula selbst bestand aus zwei Siedlungskomplexen. Zuerst wurde Tula Chico gegründet und besiedelt (600–800 n. Chr.). Dann wurde Tula Grande zur »neuen« Stadt, die ihre Blütezeit in der Mazapan-Phase erlebte. In dieser Zeit dehnte sich Tula auf ca. 15 m² aus und hatte ca. 60 000 Einwohner, die in verschiedenen Stadtvierteln mit jeweils eigenem Zentrum, Tempeln und eigener Verwaltung lebten.

Das Kultzentrum von Tula Chica besteht aus drei Plattformen mit mehreren Pyramiden und Ballspielplätzen. Das Zeremonialzentrum von Tula Grande bestand aus einer Plaza, um die sich der Tempel des Quetzalcoatl, die »Große Pyramide«, zwei Säulenhallen und ein großer Ballspielplatz gruppieren. Das bekannteste Gebäude von Tula Grande ist der fünfstufige Tempel des Quetzalcoatl, auch Tempel des Tlahuizcalpantecuhtli (= »Morgenstern« bzw. »Venusstern«, eine Erscheinungsform des Quetzalcoatl) oder Tempel B genannt. Er ist schon von weitem durch die auf der Pyramidenplattform stehenden vier Skulpturen in Gestalt von Kriegern sowie einiger Stelen erkennbar. Die Figuren stellen wahrscheinlich Quetzalcoatl als Krieger dar, und zwar in seiner Erscheinung als Tlahuizcalpantecuhtli, dem Morgenstern. Sie tragen jeweils einen Panzer

Quetzalcoatl-Tempel Tula: ein Beispiel der »Atlanten«, die Quetzalcoatl als Morgenstern in Kriegsausrüstung zeigen – mit Federhelm, Baumwollpanzer und einem Brustschild in Schmetterlingsform.

aus Baumwolle, einen Helm aus Quetzalfedern, einen Schild auf dem Rücken und ein Schmetterlingswappen oder -schild auf der Brust und sind mit Waffen ausgestattet (Pfeile und At-latl, eine Speerschleuder). Man nennt die Krieger-Figuren auch Atlanten, da man davon ausgeht, dass sie als eine Art Säulen das Dach des Tempels getragen haben. An den ersten zwei Stu-fen der Pyramiden sind zwei Reihen von Reliefplatten erhal-ten. Die untere Reihe zeigt Adler, die Herzen, wahrscheinlich Menschenherzen, verschlingen. Die obere Reihe präsentiert abwechselnd, wie in einer Prozession, Jaguare mit Halsband und erhobenem Schwanz sowie Koyoten.

Neben dem Tempel des Quetzalcoatl befindet sich die eben-falls fünfstufige große Pyramide bzw. Pyramide C, von der heute nur noch die vordere Seite erhalten ist. Funde deuten da-rauf hin, dass die Pyramide Schlangensäulen und auch Krie-gerfiguren als Atlanten enthielt. Im Westen des Quetzalcoatl-Tempels befindet sich noch der »abgebrannte Palast« *(Palacio Quemado)*. Vor den toltekischen Tempeln waren oft Chac-Mool-Figuren aufgestellt, mit angewinkelten Beinen auf dem Rü-cken liegende Kriegerfiguren, den Kopf zur Seite gedreht und mit den Händen auf dem Bauch eine Schale haltend. Wahr-scheinlich hatten sie die Funktion von Altären, in die Schale wurde das Opfer gelegt. Bisher sind in Tula sechs Ballspiel-plätze bekannt.

Wirtschaftliche Grundlage Tulas waren die Landwirtschaft und der Handel. Im Umfeld Tulas, begünstigt durch den Fluss Tula, baute man die Grundnahrungsmittel Mais, Bohnen und Paprika an. Einer der wenigen Artikel, die man exportierte, war Obsidian aus Pachuca, wo er schon zu Zeiten Teotihu-acáns abgebaut wurde.

Man importierte Keramik oder Luxusartikel wie Federn exotischer Vögel, Jade oder Felle. Der Einfluss der Tolteken reichte weit nach Westen und Norden und bis ins Maya-Gebiet hinein. Aufgrund von Töpferwaren lassen sich Handelsbezie-hungen zur Golfküste (Campeche) und bis Nicaragua und Costa Rica nachweisen. Ebenso fand man in Tula Muscheln von der Pazifikküste im Nordwesten.

Die Kultur der Tolteken ist durch einen kriegerischen Aspekt gekennzeichnet: Die Städte sind befestigt oder auf Bergen angelegt und es werden sehr häufig Krieger dargestellt. Infolgedessen ist anzunehmen, dass die notwendigen Nahrungsmittel und Luxusartikel, die man selbst nicht hatte, wohl mit Waffengewalt als Tribute eingezogen wurden. Die Macht Tulas basierte auf der Gesellschaftsschicht der Krieger und entsprechend nahmen diese eine ranghohe Position ein.

Eine enge Beziehung bestand zwischen Tula und der Stadt Chichén Itzá in Yucatán. Nahm man früher an, dass Chichén Itzá die Gründung einer maya-toltekischen Mischbevölkerung war, tendiert man heute dazu, dass die Stadtgründer Maya waren, die aber stark unter zentralmexikanischem Einfluss standen. Tula und Chichén Itzá sind in gleicher Art und Weise gebaut. In Chichén Itzá finden sich toltekische Architekturmerkmale: Chac-Mol-Figuren, Säulen in Form von Schlangen mit Schlangenköpfen an der Basis, Krieger- und Jaguarfiguren, die als »Bannerträger« für Papierfahnen und Trägerfiguren (»Karytiden«) von Altären dienten.

Das Ende Tulas ist in der Zeit um 1150 n. Chr. anzusetzen. Im Kultzentrum ist sowohl ein Brand als auch absichtliche, aufwendige Zerstörung feststellbar. Ein Teil der Einwohner ließ sich in Colhuacan am Texcoco-See nieder, andere im Süden Zentralmexikos oder in der Mixteca. Colhuacan war schon zur Blütezeit Tulas eine Art Partnerstadt gewesen, zu der gute Verbindungen bestanden.

Quetzalcoatl – Mythos und Wirklichkeit

Die wichtigste Gottheit in Tula war Quetzalcoatl, die »gefiederte Schlange«, die schon in Teotihuacán eine besondere Rolle spielte. Allerdings wurde sie in Teotihuacán nur in Tiergestalt dargestellt, in Tula auch in menschlicher Gestalt. Einige Quellen aus spanischer Zeit schildern Quetzalcoatl als Gottheit, die das Menschenopfer ablehnte. Das Ziel dabei war wohl, mit dem Gott Quetzalcoatl zumindest eine Gottheit aufzuweisen, deren Kult nicht durch Menschenopfer geprägt war. Neben Quetzalcoatl erfuhren auch sein Gegenspieler Tetzcatlipoca, der Gott des Krieges und des Menschenopfers sowie der Regengott Tlaloc besondere Verehrung. In der Pyramide B auf dem Pfeiler 3 sind diese drei Gottheiten dargestellt: Quetzalcoatl mit Bart und einer Glyphe in Form einer gefiederten Schlange über seinen Kopf. Die Darstellung von Tezcatlipoca ist die einzige von ihm in Tula und zeigt ihn als Krieger mit seinem Symbol, einen »rauchenden« Spiegel.

Wir besitzen zwar eine – durch spanische Chronisten überlieferte – Liste von Herrschern in Tula, aber diese ist mehr mythisch als historisch einzustufen. Durch den Mythos bekannt und wahrscheinlich auch eine historische Person ist der Herrscher Ce Acatl Topiltzin (»Unser verehrter Herr 1 Rohr«), der gleichzeitig Priester des Gottes Quetzalcoatl war und als solcher auch den Titel Quetzalcoatl trug. Er soll im 10. Jahrhundert gelebt haben. Der Mythos erzählt vom Ende der Herrschaft dieses Quetzalcoatls und der Tolteken, die sich durch unheilvolle Vorzeichen ankündigte. Eine Version des Mythos, wie der Missionar Bernardino de Sahagún ihn überliefert, berichtet von drei Gegenspielern des Quetzalcoatls. Einer von ihnen erschien bei dem kranken Quetzalcoatl als alter Mann und gab vor, ihm Medizin zu bringen. Er verleitete Quetzalcoatl dazu, von dieser Medizin, die in Wirklichkeit Pulque bzw. Alkohol war, mehr zu trinken als er vertrug. Und bei Sahagún heißt es weiter: »Und noch viele andere unheimliche und schreckliche Ereignisse kamen über die Tolteken, womit das Land Tula ganz und gar zugrunde ging. Und danach, als Quetzalcoatl verwirrt und bekümmert war, denkt er daran, dass er gehen, dass er seine Stadt Tula verlassen soll. Darauf macht er sich bereit.« (Sahagún, Geschichtswerk, Buch III, 12) Eine andere Version berichtet, dass Ce Acatl Topiltzin durch seinen Konkurrenten und Huemac gezwungen wird, aus Tula zu fliehen. Huemac übernimmt die Herrschaft in Tula, wird aber selbst von Dämonen heimgesucht und verschwindet oder tötet sich selbst.

Auf seiner Reise nach Tlapalan hinterlässt Quetzalcoatl seine Spuren, »überall kam er hin, überall berührte er die Ortschaften, und man sagt, dass er viele Zeichen von sich niederlegte, womit er ein Andenken an sich hinterließ. (…) Und nachdem er dann an dem Ufer (des Meeres) angekommen war, macht er die Schlangenbahre. Nachdem man sie fertiggestellt hat, setzt er sich darauf, und das galt nun gleichsam als sein Schiff. Darauf ging er, wurde auf dem Wasser fortgeführt, und niemand weiß mehr, wie er nach Tlapallan gelangte.« (ebd., Kap. 14)

Nach einem anderen Bericht zieht Ce Acatl Topiltzin mit seinen Gefolgsleuten nach Colhuacan im Hochtal von Mexiko und regiert dort bis zu seinem Tod. Und wiederum eine andere Version des Mythos berichtet, dass Quetzalcoatl und seine Schwester von seinem Gegenspieler verführt werden, Pulque zu trinken, dass beide sich betranken und die Nacht zusammen verbrachten. Diese Version berichtet ferner, dass Quetzalcoatl – nun als Herrscher und Priester von Tula untragbar geworden – sich selbst verbrannte und dass seine Asche und sein Herz zum Himmel emporstiegen. Sein Herz verwandelte sich in den Morgenstern, der dabei zum ersten Mal sichtbar wurde. Und so, heißt es, sei Quetzalcoatl zum Gott geworden. In der spanischen Zeit kursierte eine weitere Version des Mythos: Quetzalcoatl, dargestellt als weißer, bärtiger Mann bzw. Gott, soll versprochen haben, wiederzukehren. Und Moctezuma, der letzte aztekische Herrscher, soll angenommen haben, Cortés sei der zurückgekehrte Quetzalcoatl und deshalb die Spanier als Gäste empfangen haben. Diese Geschichte ist aber nachweislich nicht in vorspanischer Zeit, sondern erst in spanischer Zeit entstanden. Ob und wie die Tolteken aus Tula nach Chichén Itzá ausgewandert sind und sich dort niedergelassen haben – darüber bestehen noch viele Unklarheiten.[14] Fakt ist, dass sich die beiden Städte Chichén Itzá wie Zwillingsstädte ähneln.

---

14 s. Kap. Maya.

Maya – von Maismenschen und göttlichen Herrschern

*So taten sie [die Götter, U. P.], die genannt werden Alóm,
Caholóm, Tepeu und Cucumátz. Und sie überlegten weiterhin die Schöpfung und die Formung unserer ersten Mutter
und unseres ersten Vaters. Aus gelbem und weißem Mais
machten sie sein Fleisch. Aus Maisbrei machten sie die Arme
und Beine des Menschen. Einzig Maismasse trat in das
Fleisch unserer Ahnen, der vier Menschen, die geschaffen
wurden. Dies sind die Namen der ersten Menschen, die
geschaffen und geformt wurden: Waldjaguar, der erste. Der
zweite Nachtjaguar. Nachtherr war der dritte. Und der vierte Mondjaguar. Das sind die Namen unserer Ahnen.*

So wird im *Popol Vuh* (»Buch des Rates«) die Erschaffung der
Menschen des gegenwärtigen Zeitalters bzw. der Maya beschrieben, womit die Bedeutung des Maises als Nahrungsgrundlage und auch als Grundlage der Maya-Kultur betont
wird.

Geschichte und Kulturen der Maya –
ein Überblick

Das Gebiet der vorspanischen und heutigen Maya umfasst den
südlichen bzw. südöstlichen Teil Mexikos (die Bundesstaaten
Tabasco, Campeche, Yucatán, Quintana Roo und Chiapas), die
ganzen Gebiete der heutigen Staaten Guatemala und Belize
und die westlichen Teile der Staaten Honduras und El Salvador. Hinsichtlich der heutigen Maya-Bevölkerung wird zwischen Hoch- und Tieflandregion unterschieden. Bezüglich der
alten Maya-Kulturen unterscheidet man eine Südregion
(Hochland), eine Zentralregion (südliches Tiefland) und eine
Nordregion (nördliches Tiefland). Die Südregion ist das – teilweise bis zu 4000 m hohe – Hochland der Sierra Madre, das
vom mexikanischen Bundesstaat Chiapas über Guatemala bis

El Salvador reicht. Das Zentralgebiet, auch »südliches Tiefland« genannt, umfasst das Departamento el Petén von Guatemala, reicht in die Nachbarländer Belize und Mexiko hinein und besteht größtenteils aus Regenwald. In Mexiko reicht es in die Bundesstaaten Campeche und Tabasco und wird landschaftlich durch den Fluss Usumacinta und seine Nebenflüsse bestimmt. Die Nordregion entspricht dem nördlichen Teil der Halbinsel Yucatán und umfasst die mexikanischen Bundesstaaten Campeche, Yucatán und Quintana Roo sowie einen kleinen Teil Belizes. Hier ist eine savannenartige Landschaft mit buschartiger Vegetation vorherrschend.

Ähnlich wie die verschiedenen Maya-Kulturen gibt es mehrere Maya-Sprachen,[15] die zwar ein Proto-Maya als Ursprung haben, sich aber wie die vom Lateinischen abstammenden Sprachen Spanisch, Portugiesisch und Italienisch in unterschiedliche Richtungen entwickelten.

Auch im Maya-Gebiet waren die ersten Eroberer des Landes Jäger und Sammlerinnen. Um 2000 v. Chr. datieren die ersten Funde von Keramik in Yucatan. In der Südregion, dem Hochland, nahm die Maya-Kultur in der vorklassischen Zeit ihren Anfang. Vor allem Izapa (Pazifikküste Mexikos) als Vorläufer der Maya-Kultur und Kaminaljuyú (heute Vorort von Guatemala City) sind hier zu nennen. Eindeutig nachgewiesen ist eine Maya-Siedlung bislang erstmals in Cuello im Norden von Belize, zeitlich anzusetzen zwischen 1100 und 1200 v. Chr. Um 900 v. Chr. bestehen dann dorfartige Siedlungen im Tiefland wie z. B. in Tikal, Uaxactún, Seibal oder in Yucatán wie Dzibilchaltun, die sich in der klassischen Zeit zu Zentren entwickeln sollten. Und es entstehen um 800 v. Chr. die ersten nachweisbaren Städte im Maya-Gebiet: Nakbé und El Mirador (Guatemala). Wie alle mesoamerikanischen Hochkulturen wurden auch die Maya-Kulturen von den Olmeken in vorklassischer Zeit und später von Teotihuacán in klassischer Zeit beeinflusst. Die Präsenz und der Einfluss der Olmeken reichten bis nach Guatemala und Yucatán. Schon bei den Olmeken existiert

---

15 Es gibt ca. 30 Maya-Sprachen, wie z. B. Chol, Chorti, Tzeltal, Tzotzil, Quiche, Mam oder Yukatekisch, um nur die bekanntesten zu nennen.

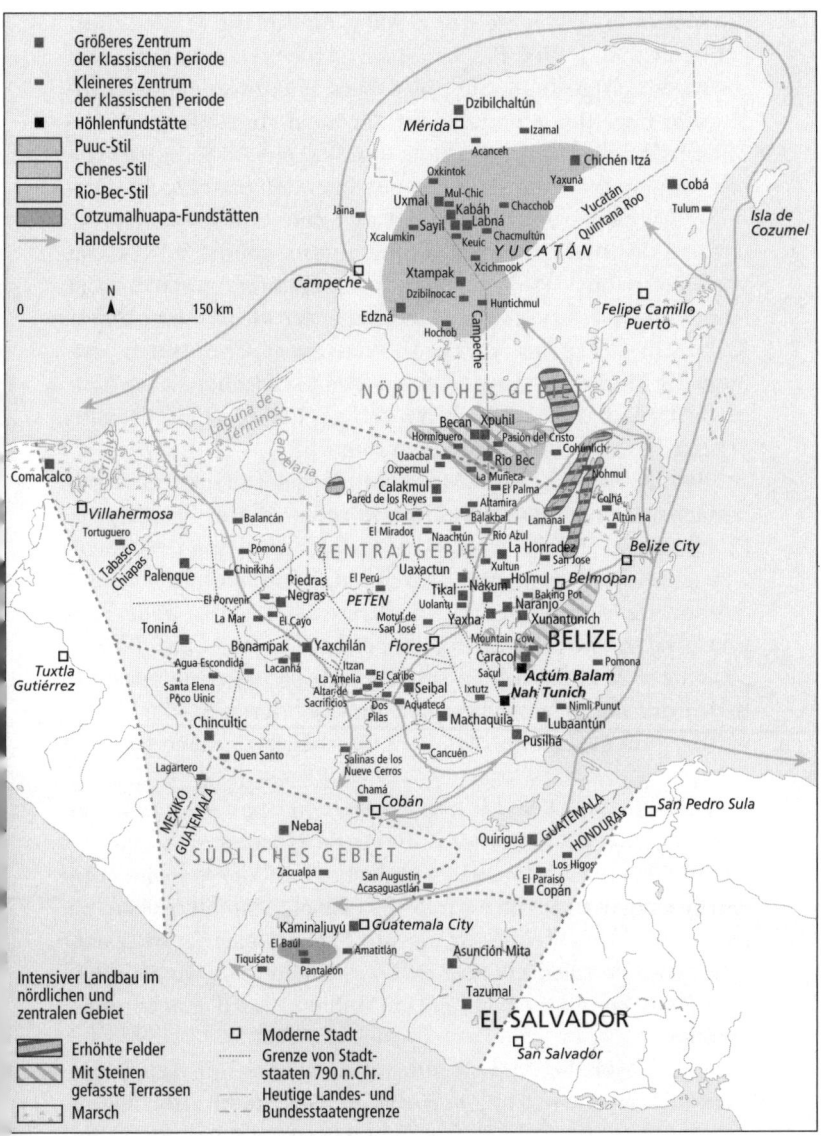

Legende:

- Größeres Zentrum der klassischen Periode
- Kleineres Zentrum der klassischen Periode
- Höhlenfundstätte
- Puuc-Stil
- Chenes-Stil
- Rio-Bec-Stil
- Cotzumalhuapa-Fundstätten
- Handelsroute

N

0 _____ 150 km

Dzibilchaltún
Mérida
Izamal
Acanceh
Chichén Itzá
Oxkintok
Yaxuná
Cobá
Mul-Chic
Uxmal
Kabáh
Chacchob
Yucatán
Jaina
Sayil
Labná
Tulum
Quintana Roo
Isla de Cozumel
Xcalumkin
Keuic
Chacmultún
Xcichmook
YUCATÁN
Campeche
Xtampak
Dzibilnocac
Felipe Camillo Puerto
Edzná
Huntichmul
Hochob
Campeche

NÖRDLICHES GEBIET

Laguna de Términos
Becan
Xpuhil
Candelaria
Hormiguero
Pasión del Cristo
Comalcalco
Uaacbal
Rio Bec
Cohunlich
Oxpermul
Johmul
Villahermosa
Calakmul
La Muñeca
Balancán
Pared de los Reyes
El Palma
Colhá
Tortuguero
Ucal
Altamira
Altún Ha
El Mirador
Balakbal
Lamanai
Pomoná
Naachtún
Rio Azul
Tabasco
Chinikihá
ZENTRALGEBIET
La Honradez
Belize City
Chiapas
Palenque
El Perú
Uaxactun
San José
Piedras Negras
Xultun
Holmul
Belmopan
El Porvenir
PETEN
Tikal
Nakum
La Mar
El Cayo
Motul de San José
Uolantu
Naranjo
Baking Pot
Toniná
Yaxha
Xunantunich
Bonampak
Yaxchilán
Flores
Mountain Cow
BELIZE
Agua Escondida
Itzan
Caracol
Lacanhá
La Amelia
El Caribe
Pomona
Santa Elena Poco Uinic
Altar de Sacrificios
Seibal
Ixtutz
Actún Balam
Dos Pilas
Aquateca
Nah Tunich
Chincultic
Machaquila
Nimli Punut
Quen Santo
Lubaantún
Lagartero
Cancuén
Pusilhá
Salinas de los Nueve Cerros
Chamá
MEXIKO
Cobán
GUATEMALA
San Pedro Sula
Nebaj
SÜDLICHES GEBIET
Quiriguá
GUATEMALA
HONDURAS
Zacualpa
San Augustín Acasaguastlán
Los Higos
El Paraíso
Copán
Kaminaljuyú
Guatemala City
El Baúl
Amatitlán
Asunción Mita
Tiquisate
Pantaleón
Tazumal
EL SALVADOR
San Salvador

Tuxtla Gutiérrez

Intensiver Landbau im nördlichen und zentralen Gebiet

- Erhöhte Felder
- Mit Steinen gefasste Terrassen
- Marsch
- Moderne Stadt
- Grenze von Stadtstaaten 790 n.Chr.
- Heutige Landes- und Bundesstaatengrenze

Übersichtskarte über das Gebiet der Maya-Kulturen

die Verbindung von Stele und Altar, die für die Maya-Kultur kennzeichnend wird. Bei den Maya ist die Stele eine längliche, senkrecht aufgestellte Steinplatte mit Hieroglypheninschriften, die über den ebenfalls auf der Stele abgebildeten Herrscher informieren. Vor der Stele stand oft ein Altar, in Form eines runden, wie eine Trommel aussehenden Steinblocks. Dieser »Altar-Stele-Komplex« findet sich zuerst in Izapa (300–50 v. Chr.), das nicht zum Maya-Sprachraum gehört, wird dann von Kaminaljuyú (50 v. Chr. – 150 n. Chr.) übernommen und ist später eines der typischen Merkmale der klassischen Maya-Kultur. In der späten Vorklassik (100–250 n. Chr.) treten erstmals die Merkmale der nachfolgenden klassischen Maya-Kultur auf: Stadtanlagen, hierarchisch gegliederte Gesellschaft, Schrift-, Zahlen- und Kalendersysteme.

Die klassische Zeit der Maya-Kultur spielt sich im Tiefland, zunächst in der Zentralregion und später in der Nordregion (Yucatán) ab. Städte wie Tikal, Calakmul, Copán, Caracol, Uaxactún, Piedras Negras, Yaxchilán, Bonampak und Palenque sowie die späteren Puuc-Städte Uxmal, Kabah, Labná, Sayil und Edzná in der Nordregion bestimmen den Lauf der Geschichte in der klassischen Zeit. Den Abschluss der Maya-Kultur in der nachklassischen Zeit repräsentieren Städte in der Nordregion (Yucatán), vor allem Chichén Itzá, Mayapán und Maní.

In der frühen Klassik (250–600 n. Chr.) haben sich in der Zentralregion des Tieflandes eine Anzahl kleiner, selbstständiger Stadtstaaten entwickelt (vergleichbar mit der Polis im antiken Griechenland), die bis in ferne Gebiete Handel trieben. So ist der Einfluss Teotihuacáns als Handelspartner in Zentralmexiko deutlich erkennbar. Tikal (Guatemala) und Calakmul (Mexiko, Campeche) entwickelten sich zu machtvollen Städten.

Höhepunkt der Maya-Kultur aber ist die Zeit der späten Klassik (600–900 n. Chr.), in der in den Stadtstaaten die Klasse der Adligen immer mehr an Bedeutung und Reichtum zunimmt. Als Folge erreicht die Entwicklung der Kunst, des Schrift-, Zahlen- und Kalendersystems ihren Höhepunkt. Aber auch die Bevölkerung wächst immer mehr, man nimmt für das gesamte Tiefland eine Bevölkerungszahl von 8 bis 14 Millionen an. In den einzelnen Städten schätzt man die Einwohnerzahl dieser Zeit auf zwischen 400 und 2000 Einwohner pro km². Die größte Stadt im Maya-Gebiet war Tikal mit ca. 55 000 Einwohnern auf 123 km². Weitere politisch wichtige Städte sind Palenque, Piedras Negras, Yaxchilán, Bonampak und Calakmul in Mexiko, Copán in Honduras, Quirigua in Guatemala, Dos Pilas, Naranjo und Caracol in Belize. Aufgrund der Erfolge in der Entzifferung der Maya-Schrift war es möglich, genauere Informationen über die Geschichte dieser Stadtstaaten, ihrer Herrscherdynastien, der Beziehungen und Kriege untereinander zu erhalten. Hilfreich waren vor allem auch die »Emblemglyphen«, eine Art Wappen bzw. Königstitel eines unabhängigen Stadtstaates. Findet sich die Emblemglyphe einer Stadt auch in anderen Städten, so kann man daraus schließen, dass diese Stadt die anderen erobert hatte. Vor allem aber die Stelen werden zum Ausdruck der Macht und des Ruhmes eines Herrschers bzw. einer Herrscherdynastie. Sie geben Auskunft nicht über den Herrscher, sondern auch über die Geschichte seiner Stadt: ob, wann und wie ein Sieg über eine andere Stadt errungen wurde. Wenn eine Zeit lang in einer Stadt keine Stelen aufgestellt wurden, bedeutete das, dass diese Stadt von einer anderen erobert und beherrscht wurde. Tikal und Calakmul sind die zwei miteinander konkurrierenden Supermächte, die über die anderen Städte dominieren. Am Anfang des 10. Jahrhunderts wurde das Gebiet des südlichen Tieflandes verlassen und die Maya-Kultur fand hier ihr Ende. Das letzte bisher bekannte Datum (909 n. Chr.) ist auf einer Stele von Toniná verzeichnet. Für die Ursachen des Zusammenbruchs gibt es noch keine allgemein akzeptierte Erklärung. Es werden mehrere Gründe genannt, so Naturkatastrophen, Klimaveränderungen, Eroberungen durch fremde Mächte, Überbevölkerung und damit verbundene Verarmung bzw. Abnahme der fruchtbaren Anbauflächen und Hungersnöte, soziale Unruhen bzw. Bürgerkriege durch Zunahme von Macht und Reichtum der Adelsschicht und Hungersnöte der armen Bevölkerung. Sicher ist, dass mehrere Faktoren zusammenwirkten und man den Untergang nicht monokausal erklären kann. So wäre denkbar, dass die Landwirtschaft nicht mehr ausreichend die übervölkerten Städte ernähren konnte, dass es dadurch zu Hungersnöten und Epidemien kam, die wiederum soziale Unruhen und Revolten gegen die Oberschicht zur Folge hatten.

In der Zentralregion der klassischen Zeit ist schließlich noch Bonampak aufgrund seiner Wandmalereien erwähnenswert. Dargestellt ist in mehreren Szenen und in verschiedenen Räumen zunächst eine Versammlung von Würdenträgern bei einer Beratung oder Zeremonie; dann ein Kriegerangriff auf nackte, unbewaffnete Menschen und schließlich ein Fest mit Blut- und Menschenopfern. Die Gemälde von Bonampak widerlegten bei ihrer Entdeckung 1946 erstmals die damals gängige Meinung, dass die Maya – im Gegensatz zu den Azteken – ein friedliches Volk gewesen seien, das keine Menschenopfer kannte.

Die Städte der späten Klassik (600–900 n. Chr.) des nordwestlichen Tieflandes (Yucatán) zeichnen sich durch den Puuc-Stil aus. Zu den wichtigsten Städten in einer durch Hügel geprägten Landschaft (*puuc* = »Land der niedrigen Hügel«) zählen Uxmal, Kabah, Labná, Sayil und Edzná. Der Puuc-Stil wird nicht selten mit dem Barockstil verglichen. Die Gebäude sind langgestreckt, die Fassaden deutlich in einen unteren und oberen Bereich gegliedert und durch plastischen Schmuck, meist Masken des an seiner langen, rüsselartigen Nase erkennbaren Regengottes, gekennzeichnet. Zudem zeigen sich Einflüsse aus Zentralmexiko und von der Golfküste. So zeigt die Fassade des großen Palastes in Uxmal Motive wie die gefiederte Schlange und den Regengott Tlaloc. Die Kultanlage von Uxmal wird von der 35 m hohen »Pyramide des Wahrsagers« mit eliptischem Grundriss dominiert. Namensgebend war die Legende, wonach die Pyramide von einem Zwerg, dem Sohn einer Hexe, erbaut worden sei. Es sind fünf Bauphasen bzw. Tempel nachweisbar. An der Ost- und Westseite der Pyramide befindet sich jeweils eine Treppe. Weitere erwähnenswerte Bauten sind das »Viereck der Nonnen«, so genannt, weil die sich um einen Innenhof gruppierende Gebäudeanlage die Spanier an eine Klosteranlage erinnert hat, und der auf einer erhöhten Plattform liegende »Palast des Gouverneurs« mit rechteckigem Grundriss (98 m x 12 m), der aus einem Hauptgebäude mit zwei Seitenflügeln besteht. Beim »Viereck der Nonnen« könnte es sich um Priestergebäude, beim »Palast des Gouverneurs« um den Herrscherpalast gehandelt haben. Neben diesen Hauptgebäuden Uxmals gehören noch andere Tempel, Gebäude und Ballspielplätze zur Anlage. Die Herrscher der Puuc-Region verstanden sich ebenfalls, wie im südlichen Tiefland, als göttliche Herrscher. Die Städte an der Küste trieben intensiven Salzhandel. Kurz nach 900 n. Chr. wurden die Puuc-Städte aus heute unerklärlichen Gründen verlassen. Eine Besonderheit stellt die Insel Jaina dar, eine Art Toteninsel. Denn hier fand sich eine große Anzahl von Gräbern mit Gefäßen und Figuren als Beigaben. Während die Gefäße wenig spektakulär sind, gehören die Tonfiguren zu den Meisterwerken der Maya-Kunst. Da die Anzahl der Gräber größer ist als die der möglichen Bewohner, ist anzunehmen, dass Jaína als Begräbnisort für die Adligen der Puuc-Städte gedient hat.

In der nachklassischen Zeit (900–1200 n. Chr.) sind Chichén Itzá und Mayapán im Norden Yucatáns die letzten bedeutenden Kultstätten der Maya. Chichén Itzá ist vor allem wegen des starken zentralmexikanischen Einflusses in Architektur und Kunst von Interesse: Chichén Itzá erscheint wie eine Zwillingsstadt Tulas, der Hauptstadt der Tolteken. Wie genau aber die Beziehungen zwischen Tula und Chichén Itzá aussahen, wird nach wie vor diskutiert. Die letzte bedeutende Maya-Stadt nach dem Ende von Chichén Itzá und Mayapán war Maní. Hier veranstaltete der Missionar Diego de Landa ein Autodafé, bei dem Götterdarstellungen, Codices, kurz alle »Werke des Teufels« der Maya, wie Landa sie bezeichnete, zerstört wurden. Chichén Itzá wurde 1532 die erste Hauptstadt der Spanier in Yucatán. Erst 1697 wurde Tayasal, die letzte Maya-Stadt, von den Spaniern unterworfen.

Herrscher und Untertanen:
Gesellschaft und Alltagsleben

Die Maya-Gesellschaft war hierarchisch gegliedert: Die Elite der Gesellschaft bildete der Adel, zu dem der Herrscher, der *Ajaw*, die Würdenträger und Verwaltungsbeamten, die Priester, Künstler, Schreiber und Krieger gehörten. Sie alle lebten im Zentrum der Stadt. Über diese gesellschaftliche Klasse wissen wir mehr als über die einfache Bevölkerung, die keine Palast- und Tempelbauten sowie Keramik und Schmuck etc. mit schriftlichen Informationen bzw. Inschriften hinterließ.

Von der breiten Schicht der Maya-Gesellschaft, die als Bauern auf dem Land lebte, gibt es nur wenige archäologische Spuren und Informationen. Die einfache Bevölkerung bewohnte einfache Häuser, deren Wände aus Lehm und deren schräge Dächer aus Stroh oder Palmblättern bestanden. Wie Diego de Landa über die yukatekischen Maya schreibt, war das Haus innen durch eine Wand in zwei Räume geteilt. Man schlief auf Schilfmatten. Diese Häuser dürften denen ähnlich sein, die noch heute bei der Maya-Bevölkerung üblich sind.

»Über Geschmack lässt sich nicht streiten« sagt eine Redewendung. Und über schönes Aussehen hatten die Maya eine etwas andere Meinung als wir heute. Bei ihnen galten Schielen und ein abgeflachter Kopf als Schönheitsideale. Diego de Landa schreibt darüber: »Das Schielen hielten sie für etwas Anmutiges, und die Mütter führten es auf künstlichem Weg herbei, indem sie ihnen schon als Kindern ein kleines Pechpflaster an die Haare hängten, das bis zu dem Raum zwischen den Brauen herab reichte; und da es dort hin und her schwang, blickten sie stets nach oben und wurden schließlich zu Schielern. Kopf und Stirn waren bei ihnen flach, was auch ihre Mütter absichtlich herbeiführten, während jene noch kleine Kinder waren (…).« (Bericht aus Yucatán, Kap. IV, S. 47) Dies erfolgte, indem man ein Brettchen vorne an der Stirn und hinten am Kopf befestigte. Die Frauen »hatten die Sitte, ihre Zähne spitz zu zu sägen, so dass diese wie Sägezähne aussahen; dies hielten sie für eine Zierde, und dieses Amt übten ein paar alte Frauen aus, die ihnen die Zähne mit gewissen Steinen und Wasser abfeilten. Sie durchbohren sich den Knorpel, der sich zwischen den Nasenlöchern befindet, und in die Öffnung stecken sie einen Amberstein, was sie für einen Festschmuck hielten. Sie durchbohren sich auch die Ohren, um Ringe wie ihre Ehemänner zu tragen; oberhalb der Gürtellinie schnitten sie sich Zeichnungen in die Haut – nur die Brüste ließen sie frei, damit sie stillen konnten –, wobei diese Bilder zierlicher und schöner als bei den Männern waren.« (ebd., Kap. V, S. 74)

Die Regenten verstanden sich als »göttliche Herrscher« *(k'uhul ajaw)*. Ihre Macht war durch ihre Abstammung von den Göttern legitimiert. Vor allem die Herrscher der Maya-Städte in der Zentralregion zur Zeit der Klassik stellten ihre Geschichte und ihre Großtaten in Bildern und Hieroglyphentexten dar, die sich auf Türstürzen und Pfosten der Tempeleingänge, auf Stelen und Relieftafeln im Innern der Tempel und Paläste finden. Die Nachwelt wurde so über Herkunft, Familie, Geburt, Amtsantritt und Amtsjubiläen, Kriege, Rituale und Feiern, Eroberungen, Vorgänger und Nachfolger, Untertanen und Kriegsgefangene der einzelnen Herrscher informiert. Besonders betont wurden dabei Abstammung und die Titel des Herrschers, die sich durch Eroberungserfolge oder aus seinen Ämtern ergaben. Diese Herrscher- und Dynastiegeschichte wurde in einen religiösen bzw. kosmischen Rahmen gesetzt. Und wie in der heutigen Politik betrieben bereits die Maya-Herrscher Propaganda für ihre Dynastie und ihre Herrschaft. Dazu gehörte neben der Ableitung ihrer Abstammung von den Göttern die Darstellung ihrer Siege, Eroberungen und Ruhmestaten. Nicht selten wurden derartige Angaben übertrieben bzw. Daten manipuliert.

Es gab kein einheitliches großes Maya-Reich, sondern nur Städte, die eigene, kleine Staaten bildeten (ähnlich der Polis im antiken Griechenland). Jede Stadt hatte ihren eigenen Herrscher. Nicht selten führten die Städte Eroberungskriege gegeneinander. Gleichzeitig pflegten die Herrscher der verschiedenen Stadtstaaten auch diplomatische Kontakte untereinander, z. B. durch Heiraten, durch Einladungen zu Thronbesteigungen und anderen Anlässen. Malereien auf Wänden und auf Keramik vermitteln Eindrücke vom Leben am Hof eines Herrschers. Die Herrscher werden oft in königlicher Kleidung oder Kriegstracht, in erhabener Haltung, mit gekreuzten Beinen erhöht sitzend gezeigt – im Kreis ihrer Frauen und Würdenträger, der Diener und des übrigen Hofstaates wie Musikanten, Akrobaten und »Hofzwergen«. Keramikgefäße und Schmuck aus Jade, Muscheln oder Knochen waren wertvolle Repräsentationsstücke des Herrschers, die auch vererbt oder verschenkt wurden.

Ein Herrscher musste im Krieg erfolgreich sein. Eroberungszüge wurden unter dem Schutz eines Gottes, vor allem des Jaguargottes, geführt und der Sieg eines Herrschers im Krieg bewies die Wirksamkeit des göttlichen Schutzes, wofür man mit Opfern danken musste. Ziel im Krieg war weniger die Tötung als vielmehr die Gefangennahme des Gegners, um ihn zu opfern. Hatte man den Herrscher einer feindlichen Stadt gefangengenommen, wurde dieser oft erst nach Jahren geopfert. Damit konnte man die feindliche Stadt in ihrer Aktivität blockieren, denn solange der Herrscher nicht tot war, konnte kein Nachfolger eingesetzt werden.

Voraussetzung für die Kultur der Maya und das luxuriöse Leben der Herrscher war eine hoch entwickelte Landwirtschaft. Die Grundnahrungspflanzen der Maya waren Mais und Bohnen. Das *Milpa*-System bzw. der Brandrodungsfeldbau wird bis heute betrieben. Dabei werden die Bäume eines Waldstückes gerodet, dann verbrannt; der fruchtbare Waldboden wird für den Feldanbau genutzt. Diese Methode garantiert für ein paar Jahre einen ertragreichen Anbau. Dann ist eine Ruhezeit von acht bis 15 Jahren notwendig, damit der Boden sich regenerieren kann. Danach wird er wieder landwirtschaftlich genutzt. Die Ruhezeit ist zu kurz, als dass der ursprüngliche Hochwald nachwachsen könnte, es wachsen nur Niedrigwald und Büsche nach. Der Feldbau erfolgt bis heute oft mit dem Pflanzstock, der den Boden nicht so stark zerstört wie der Pflug und somit ökologisch effektiver ist. Im Hochland wird ein Dauerfeldbau, bei dem die Felder nur für sehr kurze Zeit brachliegen, praktiziert.

Neben Mais und Bohnen pflanzten die Maya auch Gewürz-
kräuter an und nutzten das große Angebot an Früchten im Regenwald, wie die vom Brotnussbaum, des Avocado-Baums,
des Papaya-Baums sowie eines Baums mit tomatenähnlichen
Früchten *(Diospyros ebenaster)*. Auch die Jagd auf Rehwild, Kaninchen und diverse Vögel sowie – an den Meeresküsten – der
Fang von Fischen, Muscheln und anderen Meerestieren sorg-
ten für einen abwechslungsreichen Speiseplan. Als Haustiere hielt man Hund und Truthahn und züchtete auch eine Bie-
nenart.

Die einfache Bevölkerung praktizierte Tauschhandel, während die Elite Luxusgüter wie Kakaobohnen, Jade, die Spondy-
lusmuschel, Obsidian, aber auch Meersalz und Baumwollstof-
fe als Zahlungsmittel benutzte.

Tikal und Calakmul –
die Geschichte zweier Städte

Tikal war ungefähr seit 900 v. Chr. besiedelt, entwickelte sich
schon in der vorklassischen Zeit zu einer bedeutenden Stadt
und behielt diesen Status auch in der klassischen Zeit – im Unterschied zu den anderen vorklassischen Orten. Die Stele 29
von Tikal mit dem Datum 292 n. Chr. informiert erstmals – soweit bis jetzt bekannt – von einem Herrscher und seiner Dynastie im Maya-Gebiet. Allerdings ist nur das Datum erhalten,
nicht mehr die Inschrift. Wahrscheinlich ist der Herrscher Siyaj Chan K'awiil I auf der Stele abgebildet. Damit ist erstmals
ein Herrschaftsanspruch einer Dynastie dokumentiert. Tikal
war eine Metropole, deren Zentrum sich über 16 km^2 mit ca.
3000 Gebäuden ausdehnte, mit den Rand- bzw. Außensiedlun-
gen waren es insgesamt 65 km^2 mit ca. 10 000 Gebäuden. Nur
ein Bruchteil ist bisher ausgegraben. Die Einwohnerzahl des
Zentrums schätzt man auf 70 000; rechnet man das Umland
dazu, so dürften es insgesamt ca. 200 000 gewesen sein. Der
Große Platz im Zentrum Tikals ist von den beiden Tempeln I
und II im Osten und Westen sowie der Nordakropolis und der

Zentralakropolis im Norden und Süden umgeben. Teil der Zentralakropolis ist der Palast der Herrscher von Tikal. Begraben wurden diese wohl in der Nordakropolis. Das Zentrum ist von einer Reihe weiterer Gebäudekomplexe umgeben. Tempel I und II fallen durch ihre Höhe von 47 m bzw. 40 m auf. Beim Bau der Tempel orientierte man sich am Ritualkalender. Es war der 26. Herrscher von Tikal, Jasaw Chan K'awiil (665 – ca. 734 n. Chr.), der diese beiden markanten Tempel erbauen ließ. Unter dem Tempel I befindet sich sein Grab mit den sterblichen Überresten samt Beigaben, vor allem Jadeschmuck. Auf den Türstürzen im Inneren des Tempels ist der Sieg Jasaw Chan K'awiil 695 n. Chr. über Calakmul dargestellt. Von Tikal sind uns bisher 33 Herrscher mit Namen bekannt, die sich mit ihren Siegen und Eroberungen auf den Stelen verewigen ließen.

Zur zweiten Großmacht im Lande entwickelte sich die Stadt Calakmul (Mexiko, Campeche), vor allem durch Allianzen mit Yaxchilán, Dos Pilas, der Region Petexbatún (Guatemala) und Caracol. Der Name Calakmul (*ca* = »zwei«, *lak* = »angrenzend«, *mul* = »Hügel«, d. h. »angrenzende Hügel«) bezieht sich auf die den Großen Platz kennzeichnenden Strukturen, die zwischen 300 v. Chr. und 250 n. Chr. entstanden sind. Der ursprüngliche Name von Calakmul war *Chan* (»Schlange«), wie wir von der Enblemhieroglyphe der Stadt wissen. Die ungefähr 117 Stelen von Calakmul geben kaum Auskunft über die Geschichte der Herrscher und der Stadt. Denn die Schrift auf dem Kalkstein ist so gut wie nicht mehr erhalten. Zudem wurden viele Stelen von Grabräubern entwendet. Die ersten Ausgrabungen erfolgten Ende der 1930er Jahre. 1997 entdeckte man das Grab von Yich'aak K'ak, des Herrschers, der die Macht zur Zeit des Höhepunktes von Calakmul übernahm und dann von Tikal besiegt wurde. Im Jahr 2009 wurden in einem Tempelgebäude im Norden Wandmalereien entdeckt, die in einzigartiger Weise Szenen aus dem Alltagsleben der einfachen Bevölkerung zeigen wie z. B. Lastenträger, die Zubereitung von Mais oder den Handel mit Keramikwaren. Insgesamt ist bisher nur ein geringer Teil von Calakmul archäologisch erforscht.

Am Anfang stand aber nicht die Beziehung zwischen Tikal und Calakmul, sondern die zwischen Tikal und Teotihuacán im Vordergrund. In der klassischen Zeit bestanden zwischen Teotihuacán und Tikal zunächst Handelskontakte, bis es dann zu einem Herrscher- und Machtwechsel durch eine Gruppe oder Verbündete aus Teotihuacán kam. Maya-Inschriften geben die Geschichte des Umsturzes und Dynastie-Wechsels folgendermaßen wieder: Zu Beginn des Jahres 378 v. Chr. zieht eine Gruppe von Kriegern, die allem Anschein nach aus Teotihuacán stammen, unter Führung eines Mannes namens Siyaj K'ak' (»der im Feuer Geborene«) durch die Maya-Stadt El Perú nach Tikal. Wie die Inschriften berichten, ist er »nur« der Gesandte eines »Herrn des Westens« *(kalomté)* mit Namen »Speerschleuder-Eule«. Einen Tag nach der Ankunft von Siyaj K'ak' in Tikal stirbt dort der Herrscher Chak Tok Ich'aak – offensichtlich nicht eines natürlichen Todes. Es ist der Beginn einer neuen Herrschaftsdynastie in Tikal, denn Yax Nuun Ayiin I., der Sohn von »Speerschleuder-Eule«, wird offiziell der Nachfolger von Chak Tok Ich'aak. Währenddessen führt Siyaj K'ak' Kriege gegen die Städte Uaxactún, Bejucal und Río Azul – Städte, in denen sich dann ebenfalls der Einfluss Teotihuacáns zeigt. Unklar ist, ob die Eindringlinge direkt aus Teotihuacán kamen und ob Speerschleuder-Eule zur Führungsschicht von Teotihuacán gehörte. Der Titel »Herr des Westens« *(kalomté)* von Speerschleuder-Eule könnte ein Hinweis darauf sein. Mit der Zeit passte sich die neue Herrscherdynastie an die Maya-Kultur an; Spuren Teotihuacáns sind nicht mehr zu erkennen.

Im 5. Jahrhundert entwickelte sich Tikal zur herrschenden Stadt im Maya-Gebiet. Dies belegen z. B. die Stelen, auf denen der Herrscher K'an Chitam seine siegreichen Eroberungszüge dokumentierte. Gleichzeitig entwickelt sich aber Calakmul zu einem machtvollen Rivalen, der ebenfalls die Vorherrschaft beanspruchte.

Tikal behielt zwar auch im 6. Jahrhundert seine Vorrangstellung, aber verlor doch an Macht. Ein Wendepunkt in der Geschichte, der Anfang vom Ende, war das Jahr 508, als kurz nach einem Krieg mit Yaxchilán Tikals Herrscher Chak Tok

Ich'aak II. starb. Es fehlte ein geeigneter Nachfolger: Der Sohn von Chak Tok Ich'aak II. war gerade in seinem Todesjahr geboren, und so setzte man seine sechs Jahre alte Tochter als Regentin ein. Die Regierungsgeschäfte führten natürlich andere stellvertretend für sie aus. Und schließlich wurde sie ganz aus dem Amt gedrängt: Kalomte Balam, ein erfolgreicher Krieger, übernahm die Herrschaft und tat dies auf der Stele 12 im Jahre 527 kund.

537 übernahm Wak Chan K'awiil, der Sohn von Chak Tok Ich'aak II., der bis dahin im Exil gelebt hatte, die Herrschaft. Im Jahr 562 kam es zum Krieg zwischen Tikal und Calakmul. Auslöser war, dass Calakmul seinen Machtbereich auf Caracol und Naranjo ausweitete – beides Vasallenstädte Tikals. Als es zum Konflikt zwischen Tikal und Caracol kam, mischte sich Calakmul ein und unterstützte Caracol. Im anschließenden Krieg zwischen Tikal und Calakmul wurde Tikal vernichtend geschlagen. Calakmul setzte in Tikal einen Herrscher ein und über 100 Jahre musste Tikal die Vorherrschaft Calakmuls erdulden, eine Zeit, in der nichts gebaut wurde und über die keine Stelen berichten. Calakmul überfiel die mit Tikal befreundeten Städte, wie z. B. Palenque in den Jahren 599 und 611 und konnte so das Gebiet seiner Vorherrschaft erweitern. Calakmul war zur alleinigen Supermacht im gesamten Maya-Gebiet aufgestiegen und erreichte unter seinem Herrscher Yuknoom Ch'een, genannt der Große, der 636 n. Chr. den Thron bestiegen hatte, den Höhepunkt seiner Macht. Nicht nur Tikal, sondern auch Städte wie Caracol, Naranjo, Dos Pilas, Yaxha, Ucanal, El Perú, Palenque und Piedras Negras waren zu Vasallenstädten Calakmuls geworden, in denen Yuknoom Herrscher einsetzte und kontrollierte.

Aber dauerhaft konnte Calakmul seine Herrschaft über Tikal nicht festigen. Innerhalb der herrschenden Oberschicht formierte sich eine Partei, die die Freiheit von der Herrschaft Calakmuls anstrebte. Sie wurde im 7. Jahrhundert mit einem eigenen Herrscher namens Nuun U Jol Chaak so stark, dass die andere Partei, die mit Calakmul sympathisierte, im Jahr 648 n. Chr. nach Dos Pilas auswanderte. Sie bestand aber weiterhin auf ihrem Anspruch der Herrschaft in Tikal und wurde dabei von Calakmul erfolgreich unterstützt: Calakmul gelang es, Tikal zurück zu erobern und weiterhin seine Vorherrschaft über andere Städte zu behaupten. Der Herrscher Nuun U Jol Chaak musste nun ins Exil nach Palenque gehen, konnte dann aber Tikal wieder zurückerobern und sogar im Jahr 672 n. Chr. einen Krieg gegen Dos Pilas führen. 679 n. Chr. wendete sich das Blatt: Nuun U Jol Chaak wurde von Calakmul besiegt, über sein weiteres Schicksal wissen wir nichts, wahrscheinlich fiel er in der Schlacht. Aber die Jahre von Calakmuls Macht waren gezählt: Im Jahr 682 n. Chr. wurde Jasaw Chan K'awiil, der Sohn von Nuun U Jol Chaak, Herrscher von Tikal, ohne dass Calakmul eingriff. Und es kam noch schlimmer für Calakmul: 695 konnte Jasaw Chan K'awiil den Sohn von Yuknoom dem Großen, Yich'aak K'ak', den neuen Herrscher von Calakmul besiegen. Damit hatte Jasaw Chan K'awiil die Vorherrschaft Calakmuls über Tikal beendet. Sein Sohn und Nachfolger Yik'in Chan K'awiil bestieg 734 den Thron. Ihm gelang es nicht nur, nochmals einen Sieg gegen Calakmul zu erringen, sondern auch die mit Calakmul verbündeten Städte El Perú und Naranjo zu besiegen und dort Vasallenherrscher einsetzen. Über viele Jahre wurde in den Städten Calakmul, El Perú und Naranjo keine Stelen mehr aufgestellt, ein Indiz dafür, dass Tikal diese völlig unter Kontrolle hatte. Tikal erlebte nochmals eine Blütezeit, die sich vor allem an einem regelrechten Bauboom zeigt. Unter der Herrschaft von Yik'in Chan K'awiil entstanden die Tempel (wie z. B. Tempel IV) und Paläste, die bis heute das Bild von Tikal prägen.

Anfang des 9. Jahrhunderts begann das Ende Tikals. Das letzte Datum, das Jahr 869 n. Chr., ist auf der Stele 11 vermerkt. Das letzte uns überlieferte Datum von Dos Pilas ist 761 n. Chr., von Palenque Jahr 799 n. Chr., Copan 822 n. Chr., Caracol 859 n. Chr., Calakmul 909 n. Chr. und als überhaupt letztes Datum auf einer Stele Tonia 909 n. Chr.

Palenque und Yaxchilán –
die Geschichte zweier Dynastien

Die Entdeckung des Grabes des Maya-Herrschers Pakal in einer Pyramide von Palenque 1952 war einer der Höhepunkte der Archäologie im 20. Jahrhundert. Palenque ist auch eine der Maya-Städten mit den meisten Hieroglyphen-Inschriften an Tempeln und anderen Bauten – sogar die Namen der Gebäude kennen wir teilweise. Und gerade aufgrund dieser Texte sind wir besonders gut über die Geschichte der Dynastie Palenques informiert. Dies verdanken wir zwei Herrschern, K'inich Hanab Pakal, bekannt als Pakal (»Schild«, 615–683 n. Chr.) und seinem ältesten Sohn und Nachfolger, Kan-Balam (»Schlange-Jaguar«, 684–702) im 7. Jahrhundert n. Chr., die einen besonderen Anlass für ihre extensive Bautätigkeit und die Darstellung ihrer Herrschaft hatten: Es gab in Palenque keine geradlinige Abstammungslinie vom ersten Herrscher und Dynastie-Begründer bis zu Pakal, sondern es gab zwei Unterbrechungen jeweils durch die Herrschaft einer Frau, so dass letztlich drei Abstammungslinien existierten. Üblicherweise wurde die Herrschaft vom Vater auf den ältesten Sohn vererbt, also patrilinear über die väterliche Linie. In Palenque aber haben wir das bisher einzige Beispiel in der Geschichte der Maya und des Alten Mexiko überhaupt, wo nicht nur einmal, sondern gleich zweimal Frauen das Herrscheramt ausübten. Der Dynastie-Begründer in Palenque ist Balam-Kuk I. In der fünften Generation hatte erstmals eine Frau namens Kanal-Ikal das Herrscheramt inne, das dann ihr Sohn Ac-Kan übernahm. Diesem folgte seine Nichte Zac-Kuk, die Tochter von Ac-Kans Bruder Pakal I., als zweite Frau auf den Thron. Ihre Nachfolger wiederum waren K'inich Hanab Pakal (603–683 n. Chr.) und sein Sohn Kan-Balam II. (653–702 n. Chr.). Frau Kanal-Ikal war rechtmäßige Erbin der Herrschaft, da sich ihre Abstammung väterlicherseits direkt auf den Dynastie-Begründer Balam-Kuk I. zurückführen ließ. Und auch Frau Zac-Kuk hatte das Herrscheramt rechtmäßig von der väterlichen Linie übernommen. Die Söhne der beiden Herrscherinnen aber fielen aus der Herr-

Der Tempel der Inschriften in Palenque, Grab des Herrschers Pakal, der den Tempel auch erbauen und mit Inschriften versehen ließ

scherlinie heraus, da ihre Väter (in patrilinearer Rechnung) nicht zur Dynastie- und Herrscherlinie, sondern zu einer »fremden« Familie gehörten. Aufgrund dieser Abweichung von der Norm standen Pakal und sein Sohn Kan-Balam II. ständig unter Druck, die Rechtmäßigkeit ihrer Herrschaft zu beweisen und zu rechtfertigen. Und dies gelang ihnen auch so erfolgreich, dass Palenque unter ihrer Regierung seine Blütezeit erlebte.

Mit zwölf Jahren folgte Pakal seiner Mutter auf den Thron. Diese erlebte noch 25 Jahre seiner Regierungszeit und vermutlich hatte sie nach wie vor einen nicht zu geringen Einfluss auf die Regierung ihres Sohnes. Pakal hatte zwei Söhne: Kan-Balam (684–702) und K'an Hoy Kitam (702–711). Nach dem Tod seiner Mutter begann Pakal im Jahr 640 n. Chr. mit einer intensiven Bautätigkeit. Das erste Bauprojekt war der »Tempel Olvidado« (647 n. Chr. geweiht), es folgten der »Tempel des Grafen« und der größte Teil des »Palastes«. Das letzte Bauprojekt war der »Tempel der Inschriften«, der gleichzeitig Pakals Grabanlage enthielt (Baubeginn 675 n. Chr.). Kan-Balam ließ die Kreuzgruppe (»Tempel des Kreuzes«, »Tempel des Blattkreuzes« und »Tempel der Sonne«, geweiht 690 n. Chr.) erbauen. Damit entstand unter Pakal und Kan-Balam weitgehend das Palenque, das wir heute als Ruinenanlage kennen. Der »Tempel der Inschriften« von Pakal und die Kreuzgruppe von Kan-Balam sind durch eine Unmenge von Hieroglyphen und Bilddarstellungen gekennzeichnet, mit denen Pakal und sein Sohn ihren Regierungsanspruch legitimierten. Zu diesem Zweck setzte Pakal in den Inschriften seine Mutter Zac-Kuk mit der göttlichen Urmutter gleich, von der sowohl die Götter als auch die Herrscher von Palenque abstammen. Und ferner wurden Pakals und Kan-Balams Geburtsdaten mit dem Geburtstag dieser Muttergottheit gleichgesetzt. Dies sollte die Wesensgleichheit der beiden Herrscher mit der Urmutter belegen bzw. aussagen, dass beide Herrscher vom selben göttlichen Wesen wie die Urmutter waren. Nicht nur das, Pakal und Kan-Balam betonten in den Inschriften auch, dass der Regierungswechsel auf die Abstammungslinie von Pakals Mutter nur eine Wiederholung dessen war, was sich am Anfang der Schöpfung abgespielt hatte. Mit dieser neuen theologischen bzw. kosmischen Begründung des Herrschaftsanspruches wurde die bisherige Praxis der patrilinearen Abstammung als einziges Kriterium der Herrschaftslegitimation außer Kraft gesetzt. Pakal starb 683 n. Chr. mit 80 Jahren, sein Sohn Kan-Balam übernahm 684 n. Chr. im relativ hohen Alter von 48 Jahren die Regierung, später dann sein Bruder K'an Hoy Kitam. Mit dem »Tempel der Inschriften« hatte sich Pakal schon zu Lebzeiten sein Grab erbauen lassen. Auf den Seiten seines großen Steinsarkophages waren die Herrscher vor Pakal dargestellt, auf dem Deckel des Sarkophags ist Pakal selbst zu sehen. Die Leiche Pakals wurde mit einer kostbaren Maske aus Jade und mit Schmuck als Grabbeigaben versehen. Der originale, 1952 entdeckte Sarkophag samt Grabbeigaben befindet sich im MNA. Kan-Balam hinterließ mit den Darstellungen in den Tempeln der »Kreuzgruppe« eine ausführliche bildliche Darstellung und Auslegung seiner

Blick vom Sonnentempel auf den Tempel der Inschriften und den Palast

Herrschaft. Von den drei Tempeln ist der »Tempel des Kreuzes« der höchste, nordöstlich von den anderen Gebäuden gelegen und dem Gott G I geweiht. Der »Blattkreuztempel« im Osten, dem Gott G II geweiht, ist der zweithöchste. Der Schutzgott des »Sonnentempels« im Westen ist der Gott G III. Die Götter G I, G II und G III gelten als die »Göttertrias« von Palenque und als Söhne der göttlichen Urmutter und des Urvaters. Auf den Türpfosten der Tempel werden diese Gottheiten »Schützlinge Kan-Balams« und »Gottheiten Kan-Balams« genannt. Kan-Balam stellte sich nicht nur als Sohn der Urmutter, sondern auch als Reinkarnation des Urvaters dar. Er verstand sich auch als Ernährer der Götter, die er mit Menschenopfern und eigenem Blut versorgte. Diese Gleichstellung Kan-Balams mit den Göttern, der Weltschöpfung und dem Kosmos überhaupt ist das Thema der schriftlichen und bildlichen Darstellungen der Tempel der »Kreuzgruppe«. Unter der Herrschaft von Pakal und Kan-Balam wurde Palenque zur wichtigsten Maya-Stadt im westlichen Tiefland. Die Linie von Pakal endete mit der Gefangennahme K'an Hoy Kitams, des jüngeren Sohnes von Pakal, durch den Herrscher von Tonina. Erst elf Jahre später übernahm mit dem Herrscher K'inich Ahkal Mo' Nab eine Nebenlinie der Dynastie von Pakal wieder die Herrschaft in Palenque.

Auch über die Dynastiegeschichte Yaxchiláns sind wir gut aufgrund der Schrift- und Bildaufzeichnungen informiert. Gegründet wurde die Herrscherdynastie von Yaxchilán am 2. August 320 n. Chr. von Yat-Balam (»Stammvater-Jaguar«, wörtlich »Penis des Jaguars«). Die bekanntesten unter den Nachfolgern Yat-Balams sind Schild-Jaguar und sein Sohn Vogel-Jaguar. Als Schild-Jaguar elf Jahre alt ist, wird einer seiner Brüder im Kampf gegen Pakal von Palenque gefangen genommen, so dargestellt auf der Hieroglyphentreppe im Palast von Palenque. Schild-Jaguar war später mit Frau Xoc verheiratet, seiner Cousine zweiten Grades mütterlicherseits. Eine Heirat aus politischen Gründen, denn Frau Xoc stammte aus einer wichtigen Adelsfamilie, so dass eine Allianz mit dieser Familie für den Herrscher gewinnbringend war. Schild-Jaguar trug dem Rechnung, indem er Frau Xoc auf Bilddarstellungen an Tempeln verewigte. So zeigt der Türsturz 24 von Tempel 23 Frau Xoc dabei, wie sie das Blutopfer anlässlich des Geburtstages von Schild-Jaguar vollzieht, wobei sie sich eine Kordel durch die durchstochene Zunge zieht. Ihr Mann steht vor ihr und hält für sie eine Fackel. Türsturz 25 zeigt als Fortsetzung, wie Frau Xoc den Dynastiegründer Yat-Balam beschwört und mit ihm kommuniziert. Yat-Balam zeigt sich ihr in einer Vision (in Trance, bedingt nicht zuletzt durch die Schmerzen des Blutopfers) und erscheint aus dem Rachen der Visionsschlange, das Symbol für die Kommunikation mit den Ahnen. Das Blutopfer und die Beschwörung der Ahnen war eigentlich Privileg und Pflicht des Herrschers, nicht seiner Frau. Dass hier eine Frau eine priesterliche Funktion ausübt, ist eine Ausnahme in der Maya-Geschichte. Thronerbe von Schild-Jaguar wurde aber nicht ein Sohn von Frau Xoc, sondern der Sohn einer anderen Ehefrau, nämlich von Frau Abendstern. Er war 61 Jahre alt, als sie ihm seinen zukünftigen Nachfolger Vogel-Jaguar gebar. Diese Ehe mit Frau Abendstern, die wahrscheinlich aus Calakmul stammte, erfolgte aus bündnispolitischen Gründen. Schild-Jaguar musste einen Kompromiss finden, um sich sowohl die Unterstützung von nationaler Seite durch die Familie der Frau Xoc als auch von internationaler Seite durch die Heirat einer Fremden aus Calakmul zu sichern. Frau Xoc ließ er deshalb die Ehre zuteil werden, auf den Bilddarstellungen am Tempel dargestellt zu sein, während er den Sohn von Frau Abendstern zum Thronerben machte, ohne sie irgendwo abzubilden. Erst zehn Jahre nach dem Tod Schild-Jaguars trat Vogel-Jaguar offiziell die Nachfolge seines Vaters an. Dies deutet auf gewisse Schwierigkeiten hin, in Yaxchilán seinen Herrschaftsanspruch durchzusetzen. Außerhalb von Yaxchilán war er respektiert und angesehen. Seine Frau, Groß-Schädel-Null, die ihm seinen Nachfolger Chel-Te gebar, zeigte er auf dem Türsturz 14 (in Tempel 20). Vogel-Jaguar holte nach, was sein Vater bezüglich seiner Mutter Abendstern versäumt hatte: Er stellte sie in gleicher Weise bildlich beim Blutopfer dar wie Frau Xoc (Stele im Tempel 21). Das Bildprogramm der von ihm erbauten Tempel zeigt drei besondere Anliegen Vogel-Jaguars: Seine eigene Herrschaft zu rechtfertigen, seine Mutter auf gleiche Ebene zu stellen wie Frau Xoc, und die Herrschaft seines Sohnes Chel-Tes zu legitimieren und beizeiten zu sichern. Vogel-Jaguar war der erste Maya-Herrscher, der sich zusammen mit Adligen darstellen ließ. Der Verzicht auf das Vorrecht des Herrschers, nur sich allein bildlich zu verewigen, zeigt deutlich, dass Vogel-Jaguar nicht mehr das Herrschercharisma seines Vaters besaß und politisch auf die Unterstützung des Adels, mit dem er einen Teil seiner Macht teilen musste, angewiesen war.

Chichén Itzá – Tolteken- oder Maya-Stadt?

1988 zum Weltkulturerbe der UNESCO erklärt, steht Chichén Itzá nach Teotihuacán heute auf Platz zwei auf der Liste der meist besuchtesten archäologischen Stätten in Mexiko. »Zwillingsstädte« werden Chichén Itzá in Yucatán und Tula, die 2000 km entfernte Hauptstadt der Tolteken in Zentralmexiko, aufgrund ihrer Ähnlichkeiten genannt. Das zeigt sich vor allem in der Architektur wie z. B. des Kriegertempels, der dem Tempel des Quetzalcoatl in Tula ähnelt, oder der Skulpturen wie der Atlanten oder der Chacmools sowie in der besonderen Verehrung von Quetzalcoatl bzw. Kulkulkan, die sich nicht zuletzt in den Darstellungen der gefiederten Schlange zeigt, wie z. B. den typischen Säulen in Schlangenform vor allem an den Tempeleingängen. Chichén Itzá ist aber nicht nur durch diesen toltekischen bzw. mexikanischen Stil, sondern zum anderen auch durch einen etwas abgewandelten Puuc-Stil geprägt.

Nachweisbar sind Beziehungen zwischen beiden Städten in der nachklassischen Zeit, zwischen den Tolteken Zentralmexikos und dem Mayastamm der Itzá in Yucatán. Es gibt keine allgemein als gültig anerkannte Erklärung dafür, wie genau diese Beziehungen aussahen. Eine früher favorisierte These war, dass eine fremde Gruppe aus Zentralmexiko Chichén Itzá eroberte, sich mit der einheimischen Maya-Bevölkerung vermischte. Auch die umgekehrte Möglichkeit wurde vermutet, nämlich dass Chichén Itzá die Stadt Tula beeinflusst hatte. Heute betont man eher, dass Chichén Itzá immer von einer durchgehend einheitlichen Maya-Bevölkerung besiedelt wurde, die stark mexikanisch beeinflusst war. So sei z. B. der »Tolteken«-Komplex im Norden der Stadt vom Stil her zwar toltekisch beeinflusst, die Bauherren aber waren aller Wahrscheinlichkeit nach Maya. Zusammenfassend lässt sich bis heute nur die Ähnlichkeit zwischen den beiden Städten Tula und Chichén Itzá und demzufolge eine Beeinflussung feststellen. Wie genau dieser Einfluss aussah, dazu bedarf es weiterer Forschungen. Chichén Itzá war jedenfalls eine Metropole »mexikanischer« Art, die offen für Neuerungen und Einflüsse von außen war und die als Großmacht die Zeit der frühen Nachklassik im Mayagebiet prägte.

Chichén Itzá ist ein Name aus dem yukatekischen Maya und bedeutet »Am Rand des Brunnens der Itzá«. Gemeint ist damit der *Cenote*, die Maya-Bezeichnung für eine Doline bzw. Öffnung im Kalksteinboden, die mit Wasser gefüllt ist – also ein Brunnen bzw. Wasserbecken. Solche Cenotes waren den Maya heilig und sie brachten dort Opfer dar, einschließlich Menschenopfer, wie Diego de Landa, der erste Chronist der Maya-Kultur, es in seinem *Bericht aus Yucatán* beschreibt. Der *Cenote* von Chichén Itzá wurde zum Wallfahrtsort, an dem im Laufe der Zeit die riesige Zeremonialanlage entstand. In dem *Cenote* Chichén Itzás fand man Unmengen von Opfergaben und ca. 50 Skelette, wohl die Überreste von Menschenopfern.

Chichén Itzá entwickelte sich in der nachklassischen Zeit zu einem großen, überregional bedeutenden Wallfahrtsort. Die insgesamt sehr weitläufige, 15 km² große Zeremonialanlage Chichén Itzá wurde planmäßig auf großen Terrassenflächen angelegt. Sie wird entsprechend ihrer Lage in eine Süd- und eine Nordgruppe unterteilt, die man wiederum in eine Reihe von Gruppen bzw. Gebäudekomplexen unterteilen kann. Zur Nordgruppe gehören die bekanntesten Gebäude Chichén Itzás sowie die, die sich durch einen toltekischen Stil auszeichnen. Zu nennen sind der Tempel des Kulkulkan *(Castillo)*, der Kriegertempel, der Caracol, der Große Ballspielplatz, der Tempel der Jaguare sowie eine Reihe weiterer Tempel. Zur Südgruppe, auch Chichén Viejo (»Alt-Chichén Itzá«) genannt, gehören der Caracol, das »Gebäude der Nonnen«, die »Kirche«, das Rote Haus oder der Tempel der Türstürze. Die Gesamtanlage von Chichén Itzá enthält neben diesen wichtigen Tempeln noch eine Menge anderer Tempel, Gebäude und Ballspielplätze und es ist noch längst nicht alles ausgegraben. Die einzelnen Komplexe sind durch ca. 70 *Sacbé* (»weißer Weg«), mit Steinen aufgeschüttete und mit Stuck und Kalk geebnete Straßen, miteinander verbunden.

Zentrum der Großen Plattform ist die 30 m hohe Pyramide des Kulkulkan (Quetzalcoatl), *El Castillo* (= »Schloss«) genannt.

Sie ist ohne Vorbild in Tula. Die Fassaden der vier Seiten der Pyramiden sind gestuft, wobei die neun Stufen die neun Himmelsrichtungen symbolisieren. An jeder Pyramidenseite ist eine Treppe mit 91 Stufen (insgesamt 364!) angebracht, die zusammen mit der Plattform die Anzahl der 365 Tage des Sonnenkalenders ergeben. Die nördliche Treppe der Pyramide wird an beiden Seiten von zwei Schlangenskulpturen eingerahmt, deren Kopf sich unten an der Pyramidenbasis befindet. Oben auf der Pyramide befindet sich der Tempel des Kulkulkan, der gefiederten Schlange bzw. Quetzalcoatl. Die jetzige Pyramide wurde über eine frühere gebaut, die ebenfalls neun Stufen hatte, aber nur eine Treppe. Ein besonderes Ereignis lockt bis heute viele Touristen an: An den Tagen der Tag- und Nachtgleiche jeweils am 21. März und 21. September entsteht durch den Stand der Sonne an der von Schlangen eingerahmten nördlichen Treppe ein besonderes Schattenspiel, das sich mit dem Schlangenkopf am Fuß der Pyramide so verbindet, dass es den Anschein hat, als ob eine Schlange von oben aus dem Tempel nach unten krieche.

Im Osten des *Castillo* fällt eine weitere vierstufige Pyramide mit dem »Kriegertempel« auf. Die Ähnlichkeiten mit dem Tempel des Quetzalcoatl in Tula sind offensichtlich. Allerdings übertrifft dieser Bau den von Tula an Größe und architektonischer Ausführung. Er ist umgeben von Säulenhallen, von denen heute nur noch die Säulen (»Gruppe der Tausend Säulen«) übriggeblieben sind. Vor der zum Tempeleingang führenden Treppe stehen mehrere Pfeilerreihen. Die Wände des Unterbaus der Pyramide zeigen Reliefs mit Darstellungen sitzender Krieger mit Speerschleudern sowie Adler und Jaguare – ähnlich wie in Tula. Auch die Pfeiler, die das Dach der Säulenhalle und des Tempels trugen, zeigen Krieger sowie Adler, die Herzen verschlingen. Diese Kriegerdarstellungen waren namensgebend für den Bau. Der Tempel oben auf der Pyramidenplattform ist etwas nach hinten versetzt. Auf dem Platz davor befindet sich in der Mitte die Steinskulptur eines Chac Mool, einer liegenden Kriegerfigur mit einer Vertiefung für Opfergaben, wie man sie von Tula her kennt. Auch die Säulen am Tem-

Die Pyramide des Kulkulkan in Chichén Itzá, vom Kriegertempel aus gesehen.
Im Vordergrund ein Chacmool und ein Schlangenkopf.

peleingang in Form gefiederter Schlangen sowie das Relief mit
der Vogel-Mensch-Darstellung und der von vier Atlanten bzw.
Kriegerfiguren getragene Altar im Innenraum des Tempels erinnern an Tula bzw. sind toltekische Kennzeichen.

In Chichén Itzá fand man bisher zwölf Ballspielplätze, darunter den größten und bedeutendsten ganz Mesoamerikas
(s. dazu Kap. Religion und Weltbild). Das Spielfeld dieses großen Ballspielplatzes ist 168 m lang und 68 m breit. Die Längs-
seiten sind umgeben von senkrechten, 8,5 m hohen Mauern, in
deren Mitte ein Steinring angebracht ist, durch den der Ball
wahrscheinlich geworfen werden musste. Die Reliefs auf den
Innenwänden der Mauer zeigen den Sieg einer Mannschaft sowie unter anderem die Enthauptung eines Spielers, aus dessen
Rumpf das Blut in Form von Schlangen herausschießt. Im Zusammenhang mit Menschenopfern steht auch der in der Nähe
des Ballspielplatzes gelegene *Tzompantli*: eine Mauer mit Reliefs eines Schädelgerüstes. Solche Schädelgerüste, an denen

man die Schädel der Geopferten anbrachte, existierten auch in natura. Im Süden ist der *Caracol* (= »Schnecke«) genannte turmförmige, an eine Schnecke erinnernde Rundbau von ca. 12 m Durchmesser zu erwähnen. Er diente als Observatorium zur Sternbeobachtung. Der Bau steht auf einer großen, rechteckigen Plattform, zu der Treppen hinaufführen. Auf dieser Plattform erbaute man zwei weitere runde Plattformen und darauf dann später den Caracol. Im Inneren führte eine Treppe nach oben zu dem Raum, wo man den Verlauf der Gestirne am Himmel durch mehrere schmale fensterartige Öffnungen beobachten konnte. Diese Öffnungen waren genau auf den Verlauf der Gestirne ausgerichtet, so eine nach dem nördlichsten und eine nach dem südlichsten Untergang des Mondes sowie eine nach dem Untergang der Sonne an den Tagen der Tag- und Nachtgleiche.

Zu erwähnen ist auch der Tempel der Jaguare, so genannt nach den Reliefs an der Wand des Tempels, die eine Prozession von Herzen verschlingenden Jaguaren zeigen, dazwischen Darstellungen von Schilden. Im Inneren des Tempels befinden sich Wandmalereien mit Darstellungen von Kämpfen. Die Pyramidenbasis, auf der der Tempel steht, ist nur ein wenig größer als der Tempel selbst und verleiht dadurch dem Gebäude eine von den übrigen Tempeln abweichende Architektur.

In der Südgruppe weist das von den Spaniern so genannte »Gebäude der Nonnen« mit seinem Eingang in Form eines Schlangenmauls Merkmale des Chenes-Stils auf. Es ist eine sehr komplex gestaltete Anlage mit einer Reihe von Symbolen des Regengottes Chac. Die »Kirche« ist im Puuc-Stil mit Chac-Masken und -Motiven gestaltet. Das »Grab des Hohepriesters« ist eine ca. 10 m hohe, dem *Castillo* ähnelnde Pyramide und wurde so genannt aufgrund des darin enthaltenen Grabes. Die Fassade ist durch den Puuc-Stil geprägt, der Tempel selbst durch toltekische Merkmale wie die von zwei gefiederten Schlangen umrahmte Eingangstür oder der Altar mit Atlanten im Tempelinneren.

In Chichén Itzá regierte kein Herrscher allein, sondern ein Kollektiv von Adligen, das auch die Rituale durchführte. Über die einzelnen Persönlichkeiten dieses Regierungskollektivs sind wir bisher kaum informiert und wir kennen nur einige Namen. Öfter erwähnt wird eine Person der Herrscherelite mit Namen K'ak'upakal, der in der Mitte des 9. Jahrhunderts n. Chr. lebte.

Chichén Itzá wurde von Mayapán als Kult- und Handelszentrum abgelöst. Das Ende Chichén Itzás erfolgte, so wie es die Chilam-Balam-Texte beschreiben, durch den Herrscher Hunak Ke'el aus der Cocom-Dynastie von Mayapán. Dieser soll 1194 n. Chr. von den Itzá gefangengenommen und als Opfer in den *Cenote* von Chichén Itzá geworfen worden sein. Er überlebte aber und konnte Chichén Itzá in einem Krieg besiegen. Mayapán wurde in der Zeit zwischen 1250 und 1450 n. Chr. zum bedeutendsten Kult- und Handelszentrum Yucatáns. Nach den Chilam-Balam-Texten kam es zur Bildung der »Liga von Mayapán«, einem Verbund von mehreren Maya-Städten unter Führung Mayapáns. Ob diese Liga wirklich existiert hat, wird angezweifelt. Die bedeutendsten der 3600 Bauten von Mayapán sind die Pyramide des Kulkulkan und die Säulenhallen. Zum Schutz gegen Angreifer war die Stadt von einer 8 km langen Mauer umgeben. Dennoch wurde Mayapán schließlich in einem Widerstandskampf 1461 n. Chr. von der Stadt Maní unter ihrem Herrscher Ah Xupan Xiu aus der Dynastie der Tutul Xiu besiegt und zerstört. Maní schließlich wurde durch die Spanier erobert. Mit dem von Diego de Landa in Maní veranstalteten Autodafé am 12. Juli 1562, bei dem so gut wie alle Codices und Götterdarstellungen der Maya zerstört wurden, fand die Maya-Kultur weitgehend ihr Ende. Allerdings wurde die letzte Maya-Stadt Tayasal erst 1697 von den Spaniern erobert.

»Eine Welt, in der viele Welten Platz haben« –
der Kampf der Maya für Freiheit und Gerechtigkeit

»Eine Welt, in der viele Welten Platz haben« ist das Motto der Zapatistas, einer Organisation von Maya-Indianern im mexikanischen Bundesstaat Chiapas, die bis heute mit Kämpfen und Aufständen für Freiheit und soziale Gerechtigkeit auf sich aufmerksam macht. Die Maya waren das erste Volk Mesoamerikas, mit dem die Spanier Kontakt hatten, und sie waren das letzte Volk, das von den Spaniern »erobert« wurde. Kolumbus traf auf seiner Fahrt erstmals auf seiner vierten Reise am 15. August 1502 bei Guanaja mit einem Handelskanu der Maya zusammen. 1697 wurden die letzten Itzá-Maya erobert, nach der 1696 begonnenen Mission durch den Franziskanerpater Andrés de Avenado y Loyola. Die Itzá hatten bis dahin, 200 Jahre nach der Eroberung, noch vollkommen unbehelligt von den Spaniern in Tayasal (heute Flores) auf einer Insel des Peten-Itzaj-Sees (Guatemala) unter ihrem Herrscher Kanek gelebt. Obwohl die Itzá sich entschieden gegen die Missionierung wehrten, unterlagen sie den Spaniern im Kampf. Es war letztlich ihr Todesurteil, denn die meisten Itzá starben an den Folgen der von den Spaniern eingeschleppten Krankheiten oder der Umsiedlungsaktion in das kalte Hochland. Heute leben nur noch ca. 300 Itzá auf der Insel des Peten-Itzaj-Sees.

Von der Eroberung[16] über die Kolonialzeit bis zur Gegenwart wird das Leben der Maya von Ausbeutung und Unterdrückung durch die Weißen bestimmt. Anlass waren der Anbau und die Gewinnung verschiedener Produkte aus dem Regenwald, so im 18. Jahrhundert der Kaffeeanbau, seit dem 19. Jahrhundert auch der Anbau von Agave *(Henequén)* in Yucatán und die Mahagoni-Industrie sowie seit dem 20. Jahrhundert der Bananenanbau in Guatemala. Den Maya gehen bis heute durch diese Wirtschaftszweige Anbauflächen für die eigenen Nahrungsmittel, Mais und Bohnen, verloren. In Chiapas z. B. gehört der größte Teil des Landes nicht den Maya, son-

---

16 s. Kap. Die Begegnung zweier Welten.

dern Großgrundbesitzern. Die kleinen Felder der Maya reichen zur Ernährung nicht aus; die Indianer sind gezwungen, schlecht bezahlte Arbeit anzunehmen, vor allem auf den Kaffeeplantagen an der Pazifikküste. Zum anderen bescherte jedes Jahrhundert seit der spanischen Eroberung den Maya nicht nur eine, sondern oft mehrere Epidemien und Hungersnöte. Schließlich sind gerade die Maya sehr ihrer Tradition verbunden und stehen daher Neuerungen durch die Weißen kritisch gegenüber. Dies alles zusammen veranlasst die Maya bis heute immer wieder zu Aufständen.

Einer der bedeutendsten Maya-Aufstände war der »Kastenkrieg von Yucatán«, 1847 bis 1855. Im Zusammenhang mit diesem Aufstand entstand 1850 ein unabhängiger indianischer Staat in Yucatán (bzw. im heutigen Bundesstaat Quintana Roo), Chan Santa Cruz, der sich bis 1901 halten konnte. Im Zuge der Unabhängigkeitsbestrebungen Yucatáns von Mexiko kam es zum Bürgerkrieg zwischen Campeche und Mérida und zu einem Aufstand der Maya. Ein an diesem Indianeraufruhr beteiligter Kazike, Manuel Antonio Ay, wurde am 26. Juli 1847 hingerichtet. Damit begann der Kastenkrieg, *guerra de la castas*. Er wurde von beiden Seiten brutal geführt und forderte bis 1849, als der Krieg mehr oder weniger entschieden war, ungefähr 150 000 Menschenleben. 1848 standen die Aufständischen kurz vor Campeche und Mérida, den Hochburgen ihrer Gegner, die sie leicht hätten einnehmen können. Aber sie gaben vorher auf. Grund dafür war die Uneinigkeit der Aufständischen und der Wunsch vieler Indianer, die Zeit der Aussaat auf ihren Feldern zu nutzen. Als 1848 Chí und 1849 Pat, die beiden Anführer, ermordet werden, ist der Aufstand letztlich entschieden. Die Indianer ziehen sich in das Gebiet des heutigen Quintana Roo zurück, wo sie den erwähnten Indianerstaat Chan Santa Cruz gründen. Zu diesem Ort, an dem sich ein *Cenote* und ein an einem Baum angebrachtes Kreuz befanden, hatte der Mestize José María Barrera die Aufständischen geführt und mit Hilfe eines Bauchredners das Kreuz zum Sprechen gebracht. Es entstand ein Kult um dieses Kreuz, der sich ausbreitete und auch durch die Kreolen nicht gestoppt werden konnte. Chan Santa Cruz entwickelte sich zu einem theokratisch regierten Indianerstaat: Der *Tatich*, der »Schutzherr des Kreuzes«, war zugleich politisches und religiöses Oberhaupt, der aber nur im Hintergrund agierte. Die eigentliche Regierung wurde von drei Würdenträgern, die das »Orakel des göttlichen Wortes«, d. h. die Stimme des *Tatich* verkündeten, interpretierten, und aufschrieben, sowie von Priestern sowie militärischen Führern durchgeführt. Im Mai 1900 wurde das »Fest des heiligen Kreuzes« in Chan Santa Cruz zum letzten Mal gefeiert. Im September desselben Jahres begann der Feldzug gegen den Indianerstaat unter General Bravo. Mit der Besetzung von Chan Santa Cruz am 5. Mai 1901 war die Geschichte des Indianerstaates zu Ende. 1902 wurde das Gebiet zum mexikanischen Bundesstaat Quintana Roo.

Auch der Chamula-Aufstand in Chiapas war mit einem Kult verbunden. Im Dorf Tzajalhemel in Chiapas fand die junge Indianerin Augustina Gómez Checheb am 22. Dezember 1867 drei Obsidiansteine, von denen man bald glaubte, dass sie heilig seien und dass sie sprechen könnten. Pedro Díaz Cuzcat, der offiziell für die religiösen Angelegenheiten in Chamula zuständig war, hörte davon, übernahm die Steine, baute einen Schrein und verlieh den sprechenden Steinen seine Stimme. Die Ausbreitung des Kultes wurde nicht verhindert, obwohl die Steine von den Weißen konfisziert wurden, ebenso wie später mehrere Götterbilder aus Ton, die die Steine ersetzten. Es kam schließlich zur Kreuzigung von Augustinas Bruder am Karfreitag 1869, zu einem Aufstand und zur Belagerung von San Cristóbal de las Casas durch die Indios. Nach mehreren Kämpfen wurden die Aufständischen schließlich durch die Regierungstruppen besiegt.

Auch im 20. Jahrhundert gab es eine Reihe von Maya-Aufständen und Guerilla-Bewegungen – in Mexiko ebenso wie in Guatemala, Honduras und El Salvador. In Mexiko sind es die Aufstände der Tzolzil- und Tzeltal-Maya, die 1994 in Chiapas begannen, bekannt als die Aufstände der »Zapatistas«. Namengebend war der indianische Revolutionär Emiliano Zapato (1879–1919), nach dessen Vorbild und Programm die Zapatistas soziale und politische Verbesserungen, vor allem eine Landreform und das Selbstbestimmungsrecht für die Indianer und Anerkennung der indianischen Sprachen forderten und versuchten, dies gewaltsam durchzusetzen. Hatten die Zapatistas, die sich auch unter dem Kürzel EZLN (Ejército Zapatista de Liberación Nacional = Nationale Zapatistische Befreiungsarmee) bekannt sind, anfangs Erfolg, wurden sie bald von Truppen der Regierung zurückgedrängt. Die Regierung verhandelte mit den Zapatistas und machte Zugeständnisse, deren Umsetzung in die Praxis sich aber verzögerte. Der Amtsantritt von Vicente Fox Quesada am 1. Dezember 2000, durch den die Revolutionspartei PRI nach 71 Jahren durch die PAN (Partido Acción Nacional) abgelöst wurde, weckte auch für die Indianerpolitik neue Hoffnungen. Am 28. April 2001 wurde das Gesetz über die Selbstbestimmung der Indianer erlassen. Aber Zapatistas und der Nationale Indio-Kongress (CNI) kritisierten, dass dieses Gesetz nicht das ursprünglich geplante Autonomierecht und die juristische Anerkennung der Indianer und das Recht auf Nutzung der Ressourcen ihres Lebensraumes enthält. Nach wie vor kämpfen die Zapatistas für ihre Ziele: »Zapata lebt, der Kampf geht weiter!«, wie einer ihrer Slogans lautet.

Zuletzt sei Rigoberta Menchú Tum (geb. 1959) erwähnt, eine Quiché-Maya (Guatemala), die 1992 als bis dahin jüngste Preisträgerin den Friedensnobelpreis erhielt und die 2007 für das Präsidentenamt in Guatemala kandidierte – allerdings ohne Erfolg. Sie und ihre Familie erlebten buchstäblich am eigenen Leib die Unterdrückung und Menschenrechtsverletzungen durch die Militärdiktatur in Guatemala. Ihr Leben widmete sie daher dem Einsatz für Menschenrechte und Frieden.

Faszination Maya: Wissenschaft und Esoterik

Ähnlich wie Sahagún für seine Beschreibung der aztekischen Kultur wurde Diego de Landa – der erste Missionar der Maya – für seinen Bericht über die Maya-Kultur bekannt. Diego de Landa wurde 1524 in Spanien (Cifuentes de la Alcarria) geboren, trat mit 13 oder 17 Jahren in Toledo dem Franziskanerorden bei, wurde zum Priester geweiht, kam 1549 nach Yucatán und starb am 29. April 1579 auf einer Dienstreise nach Mexiko-Stadt. In Yucatán stieg er auf der geistlichen Karriereleiter bis zum – mit inquisitorischen Befugnissen ausgestatteten – Provinzobersten auf. Diego de Landa verfolgte einen gewaltsamen Missionskurs, aber andererseits sammelte er auch Material über Geschichte, Kultur und Religion der Maya von Yucatán. Die Information dazu erhielt er aus erster Hand von zwei Maya-Indianern.

Als Landa erfuhr, dass insgeheim immer noch indianische Kulte ausgeübt wurden, veranstaltete er im Juli 1562 ein Autodafé in Maní, wobei 27 Maya-Codices verbrannt und an die 5000 Götterbilder zerstört wurden. Landa schreckte auch nicht davor zurück, Indianer zu foltern, um mehr Informationen über die heidnischen Kulte zu erhalten. Allein 1562 starben 157 Indianer an den Folgen der von Landa veranlassten Foltern, nicht zu reden von denen, die die Folter schwer verletzt überlebten. Als Landas gegen die Gesetze verstoßende Foltermethoden von seinen Widersachern gemeldet wurden, gab der zuständige Bischof den Fall an den Indienrat (*Consejo de Indias*) weiter. 1563 musste sich Landa in einem Prozess in Spanien für seine Untaten verantworten. Um sich besser verteidigen zu können, beschrieb er in seinem *Bericht aus Yucatán* von 1566 ausführlich die Kultur und Religion bzw. den »Götzendienst« der Maya Yucatáns. Wie erfolgreich Landa mit seiner Verteidigung war, ist nicht bekannt. Aber acht Jahre später war er nicht nur freigesprochen, sondern kehrte sogar als Bischof nach Yucatán zurück.

Landas *Bericht aus Yucatán* wurde 1864 von Abbé Brasseur de Bourbourg wiederentdeckt und ist bis heute eine der wichtigsten Quellen in der Mayaforschung und letztlich die einzige ausführliche Beschreibung eines Augenzeugen über die Kultur der alten Maya. Das »Landa-Alphabeth« sollte der Schlüssel für die Entzifferung der Maya-Schrift werden (s. dazu Kapitel Schrift-, Zahlen- und Kalendersystem). Allerdings zeigt Landas Bericht die – für viele Berichte europäischer Eroberer typischen – Probleme: zunächst die Schwierigkeit der objektiven Darstellung, dann die Unmöglichkeit, bestimmte christliche Begriffe in die Indianersprache zu übersetzen und schließlich die theologisch-missionarische Sicht und Zielsetzung sowie die damit verbundene Abwertung der indianischen Religion als Teufelswerk.

Im Laufe der Zeit geriet die Kultur der Maya in Vergessenheit. Um die Mitte des 18. Jahrhunderts kam ein neues Interesse an den Maya-Ruinen auf, die man zunächst allen möglichen Völkern wie den Ägyptern oder den verlorenen Stämmen Israels zuschrieb, nur nicht den Maya. Es war der Amerikaner John Lloyd Stephens (1805–1852), der als Pionier der amerikanischen Archäologie im Maya-Gebiet die vergessenen Tempel und Paläste wiederentdeckte. Und er war es, der erkannte, dass es sich bei den Ruinen um Reste einer eigenständigen Kultur der Neuen Welt handelte, und der sie in Verbindung mit den zeitgenössischen Indios brachte. Erst nach Stephens setzte sich die Bezeichnung »Maya« für diese Kultur durch. Stephens war Jurist, Diplomat und Reiseautor, der schon zuvor viele Länder des Nahen Ostens, Ägypten, Griechenland, Türkei oder Russland bereist und darüber berichtet hatte. Bei seinen Reisen im Maya-Gebiet wurde er von dem britischen Architekten und Maler Frederick Catherwood (1799–1854) begleitet. Catherwood verdanken wir die ersten Bilder der Maya-Ruinen, die er durch fotografische Technik so genau nachzeichnen konnte, dass die Größenverhältnisse korrekt waren. Stephens und Catherwood unternahmen zusammen zwei Forschungsreisen von 1839 bis 1840 und 1841 bis 1842 ins Maya-Gebiet. Der umfangreiche Bericht über diese Reisen (*Incidents of Travel in Central America, Chiapas and Yucatan*) erschien in zwei Bänden 1841 bzw. 1843. Stephens besuchte zusammen mit Catherwood mehr als 40 Maya-Stätten, darunter Copán, Palenque, Uxmal, Nohpat, Kabah, Sayil, Labna, Kiuik, Chichén Itzá, Cozumel und Tulum. Die Ruinen waren zu jener Zeit vom Regenwald überwachsen und nicht selten in *Hacienda*-Besitz. Stephens kaufte für eine »Handvoll Dollar«, genau für 50 Dollar, die

Ruinen der Maya-Stadt Copán einem *Hacendado* ab, um ungestört seine Studien durchzuführen. Mehr als 40 Maya-Stätten entdeckten Stephens und Catherwood.

Nicht nur Wissenschaftler waren von der Maya-Kultur fasziniert, sondern zunehmend auch ein weiter Kreis von Laien. Gleichzeitig entstand der Mythos von der Maya-Kultur ohne Kriege. Schon Stephens hatte berichtet, dass auf den von ihm in Copán entdeckten Stelen keine Kriegswaffen dargestellt seien, und folgerte daraus, dass es bei den Maya keine Kriege gegeben hätte. Diese Annahme wurde von den Wissenschaftlern übernommen und erst in den 1990er Jahren von Linda Schele und anderen widerlegt.

Die Maya-Kultur war und ist teilweise immer noch eine Projektionsfläche für das Bild eines exotischen Volkes der Neuen Welt, das sich vor allem durch Frieden sowie geheimnisvolle Kenntnisse in der Astrologie und im Kalenderwesen auszeichnet. In den 1970er Jahren war es Erich von Dänikens These, dass die Götter nicht nur der Alten Welt, sondern auch der Neuen Welt außerirdische Astronauten gewesen seien, die auf der Erde gelandet und den Menschen Kultur und Wissen gebracht hätten[17].

Der Mythos der Maya-Kultur wurde in der modernen Esoterik zur Grundlage der Prophezeiungen für den Weltuntergang im Jahre 2012. Der Ursprung dieser modernen Prophezeiung lässt sich zeitlich ziemlich genau mit dem Erscheinen von José Argüelles *Der Maya-Faktor* 1987 datieren. Diesem Buch folgte eine Unzahl weiterer Bücher zu diesem Thema. Argüelles, amerikanischer Künstler und Autor, war nicht der Erste, der über ein zu erwartendes neues Zeitalter mit Berufung auf den Maya-Kalender schrieb. Aber er verstand es, den Maya-Kalender in einem esoterischen Kontext und als esoterisches System publikumswirksam darzustellen und dadurch diese Endzeitvorstellungen populär zu machen. Zwar berufen sich diese Prophezeiungen auf Zukunftsdeutungen der alten Maya, aber dafür gibt es keinerlei Belege in der klassischen Maya-

---

17 S. beispielsweise »Was ist falsch im Maya-Land?« (2011)

Kultur: Der Maya-Kalender bzw. »Long-Count« der Maya endet nicht mit dem Jahr 2012: So gibt es eine Datierung für das Jubiläum des Herrschers Pakals, das zwei Jahrtausende später am 15. Oktober 4772 stattfinden soll. Der 23. Dezember 2012 ist für die Maya auch nicht die Wiederkehr des Datums der Weltschöpfung, denn dieses fällt nicht auf den 4 Ahau 3 Kankin, eben den 23. Dezember 2012, sondern auf den auf den Tag 4 Ahau 8 Cumku. Zudem bedeutete die Wiederkehr des Weltschöpfungsdatums für die Maya nicht den Untergang der Welt. Das Datum ist schlicht und einfach »nur« der Beginn einer neuen Zeitperiode, wie z. B. für uns der Beginn eines neuen Jahrhunderts: Es ist der Beginn eines neuen »Baktuns« (=400 Jahre), konkret des 13. Baktuns. Das Jahr 2012 wird nur dreimal auf Monumenten der Maya-Kultur erwähnt, wobei das Monument 6 in Tortuguero die Inthronisation des Gottes Bolon Yokte' K'uh im Jahre 2012 ankündigt. Mit der Erwartung des Untergangs der »alten« Welt und der Erwartung einer neuen Zeit, eines neuen Paradigmas, übte man Kritik an der jetzigen Zeit: Die Botschaft dabei war, dass man sich von der durch Technologie dominierten gegenwärtigen Welt mit ihren Umweltkatastrophen und anderen Problemen abwendet und durch Transformation wieder zum wahren Selbst findet. Der Mythos der Maya-Kultur bot dafür eine geeignete Projektionsfläche. Und das wahrscheinlich nicht zum letzten Mal!

DIE AZTEKEN –
DIE ZEIT DER FÜNFTEN SONNE

(…) und du, Tenoch, wirst sehen, dass ein Kaktus gesprossen
ist, da wo das Herz des Copil liegt. Auf dem Kaktus sitzt
ein Adler, der hält eine Schlange in den Klauen, und er
zerreißt die Schlange und verschlingt sie. Dieser Kaktus bist
du, Tenoch, und ich bin der Adler, und das soll unser Stolz
sein, denn solange die Welt besteht, wird der Ruhm und der
Reichtum Tenochtitlans unauslöschlich sein.

So berichtet der Mythos, hier wiedergegeben im Codex Chimalpahin,[18] von der Gründung der Hauptstadt der Azteken, Tenochtitlán, heute Mexiko-Stadt, durch den ersten, legendären Herrscher der Azteken, Tenoch, auf Geheiß des aztekischen Stammesgottes Huitzilopochtli. Noch heute ist der auf dem Feigenkaktus sitzende Adler, der eine Schlange verschlingt, als Wappen auf der Nationalfahne Mexikos und auf den mexikanischen Geldmünzen präsent.

Dort, wo der Adler sich auf einem Kaktus niederließ – geschichtlicher Überblick

In den zwei Jahrhunderten zwischen dem Ende von Tula und dem Aufstieg der Azteken gab es keine zentrale Macht im Hochtal von Mexiko. Aus dem Norden wanderten nacheinander einzelne Gruppen der Chichimeken ein. Diese Chichimeken waren teilweise Nomaden und Jäger, zum anderen sesshafte »zivilisierte« Stämme. Die letzte Gruppe der Chichimeken, die ins Hochtal Mexikos einwanderte, waren die Mexica bzw. Azteken. Die politische Situation im Hochtal war durch die Herrschaft von Kleinstaaten bzw. »Stadtstaaten« geprägt. Culhuacán (»der Ort jener, die Vorfahren haben«, mit Vorfah-

---

18 zit. in DuMont-Verlag (Hg.): Azteken, 2003, S. 14.

ren sind hier die Tolteken gemeint) am Texcoco-See, Hauptstadt des Stammes der Culhua, trat die Nachfolge von Tula an und dominierte unter den Stadtstaaten. Konkurrenz bekam Culhuacán von einer Chichimekengruppe unter einem Führer namens Xolotl, die Tenayuca zu ihrer Hauptstadt machte. Xolotl eroberte Gebiete bis zu 150 km nordwärts und fast bis zur Atlantikküste ostwärts. Nopaltzin, der Sohn von Xolotl, heiratete die Tochter des Herrschers von Culhuacán. Zur dritten Macht im Hochtal wurden schließlich die Otomi, deren Hauptstadt Xaltocan war. Die Otomi bilden auch heute noch eine eigene indianische Sprachgruppe im Hochtal von Mexiko. Tenayuca und Xaltocan verloren bald an Bedeutung, während der Einfluss Culhuacáns Bestand hatte. Aber dann kamen neue Gruppen ins Hochtal: die Tepaneken, deren Hauptstadt Azcapotzalco (heute ein nördlicher Stadtteil von Mexiko-Stadt) wurde, und die Acolhua, die zuerst Coatlichán und dann Texcoco (im Westen des Texcoco-Sees) als Hauptstadt gründeten. Zunächst dominierten die Acolhuas, deren Herrscher Huetzin es gelang, Culhuacán zu erobern. Später hatten die Tepaneken die Vorherrschaft inne. Und noch später sollten dann die Mexica in einem Drei-Städte-Bund die Herrschaft über Zentralmexiko erlangen.

Zunächst waren die Mexica aber zum Zeitpunkt ihrer Einwanderung ins Hochtal von Mexiko nur eine kleine, unbedeutende und im wahrsten Sinne des Wortes »armselige« Gruppe, teils nomadisch, teils zivilisiert. Wie die anderen Chichimeken kamen auch sie aus dem Norden. Die Bedeutung des Namens »Mexica« – von dem sich auch die Bezeichnung »Mexiko« ableitet – ist unklar. Nach einer Theorie stammt »Mexica« von *metzli* (»Mond«), nach einer anderen von *metl* (»Maguey« bzw. »Agave-Kaktus«) und *citli* (»Hase«).

Verschiedene Mythen erzählen von der Wanderung der Mexica. Dabei vermischen sich historisch-reale und mythisch-fiktive Ereignisse, die man heute nicht mehr eindeutig voneinander trennen kann. So wird berichtet, dass die Mexica als letzte einer Reihe von Stämmen von einer Insel namens Atzlán (= »Ort der Kraniche«, wovon sich auch die Bezeichnung »Azteken« ableitete) mit »sieben Höhlen« (*Chicomoztoc*) kamen. Aller Wahrscheinlichkeit nach haben die Azteken später die Situation Tenochtitláns auf ihre Ursprungsgeschichte übertragen. Möglich ist aber auch, dass eine Insel der Seen Westmexikos, wie z. B. Pátzcuaro, die die Mexica während ihrer Wanderung passierten, Vorbild für den Mythos Atzláns war. In einer anderen Version wird von Groß-Culhuacán als Ort der sieben Höhlen erzählt.

Die Mexica bestanden aus sieben Clans, die von sieben Priestern geführt wurden. Der Stammesgott der Mexica, Huitzilopochtli, befahl ihnen die Wanderung – ähnlich wie die Israeliten unter Führung von Moses auf Befehl ihres Gottes 40 Jahre von Ägypten nach Israel wanderten. Allerdings dauerte die Wanderung der Mexica über 100 Jahre. Es gibt auch Berichte (z. B. von Chimalpahin) darüber, dass Huitzilopochtli ein Stammesführer und keine Gottheit gewesen sei. Wie dem auch sei, ob Stammesführer oder Gott, Huitzilopochtli teilte den Mexica mit, dass sie sich an dem Ort niederlassen sollten, wo ein Adler auf einem Kaktus eine Schlange verzehre – und dieser Ort war das spätere Tenochtitlán. Um 1111 n. Chr. sollen die Mexica ihre Wanderung begonnen haben. Auf dieser Wanderung machten sie mehrmals Station, es kam auch zu Abspaltungen, so dass ein Teil der Gruppe zurückblieb. Längere Zeit verbrachten sie in der Gegend von Coatepec, in der Nähe des einstigen Tula. Coatepec, der »Hügel der Schlangen«, galt als der Geburtsort ihres Gottes Huitzilopochtlis. Um 1250 n. Chr. kamen die Mexica endlich am Nordufer des Texcoco-Sees an und ließen sich zunächst auf dem Hügel Chapultepec (»Heuschreckenhügel«) am westlichen Ufer nieder. Anscheinend verursachten die Mexica Unruhen unter den Nachbarstämmen. 1319 jedenfalls – unter der Herrschaft von Huitzilohuitl (»Kolibri-Feder«) – wurden die Mexica von den benachbarten Stadtstaaten vertrieben und man wies ihnen einen Wohnort in Tizapan zu, ein unfruchtbares, nur aus Vulkangestein bestehendes Gebiet im Süden (dort, wo sich heute die Universität von Mexiko befindet). Wie die mythische Geschichte der Mexica berichtet, machten sie das Beste aus ihrer Notlage: In Ermangelung anderer Nahrung aßen sie Schlangen, in geringem Umfang gelang ihnen auch der Anbau von Pflanzen und für den Bau von Häusern und Tempel hatten sie genug Steine. So lebten die Mexica als Untertanen der Culhua und zogen auch für sie in den Krieg. Um ihre Tüchtigkeit und die Anzahl ihrer Gefangenen, die sie im Krieg machten, nachzuweisen, schnitten die Mexica – wie berichtet wird – ihren Gefangenen die Ohren ab und lieferten sie dem Herrscher von Culhuacán. Auch eine andere kuriose Geschichte wird aus dieser Zeit erzählt: Die Mexica erbaten von dem Herrscher Culhuacáns seine Tochter – als Frau für Tenoch, den ersten Herrscher der Mexica, nach einer anderen Version als Frau für ihren Gott. Der Herrscher von Culhuacán war einverstanden und sandte den Mexica seine Tochter. Etwas später erging an den Vater eine Einladung zu einer Feier zu Ehren seiner Tochter. Als dieser bei den Mexica ankam und den Tempel betrat, sah er mit Entsetzen den Priester in der Haut seiner Tochter: die Mexica hatten seine Tochter geopfert, die Haut abgezogen und der Priester hatte die Haut dann übergezogen. Ein Ritus, der allerdings nicht nur bei den Mexica, sondern bei allen im Hochtal von Mexiko ansässigen Stämmen, auch den Culhua, praktiziert wurde. Nun erging von ihrem Stammesgott – historisch gesehen wohl eher von den Culhua – der Befehl an die Mexica, wegzuziehen. Die Mexica gelangten auf eine der beiden Inseln im Texcoco-See, wo sie einen Adler auf dem Nopal, der Frucht des Feigenkaktus sitzen und eine Schlange fressen sahen. Somit waren sie – so wie es ihr Gott Huitzilopochtli prophezeit hatte – an ihrem endgültigen Zielort angekommen. Die anschließende Gründung der aztekischen Hauptstadt wird auf das Jahr 1325 n. Chr. datiert, nach einer anderen Version auf 1345. Der auf dem Kaktus die Schlange fressende Adler ist heute als Wappen von Mexiko nach wie vor überall – von der Flagge bis zu den Geldmünzen – präsent und stellt die Grundpfeiler des aztekischen Weltbildes dar: Adler und Schlange symbolisierten den Gegensatz von Himmel und Erde. Der Adler versinnbildlichte gleichzeitig den Sonnengott und insgesamt den für die aztekische Ideologie wichtigen Komplex von Sonne und Krieg. Der Nopal, die rote Frucht des Feigenkaktus, ist Symbol des menschlichen Herzens, das der Sonne geopfert wird, um sie am Leben zu erhalten. Ihr Stammesgott hatte die Mexica mit der Gründung Tenochtitláns in der Lagune von Texcoco gut beraten: Es gab genug Fische und Vögel und der wasserreiche Boden ermöglichte eine mehrmalige Ernte im Jahr. Und auch in militärischer Hinsicht war der Ort für die Anlage einer Stadt ideal: Man konnte Angriffe auf dem See abwehren und andererseits selbst überall kontrollieren und eingreifen. Nach Tenochtitlán entstand 1357 eine zweite Stadt auf der Insel, Tlatelolco.

Der erste, legendäre Herrscher der Mexica war Tenoch, Priester und Herrscher gleichzeitig. Nach seinem Tod 1370 wählten die Zwillingsstädte Tenochtitlán und Tlatelolco jeweils einen eigenen Herrscher. In Tenochtitlán trat Acamapichtli (»Eine Handvoll Schilfrohr«, 1372–1391), Sohn eines Mexica und einer Prinzessin der Culhua, die Herrschaft als erster einer neuen Herrschaftsdynastie an. Da Acamapichtlis Mutter aus Culhuacán stammte, konnte sich die mexikanische Herrscherdynastie nun darauf berufen, von den allseits geachteten Tolteken abzustammen. Sowohl Acamapichtli als auch seine Nachfolger Huitzilihuitl (1391–1415) und Chimalpopoca (»Rauchender Spiegel«, 1416–1426) waren Untertanen der Tepaneken, zahlten ihnen Tribut und unternahmen für sie Kriegs- und Eroberungszüge. Herrscher der Tepaneken war lange Zeit Tezozomoc (1345–1426). Er war ein politisch und militärisch äußerst fähiger Herrscher, der Menschen für sich gewinnen und seine Gegner geschickt gegeneinander ausspielen konnte. Mit den Mexica hatte er weniger Probleme als mit den Acolhua von Texcoco. Als nämlich dort Ixtlilxochitl 1409 den Thron bestieg, versuchte dieser gegen die Tepaneken-Herrschaft zu rebellieren: Er verlangte von Tezozomoc als »Herrscher« der Chichimeken angesprochen zu werden. Tezozomoc lehnte dies natürlich ab und schickte ihm Baumwolle mit der Bitte, diese für ihn weben zu lassen. Eine deutliche Aufforderung, sich zu unterwerfen. Ixtlilxochitl antwortete, er werde aus der Baumwolle Rüstungen für seine eigenen Krieger herstellen. Es kam zum Kampf, der von 1414 bis 1418 dauerte und mit dem Sieg der Tepaneken endete. Ixtlilxochitl wurde auf der Flucht ermordet, im Beisein seines Sohnes Nezahualcóyotl (»Fastender Koyote«, 1402–1472). Dieser musste zehn Jahre auf der Flucht verbringen – im Puebla-Tal, zum Teil auch in Tenochtitlán –, ehe er nach dem Tod seines Verfolgers Tezozomocs die Nachfolge seines Vaters antreten konnte und zu einem der bedeutendsten Herrscher wurde. Er war ein halber Mexica, denn seine Mutter war die Tochter von Chimalpopoca, des letzten Mexica-Regenten unter tepanekischer Herrschaft. Chimalpopoca wiederum war der Sohn einer Tochter Tezozomocs und somit dessen Enkel. Daher war die Tributzahlung der Mexica an die Tepaneken seit der Herrschaft Chimalpopocas herabgesetzt worden. Das änderte sich, als Tezozomoc 1426 starb und ein jüngerer Sohn, Maxtla (1426–1430), die Herrschaft an sich riss. Er hasste die Mexica, erhöhte wieder ihren Tribut und war wahrscheinlich auch für den Tod Chimalpopocas verantwortlich. Unter der Herrschaft Itzcoatls (»Obsidianschlange«, 1426–1440), eines Onkels Chimalpopocas, lösten sich dann die Mexica von der Herrschaft der Tepaneken. Dazu verbündete sich Itzcoatl mit Nezahualcóyotl aus Texcoco und mit Tlacopan (heute Tacuba), einer abtrünnigen tepanekischen Stadt. Aber zunächst belagerten die Tepaneken Itzcoatl in Tenochtitlán. Nezahualcóyotl gelang es 1428 mit Hilfe der Städte Huexotzingo und Tlaxcala nicht nur, seine Stadt Texcoco zurückzugewinnen, sondern auch die tepanekische Hauptstadt Azcapotzalco zu erobern, Maxtla zu töten und damit auch die Belagerung von Tenochtitlán zu beenden. 1433 wurde der Dreierbund gegründet, der die Städte Tenochtitlán, Texcoco und Tlacopan zusammenschloss und der wenig später die Herrschaft über Zentralmexiko erlangte.

Itzcoatl eroberte in seiner Regierungszeit die früher von den Tepaneken beherrschten Gebiete zurück, die nach dem Ende der Tepankenherrschaft versuchten, sich unabhängig zu machen. Der Nachfolger Itzcoatls, sein Neffe Moctezuma I. (»Der zürnende Fürst«, 1440–1468, nicht zu verwechseln mit Moctezuma II., der mit den spanischen Eroberern zusammentraf),

Chinampas	
Süßwasserqu.	
Marsch	
Damm	
Aquädukt	

von Netzahualcoyotl
errichteter Damm

Huehuetoca

Citlaltepec

Tizayucan

Temazcalapan

Huitzilan

Zumpanco

Xoloc

Coyotepec

Zumpanco-
see

Tepotztlán

Xaltocan

Xaltocan-
see

Teotihuacán

Atlatonco

Cuauhtitlan

Acolman
Tepexpan

Ecatepe

Tezoyuca

Cuauhtepec

Tulpetlac

Tenayuca

Texcoco

Texcotzinco

Tlalnepantla

Tepeyacac

Huexotla

Azcapotzalco

Texcoco-See

Otoncalpulco

Tlacopan

Tlateloco

Coatlinchan

Popotlan

Tepetzinco

Chicoloapan

Chalpultepec

Tenochtitlan

Chimalhuacan

Atlacuihuayan
Mixcoac

Mexicalt-
zinco

Iztapalapa

Coyoacán

Culhuacán

Iztahuacan

Tizapan
Huitzopochco

Zapotitlan

Ixtapalucan

Huipulco

Xochimilco-
see

Chalco-
see

Tlapacoyán

Talpan

Cuitlahuac

Xico

Atlapulco

Chalco

Xochimilco

Tulyehualco

Acalbixca

Tlaxialte-
malco

Mixquic

Tetelco

Tezompa

N

0   10 km

● Aztekische Stadt
▲ Städte des Dreierbundes

Tenochtitlán und die Nachbarstädte

konnte seine Eroberungen auf neue Gebiete ausdehnen. So eroberte er als erstes die Stadt Coixtlahuaca und andere Gebiete der Mixteken in Oaxaca, dann Cempoala und weitere Gebiete der Totonaken an der Golfküste. Moctezuma I. war es, der mit dem Bau des Großen Tempels begann. Dieser wurde aber erst 1487, lange nach seinem Tod eingeweiht und ersetzte den bisherigen kleinen Tempelbau. Moctezuma starb 1468, ihm folgten mit Axayacatl (1468–1481) und seinem Bruder Tízoc (1481–1486) zwei weniger bedeutende Herrscher. Axayacatl konnte zwar das Tal von Toluca erobern und so die aztekische Herrschaft im Westen bis zu den Tarasken in Michoacán erweitern. Aber sein Versuch, diese zu erobern, schlug fehl: Von 20 000 aztekischen Kriegern überlebten nur 200. Das nutzten einige andere Gebiete aus, um sich von der aztekischen Herrschaft zu lösen. Allerdings gelang es Axayacatl, den zwischen den beiden Städten Tenochtitlán und Tlatelolco 1473 entstandenen Bürgerkrieg zugunsten von Tenochtitlán zu beenden. Der Herrscher von Tlatelolco stürzte sich vom Haupttempel der Stadt in den Tod. Fortan wurden beide Städte von einem Herrscher bzw. von Tenochtitlán aus regiert. Auch Tízoc musste eine Niederlage hinnehmen, als er versuchte, Metztilan im Norden einzunehmen.

Mit Ahuitzotl (1486–1502), dem dritten Bruder von Axayacatl und Tizoc, kam wieder ein fähiger Herrscher auf den Thron. In seiner Regierungszeit wurde 1487 mit einer großen Feier und vielen Menschenopfern (angeblich 20 000 oder 80 000, s. dazu Kap. Religion und Weltbild) der Große Tempel eingeweiht. Ahuitzotl gelang es, sowohl die unter Axayacatl verlorenen als auch neue Gebiete hinzu zu gewinnen. Er eroberte Acapulco und weite Gebiete im Nordwesten davon. In die andere Richtung gelangte er bis Soconusco, an der heutigen Grenze zu Guatemala. Unter Ahuitzotl erreichte somit die aztekische Herrschaft ihre größte Ausdehnung. Allerdings war diese nicht so groß wie das Einflussgebiet Teotihuacáns, das auch Teile des heutigen Guatemala umfasste, wohin die Azteken nie gelangten. Aber Ahuitzotls Regierung endete mit einer Katastrophe: Die Stadt benötigte mehr Wasser und Ahuitzotl zapfte daher die Quellen in Coyoacán an – obwohl er davor gewarnt wurde. Das Wasser aus diesen Quellen überflutete Tenochtitlán und Ahuitzotl soll auf der Flucht vor der Flut einen Schlag auf den Kopf erhalten und daran 1502 gestorben sein. Nachfolger war 1502 Moctezuma II., der Aztekenherrscher, der sich mit den Spaniern auseinandersetzen musste. Er versuchte nicht, weit entfernte Länder zu erobern, sondern stattdessen die Herrschaft über bereits Erobertes zu festigen und die bestehenden »Lücken« von noch immer unabhängigen Städten innerhalb dieser beherrschten Gebiete zu schließen. So führte Moctezuma z. B. viele Kämpfe mit der Stadt Tlaxcala im Puebla-Tal. Diese Stadt war unabhängig geblieben, aber vom aztekischen Herrschaftsgebiet regelrecht eingeschlossen. So konnten die Azteken zwar den Handel dieser Stadt kontrollieren und vor allem den Import von Salz verhindern, aber es gelang ihnen trotz aller Anstrengungen nicht, Tlaxcala einzunehmen. Im Gegenteil, 1515 siegte Tlaxcala und schlug die Azteken vernichtend. Wenig später, während der spanischen Eroberung, sollte Tlaxcala entscheidend zum schnellen Sieg der Spanier beitragen. Als die Spanier in Mexiko ankamen, herrschten die Azteken über ein Gebiet von über 200 000 km² vom (heutigen) Bundesstaat San Luis Potosí bis zur (heutigen) Grenze Guatemalas und über ca. 5 bis 6 Millionen Menschen.

Tenochtitlán – eine Weltstadt

Wir waren bass erstaunt über dieses Zauberreich, das fast so unwirklich schien wie die Paläste in dem Ritterbuch des Amadis. Hoch und stolz ragten die festgemauerten, steinernen Türme, Tempel und Häuser mitten aus dem Wasser. Einige unserer Männer meinten, das seien alles nur Traumgesichter.

So beschrieb der Chronist und Augenzeuge der Eroberung Mexikos, Bernal Díaz del Castillo, den Eindruck, den beim Einzug nach Tenochtitlán die Vorstadt Itztapalapa auf ihn und die Spanier machte (Wahrhafte Geschichte der Entdeckung und Eroberung von Neuspanien, Kap. LXXXV).

Tenochtitlán und die Schwesterstadt Tlatelolco lagen auf einer Insel, wo es statt Straßen – wie in Venedig – meist Kanäle gab, die man mit Kanus befuhr. Ringsherum am Ufer des Festlandes lagen viele Trabantenstädte, die heute Stadtteile oder Vororte von Mexiko-Stadt sind. Einschließlich dieser Städte des Festlandes ist die Einwohnerzahl auf eine halbe Million zu schätzen, für Tenochtitlán allein ist von einer Einwohnerzahl von ca. 200 000 auszugehen. Mit dem Festland war Tenochtitlán durch drei Dämme nach Norden, Westen und Osten verbunden. Diese waren so breit, dass sie von zehn Reitern mit Pferden nebeneinander passiert werden konnten, wie die Spanier berichten. Von Chapultepec und von Coyoacán aus wurde die Stadt durch ein Äquadukt mit Trinkwasser versorgt, denn das Wasser des Sees war salzig. Wie die Spanier berichteten, stellte Tenochtitlán größenmäßig nicht nur spanische Städte wie Toledo oder Madrid (die mit 15 000 bzw. 18 000 Einwohnern nur gerade einmal ein Zehntel der Einwohner Tenochtitláns hatten) in den Schatten, sondern auch viele bedeutende Städte Europas wie Paris, Mailand, Neapel oder Venedig.

Tenochtitlán war in vier Stadtteile aufgeteilt. Zentrum war das Kultzentrum mit dem Haupttempel *(Templo Mayor)* für Huitzilopochtli und Tlaloc. Zu nennen sind ferner der Tempel für den Windgott Ehecatl-Quetzalcoatl, der Tempel für Tezcatlipoca, der Sonnentempel, der Ballspielplatz, das Schädelgerüst und die Wohnanlage oder Schule für die Priester. Der ganze Bezirk war von einer Mauer in Schlangenform umgeben. Außen, an der südlichen Seite der Mauer lag der Palast des Axayacatl, an der westlichen Mauerseite der Palast von Moctezuma II. Der Palast des Axayacatl war ungefähr 200 m lang und beherbergte das gesamte spanische Heer während der Eroberung. Der Palast des Moctezuma war zweistöckig und hatte drei Höfe. Genaueres über die Architektur ist nicht bekannt, da er zerstört und überbaut wurde und eine detaillierte Beschreibung fehlt. Von Alva Ixtlilxochitl besitzen wir aber eine Beschreibung des Palastes von Nezahualcóyotl in Texcoco, der

Tenayuca, der Doppeltempel der Chichimeken, der zeitlich vor dem aztekischen Haupttempel entstand, aber diesem sehr ähnelt

durchaus mit den Palastanlagen in Tenochtitlán vergleichbar ist. Der Palast von Nezahualcóyotl hatte 300 Räume, darunter den Thronsaal mit einem goldenen, türkisgeschmückten Thron, Gerichtssäle, Unterkünfte für die Garde, Räume für die Tributbuchhaltung etc. Das zeigt deutlich, dass der Palast des Herrschers gleichzeitig Wohnung, Regierungssitz, Gerichtshof und Verwaltungsgebäude war. Zu dem Palast des Nezalhualcóyotl gehörten große Gärten, Brunnenanlagen, ein Labyrinth und ein Zoo mit exotischen Tieren. Ein Innenhof des Palastes fungierte als eine Art Universität, wo vor allem Theologie, Geschichte, Philosophie und Dichtung gelehrt wurden. Texcoco war berühmt als Stadt der Kultur und Wissenschaft. Von Nezalhualcóyotls Palast ist heute nichts mehr erhalten, bis auf die Ruinen von Badeanlagen außerhalb der Stadt. Um das Zentrum herum hatten die Adligen ihre Häuser, etwas weiter entfernt davon die einfachen Bürger.

Über die bürgerlichen Häuser bzw. Wohnungen sind wir nicht sehr gut informiert. Sie waren einfacher als die Häuser in

Teotihuacán. Die durchschnittliche bürgerliche Familie lebte in einem aus einem Zimmer bestehenden einstöckigen Haus. Die einzige Ausstattung waren Schilfmatten als Betten und Sitzgelegenheiten. In der Mitte befand sich die Feuerstelle aus Steinen. Diverse Sachen wurden in Holzkisten aufbewahrt und an den Wänden befanden sich die Utensilien des Alltagslebens wie Küchengeschirr, Webstuhl, Pflanzstöcke sowie Jagd- und Fischfanggeräte und der Mahlstein für Mais. Die Häuser der Adligen waren zweistöckig, aber ansonsten nicht sehr pompös ausgestattet, und enthielten als Schläfstätte ebenfalls Schilfmatten. Die Häuser hatten keine Fenster und wurden durch Fackeln beleuchtet. Die Türen verriegelte man nicht, Diebstahl wurde streng bestraft. Die Häuser waren in Großfamilien-Einheiten zusammengefasst: Großeltern, Eltern und die verheirateten Kinder bewohnten jeweils ein Haus. Zu jeder dieser Einheiten gehörte ein Innenhof und ein Stück Land bzw. Garten *(chinampa)*.

Lebensgrundlage der Azteken waren die von Mais, Bohnen und Kürbis geprägte Landwirtschaft, ergänzt durch Jagd und Fischerei, und der Handel bzw. die Einziehung von Tributen aus den eroberten Gebieten. Die Bewohner Tenochtitláns selbst waren in der Regel Handwerker, während die Bauern im Umland der Stadt lebten. Wichtig war für die Azteken die Allzweckpflanze Agave, aus deren Fasern Kleider gefertigt wurden, deren Stacheln als Nadeln dienten und deren Saft *(pulque)* ein gegorenes alkoholisches Getränk lieferte. Es wurde der Pflanzstock verwendet, der sowohl als Schaufel als auch als Hacke diente. Kennzeichnend für die Landwirtschaft war die künstliche Bewässerung, vor allem das – bis heute noch eingesetzte – *Chinampa*-System bzw. die schwimmenden Gärten. Dabei wurde ein rechteckiges, in der Regel 100 m x 20 m großes Stück Ackerland an den Seiten mit einem Geflecht aus Zweigen versehen und an Bäumen befestigt. Im Stadtteil Xochimilco im Süden von Mexiko-Stadt bestehen immer noch solche schwimmenden Gärten. Als Jagdwild sind vor allem Kaninchen zu nennen, aber auch Rehwild und Vögel. Hund und Truthahn waren die einzigen Haustiere.

Normalerweise wurde Tauschhandel betrieben. Nur die Adligen und Händler verwendeten auch Geldmittel, nämlich Kakaobohnen, mit Goldstaub gefüllte Federkiele und kleine Kupferäxte. Alles wurde abgezählt, nicht gewogen. Für den Fernhandel waren die *Pochtecas*, die Kaufleute, zuständig, die ihre Waren auf den Märkten verkauften. Der bedeutendste und größte Markt war der in Tlatelolco, der Nachbarstadt Tenochtitláns, den der spanische Chronist Bernal Díaz del Castillo noch erlebte:

»Dort fanden wir eine unerwartet große Menge Menschen, zahlreiche Verkaufsstände und eine ausgezeichnete Ordnungspolizei. (…) Jede Warengattung hatte ihre Plätze. Da gab es Gold- und Silberarbeiten, Juwelen, Stoffe aller Art, Federn, Baumwolle und Sklaven. (…) Dann kamen die Stände mit einfacheren Waren (…). Ganz Mexiko bot hier seine Erzeugnisse an. (…) Da gab es Sisalstoffe, Seile und Strickschuhe. Dort wurden gekochte süße Yuccawurzeln und andere aus dieser Pflanze gewonnene Produkte angeboten. Es gab rohe und gegerbte Häute von Tigern, Löwen (…) und anderen Raubtieren. Wir fanden auch Stände, an denen Bohnen, Salbei und vielerlei andere Gemüse und Gewürze verkauft wurden. Es gab einen besonderen Geflügel- und Wildbretmarkt, einen für die Kuchenbäcker und einen für die Wursthändler. In den Ständen der Töpfer fanden wir von großen irdenen Gefäßen bis zum kleinsten Nachttopf alles. Wir gingen an Verkäufern von Honig, Honigkuchen und anderen Leckereien vorbei, an Möbel-, Holz- und Kohlenhändlern.« (Wahrhafte Geschichte der Entdeckung und Eroberung von Mexiko, Kap. XCII)

Der Herrscher und seine Untertanen – Gesellschaft und Alltagsleben

Moctezuma war um diese Zeit etwa vierzig Jahre alt. Er war groß und schlank, vielleicht etwas zu mager. Seine Haut war nicht braun; sie hatte nur einen leichten Schimmer des üblichen Indianerteints. Seine schwarzen Haare fielen in Locken über seine Ohren (…). Er trug einen schwachen, aber gutaussehenden schwarzen Bart. (…) Er hielt sehr viel von Reinlichkeit und badete jeden Abend. Neben einer Men-

ge Konkubinen, die alle Töchter von vornehmen Männern waren, hatte er zwei gesetzmäßige Gemahlinnen aus fürstlichen Häusern, die er aber nur heimlich besuchte. Unnatürliche Wollust war ihm fremd. Hatte er ein Kleid einen Tag getragen, dann zog er es erst nach vier Tagen wieder an. In den Sälen um seine Wohnräume standen immer zweihundert vornehme Männer bereit, um ihn zu bewachen und um ihm aufzuwarten. Er sprach aber nie mit ihnen. Sie nahmen seine Befehle entgegen, und er hörte ihre Meldungen an. Das war alles. Bevor sie sein Gemach betraten, mussten sie ihre vornehme Kleidung ablegen und ein geringeres, aber sauberes Gewand anziehen. Sie durften ihm nur barfuß und mit gesenktem Blick nahen. Niemand durfte ihm ins Gesicht sehen. Zu den drei Verbeugungen, die sie jedes Mal machen mussten, sagten sie aber: ›Gnädiger Herr! Gnädiger Herr! Erhabener gnädiger Herr!‹ Auch die Fürsten und die Großen, die aus dem Innern des Landes kamen, um Prozesse zu führen oder andere Geschäfte zu erledigen, mussten ihre Kleider wechseln und barfuß vor den Fürsten treten. Sie durften auch nicht gleich auf ihn zugehen, sondern mussten an den Türen wenigstens kurz anhalten, um ihre Ehrfurcht zu zeigen.

Zu jeder Mahlzeit servierten ihm die Köche mehr als dreißig Gerichte. Die Schüsseln wurden auf kleinen Kohlebecken warm gehalten. Dreihundert Schüsseln standen jeweils für Moctezuma bereit und tausend für die Leute, die bei ihm Dienst hatten. Er soll zuweilen mit seinem ersten Hofbeamten noch vor der Tafel in die Küche gekommen sein, um sich die besten Gerichte zeigen zu lassen. Man erzählt sich auch, dass man ihm als besonderen Leckerbissen Knabenfleisch vorgesetzt habe. Aber das lässt sich nicht nachprüfen.

So beschreibt Bernal Díaz del Castillo die Erscheinung des Aztekenherrschers Moctezuma II., dessen Gestalt, Auftreten und Prunk (Wahrhafte Geschichte der Entdeckung und Eroberung von Mexiko, Kap. XCI).

Die aztekische Gesellschaft gliederte sich in Adlige *(pipiltin)*, Priester, Krieger, Kaufleute, Handwerker, Arbeiter, Bauern und Leibeigene bzw. Sklaven. Der Herrscher *(tlatoani* = »der, der spricht«) entstammte dem Adel und alle Herrscher Tenochtitláns entstammten einer Familie. Beim Tod des Herrschers ging die Herrschaft nicht automatisch auf den Sohn über, sondern auf den Fähigsten, meist auf den Bruder, Neffen oder Enkel. Anders in der verbündeten Stadt Texcoco, wo der Sohn auf den Vater folgte. Der Herrscher in Tenochtitlán wurde aufgrund seiner Fähigkeit von einem Gremium gewählt, dem die Obersten von Stadt, Kriegsrat und Priester, angehörten. Sie wählten den »Rat der Vier«, dessen Mitglieder alle zur Herrscherfamilie gehörten und aus dem der neue Herrscher hervorging. Zum »Rat der Vier« gehörte neben dem Herrscher auch der *Cihuacoatl* (= »Schlangenfrau«), der nicht nur der Stellvertreter des Herrschers war, sondern der oberste Verwaltungsbeamte und Ratgeber des Herrschers. Als Kandidat für das Herrscheramt waren bestimmte Voraussetzungen zu erfüllen: Zunächst die strenge Erziehung am *Calmeac*. Bei der Erziehung des Herrschers wurde besonderer Wert auf korrektes Verhalten und Rhetorik gelegt. Für das Herrscheramt musste der Kandidat vorher eine Reihe staatlicher oder religiöser Ämter ausgeübt haben. So waren z. B. Ahuitzotl und Moctezuma zunächst als oberste Priester *(Cihuacoatl)* tätig. Noch wichtiger aber war, dass der zukünftiger Herrscher seine Fähigkeiten im Krieg unter Beweis stellte und das höchste militärische Amt des Generals *(tlacatecatl)* ausübte.

Während der Herrscher vor allem für die große Politik und die militärischen Eroberungen zuständig war, bestand die Aufgabe des *Cihuacoatl* in der Verwaltung. Über den *Tlatoani* sind wir – nicht zuletzt durch die spanischen Augenzeugen – gut informiert, über den *Cihuacoatl* wenig oder gar nicht. Das kann daran liegen, dass Moctezuma zur Zeit der Spanier eine absolute Herrschaft ausübte, wobei der *Cihuacoatl* seine früher bedeutende Stellung verloren hatte. Der *Tlatoani* war ein weltlicher Herrscher, kein Priesterfürst. Sein Palast war von dem kultischen Bezirk getrennt und der Kult wurde von den Priestern durchgeführt. Allerdings hatte der Herrscher nach wie vor auch die Funktion eines Mittlers zwischen dem Diesseits und dem Jenseits und insofern schrieb man ihm durchaus göttliche Eigenschaften zu.

Die Inthronisation des Herrschers war mit Opfern an die Gottheiten, vor allem dem Stammesgott Huitzilopochtli verbunden: Von Weihrauchopfern bis hin zu Menschenopfern. Der neue *Tlatoani* musste von den beiden anderen Herrschern des Dreierbundes, den Herrschern von Tacuba und Texcoco, offiziell bestätigt werden. Der Herrscher war in der Ausübung seiner Macht autonom, stützte sich aber in der Regel auf den Rat der entsprechenden Staatsdiener. Vor allem der religiöse Rat durch Priester spielte eine wichtige Rolle, wie das Beispiel Moctezuma II. zeigt, der in den Berichten der Chronisten abwertend als »abergläubig« dargestellt wurde. Wie in europäischen Herrscher- und Fürstenhäusern üblich, wurden auch im Aztekenreich Allianzen durch Heiraten eingeleitet und gefestigt. Der Herrscher hatte neben seinen Hauptfrauen eine Reihe von Nebenfrauen aus adligen Kreisen, aber auch aus der einfachen Bevölkerung.

Die Klasse der Adligen reichte von den Beamten (z. B. Richter, Gouverneure und Offiziere) über die Priester bis hin zum Herrscher der Azteken. Die Rangunterschiede basierten weniger auf Geburt als viel mehr auf Erfolg, vor allem im Krieg. Auch als Normalbürger konnte man z. B. durch besondere Verdienste im Krieg in den Adelsstand aufsteigen. Zur Zeit Moctezumas II. war dadurch die Zahl der Adligen so gewachsen, dass dieser den Aufstieg durch Verdienste einschränkte und wieder das Kriterium der Geburt in den Vordergrund rückte.

Äußerlich unterschieden sich die verschiedenen Gesellschaftsklassen durch Kleidung und Schmuck, genauer durch das Material, die Ausführung und auch die Art und Weise, wie die Kleidung getragen wurde. Die Männer trugen einen dreieckigen, an der Seite geknoteten Hüftschurz und einen Umhang, eine Art Decke, über der rechten Schulter geknotet. Die Frauen trugen einen um die Hüfte gewickelten Rock und ein ärmelloses Hemd *(huilpil)*. Darüber konnte auch – wie bei Männern – noch ein ponchoartiger Umhang getragen werden. Bei den Bürgern bestand die Kleidung aus Fasern der Agave- oder Yucca-Pflanze, beim Adel aus importierter Baumwolle.

Und ausschließlich der Herrscher und die höchsten Würdenträger knoteten den Umhang vor der Brust. Der Hüftschurz der Bürger durfte nicht über das Knie reichen wie beim Adel. Nur alten Kriegern war es erlaubt, mit einem längeren Hüftschurz ihre Narben der Kriegswunden zu bedecken. Auf Verstoß gegen die Kleiderordnung stand die Todesstrafe.

Auch die Ernährung war beim Adel und bei den übrigen Gesellschaftsschichten unterschiedlich. Hund, Truthahn, Kaninchen sowie Meerestiere und Schokolade als Delikatesse wurden von den Adligen gegessen. Der Bürger ernährte sich hauptsächlich von Maistortillas und Bohnen sowie Tieren aus dem See wie Fröschen, Garnelen oder Wasserfliegen. Leguane, Ameisen, Maguey-Würmer (die Mehlwürmern ähneln und noch heute zum Tequila serviert werden) galten für Adel und Bürger als Delikatesse.

Eine Klasse für sich waren buchstäblich die Kaufleute *(pochteca)*, die auf ihren weiten und gefahrvollen Reisen in fremde Gebiete meist auch als Spione fungierten und den *Tlatoani* sowohl über die beherrschten Gebiete und ihre Herrscher als auch die noch nicht eroberten Landesteile informierten. Die Kaufleute waren zwar reich, aber bemühten sich, diesen Reichtum nicht nach außen zu zeigen – um keinen Neid zu erregen. So trugen sie in der Öffentlichkeit äußerst einfache, ärmliche Kleidung. Kamen sie von einer erfolgreichen Handelsreise nach Hause, luden sie die Ware nicht im eigenen Haus, sondern heimlich nachts bei einem Bekannten ab. Andererseits waren sie gesellschaftlich hoch angesehen. Mit den Adligen und dem Herrscher feierten sie verschwenderische Feste von mehreren Tagen. Sahagún berichtet von einem solchen Fest, wie der Gastgeber einlud:

> »Alsdann breitete er seinen Besitz, sein Eigentum aus, um zu zeigen, was alles draufgehen solle, was alles für die Leute wünschenswert sei: Zuerst also brachte er reichlich Kakao herbei, Götterohr-Blüten, Körbe, Tontassen, Holzgerät, wohl auch Duftröhrchen, dass das in ihnen befindliche Kraut brenne; und jegliche Art Maisklöße ließ er herbringen. (…) Ihnen nun, den Amtsträgern, den Militärbefehlshabern, den Mannschaften, denen breitete er hin, in deren Händen

verschwanden Blumen, Tabak, Speisen und Kakao. Die also empfing er, hieß sie eintreten und sich setzen.

Und folgendermaßen waltete er seines Amtes, gab er den Leuten Tabak: Mit der rechten Hand brachte er den Tabak, damit der Gast ihn hier im Behälter, nicht in der Duftröhre nähme. Mit der linken Hand aber brachte er die Tabakschale. Zuerst also gab er den Tabak und sprach: ›Mein hoher Herr, hier ist ehrerbietige Gabe!‹ Gleich darauf brachte er ihm den Tabak zwischen den Fingern, legte ihn zurecht, dass er seinen Duft einsaugte; das versinnbildlichte das Wurfbrett oder auch den Wurfspeer, das Kriegsgerät, das Zeichen der Mannhaftigkeit.

Die Tabakschale aber versinnbildlichte den Rundschild, weil er ihn linkerhand herbeitrug, genau an seinem Ohr vorbei gab er sie ihm, stellte er sie vor ihn hin, gab sie ›Dem von Tlacatecco‹ oder ›Dem vom Speerhaus‹ oder dem Atempanecatl, dann allen anderen Hochgestellten und Kriegsherren oder Edelleuten, dann allen übrigen geladenen Menschen.« (Geschichtswerk, Buch IX,7)

Es folgten die Blumen, Speisen und als letztes der Kakao. Den Göttern wurde ein Dankesopfer, Wachteln und Weihrauch, dargebracht. Beim Trompetenklang tanzte und sang man, nachdem man den Rauschpilz genossen hatte.

Die breite Masse der aztekischen Gesellschaft bestand aus Bauern, Arbeitern *(macehualtin)* und Handwerkern. Die Bewohner Tenochtitláns waren in der Regel Handwerker, die Bauern siedelten außerhalb im Umland und in den Nachbarorten der Stadt. Einen hohen Rang innerhalb der Handwerker nahmen die Kunsthandwerker und Hersteller von Luxusartikeln ein, wie Gold- und Silberschmiede, diejenigen, die Federarbeiten herstellten oder Edelsteine bearbeiteten, sowie die Steinmetze und Buchmaler. Tenochtitlán war aufgeteilt in vier Stadtteile, die jeweils von einem *Calpulli* bewohnt wurden. Ein *Calpulli* war ursprünglich eine Verwandtschaftsgruppe (Großsippe, Clan), später aber auch eine bestimmte Gruppe von Handwerkern, die in einem Viertel zusammenlebte. Ein *Calpulli* zählte jeweils circa 1500 bis 2500 Mitglieder.

Die unterste gesellschaftliche Schicht bildeten die Sklaven bzw. Leibeigenen. Anders als in der Alten Welt wurde man in der aztekischen Gesellschaft nicht als Sklave geboren, das Töten von Sklaven war verboten und galt als Mord. Sklaven konnten nicht gegen ihren Willen verkauft werden. Sklave wurde man z. B. aufgrund von Spielschulden oder von Strafen. So wurde ein Dieb, wenn man ihn fasste, zum Sklaven des Bestohlenen, der ihn auch verkaufen konnte – zum Preis des gestohlenen Gutes. Diese Praxis ersetzte das bei den Azteken unbekannte Gefängnis. Notzeiten wie Hungersnöte konnten einen ebenso zum Sklaven machen: Entweder man verkaufte sich selbst oder die Familie verkaufte jemanden als Sklaven, um so überleben zu können. In Notzeiten kam es nicht selten vor, dass Eltern ihre Kinder verkauften. Das sicherte ihnen selbst das Überleben und der neue Besitzer der Kinder war verpflichtet, diese zu ernähren, einzukleiden und gut unterzubringen. Tat er dies nicht, wurde er bestraft.

Geburt, Heirat, der Eintritt ins Mannesalter und der Tod waren die wichtigsten Ereignisse im Leben. Die Geburt hatte für die Azteken eine ähnliche Bedeutung wie der Krieg: Der erste Schrei des Neugeborenen galt als Kriegsruf und im Kindbett gestorbene Frauen erwartete nach aztekischer Vorstellung der gleiche Himmel wie im Kampf gefallene Krieger, nämlich Tonatihilhuiac, das Paradies des Sonnengottes. Nach der Geburt ihres Kindes befragten die Eltern einen Wahrsager, um zu erfahren, ob der Tag der Geburt bzw. das Kalenderzeichen dieses Tages günstig für das zukünftige Leben sei oder nicht. Standen die Zeichen schlecht, konnte man Abhilfe schaffen, indem man den Tag der Taufe auf einen Tag mit günstigen Zeichen verlegte, Opfer darbrachte oder sich bemühte, ein gutes Leben zu führen. Die Taufe konnte am Tag der Geburt oder innerhalb von vier Tagen nach der Geburt vollzogen werden. Mit vier Jahren begann für das Kind aus einfachen Familien die Schule, für Kinder des Adels etwas später. Von Texcoco ist bekannt, dass es für Jungen und Mädchen des Adels getrennte Schulen gab. Die Mädchen wurden von Frauen des Adels in Hauswirtschaft wie Kochen, aber auch Weben und Ähnlichem unterrichtet. In den Schulen für die Jungen des Adels *(Calmecac)* wurden diese in Politik, Recht, Religion, Astrologie und Schrift unterwiesen. Daneben gab es eine praktisch orientierte Ausbildung in Kriegstechniken, in Kunsthandwerk und Musik. Zur Schulausbildung gehörte auch das Verrichten einfacher Arbeiten und korrektes Verhalten bzw. soziale Kompetenz, wie wir heute sagen würden.

Von der Geburt bis zum Tod war das Leben der Azteken durch strenge Gesetze und Strafen gekennzeichnet. Generell waren die Strafen für Adlige strenger als für Bürger. Bei Trunkenheit oder schlechtem Benehmen mussten Adlige direkt mit der Todesstrafe rechnen, für die Bürger dagegen gab es zunächst eine Verwarnung und die Haare wurden geschoren, erst bei Wiederholung erfolgte die Todesstrafe. Der Alkoholgenuss war nur den Alten und bei religiösen Festen erlaubt.

Frauen heirateten üblicherweise im Alter von 14 Jahren, die Männer im Alter von 20 bis 30 Jahren – wohl weil sie vor einer Familiengründung noch Tätigkeiten wie Kriegsdienst etc. erfüllen mussten. Hochzeit und Ehe liefen nach festen Regeln ab. Für das Datum der Hochzeit ließ man durch einen Wahrsager einen entsprechend günstigen Tag ermitteln. Dem Vollzug der Ehe gingen vier Gebetstage voraus. Die Hochzeit wurde mehrere Tage lang mit einem Festessen gefeiert. Weitere Riten waren die Verknotung der Kleider von Braut und Bräutigam, wobei die Bluse der Braut mit dem Umhang des Bräutigams verknotet wurde, und das anschließende Zusammensitzen beider beim Herdfeuer. So werden die Brautpaare auch in den Bilderhandschriften gezeigt. Auf Ehebruch stand die Todesstrafe, sowohl für den Mann als auch für die Frau. Allerdings war für die Bestrafung die Aussage eines neutralen Zeugen als Beweis notwendig; die Anklage des betrogenen Ehemanns allein galt nicht. Adlige hatten oft mehrere Frauen oder Konkubinen und galten daher als besonders fruchtbar. Auch Freudenmädchen waren den Azteken nicht unbekannt, wie Sahagún berichtet:

>»Sie trägt den Kopf hoch, ist barsch-abweisend; sie ist dem Trunk ergeben; andauernd kaut sie Tzictli-Harz, andauernd ist sie rauschkraut-benommen und immer genießt sie Rauschpilze. (…)
>
>Sie winkt den Männern, ruft sie mit den Augen heran, spricht mit den Augen zu ihnen, sieht nur mit einem Auge zu ihnen hin, sieht sie so an, als ob das andere ausgelaufen wäre; verständnisvoll blin-

zelt sie die Männer an, ruft sie mit der Hand. Sie bringt sich in üblen Ruf mit ihrem Lachen, ihrem ewigen Lachen, mit ihren Späßen, ihrer ewigen Spaßmacherei.« (Geschichtswerk, Buch X, 15)

Mit 52 Jahren hatte man nach aztekischer Vorstellung das Ruhestandsalter erreicht bzw. den für die Azteken bedeutsamen Jahreszyklus von 52 Jahren vollendet. Man war nun befreit von Dienstverpflichtungen, musste keine Steuern mehr zahlen und durfte sich betrinken. Ältere Menschen waren aufgrund ihrer Lebensweisheit geachtet.

»Blumenkriege« – die Kriege der Azteken

Der Krieg spielte für die Azteken eine wichtige Rolle. Es bestand eine allgemeine Wehrpflicht, von der nur die Kunsthandwerker und die Kaufleute ausgenommen waren. Der einfache Krieger war mit einem ärmellosen Baumwollpanzer ausgerüstet, der durch Salzwasser gehärtet und so gegen Pfeilspitzen sicher war. Die Kleidung des Offiziers war aufwendiger, mit Helm bzw. Kopfschmuck in Form eines Tier- oder Götterkopfes. Die Offiziere waren mit Waffenschilden aus Flechtwerk und Leder, verziert mit farbigen Federmosaiken, ausgerüstet. Ferner waren am Rücken leichte Rohrgestelle mit Federn am Ende befestigt, die wie Standarten im Kampf den eigenen Leuten und dem Feind anzeigten, wo sich die Befehlshaber befanden. Die wichtigste Waffe war eine schwertartige Holzkeule, die an den Schmalseiten mit scharfen Obsidianklingen versehen war. Nach Aussagen der Spanier konnte ein Krieger mit einer solchen Keule einem Pferd mit einem Schlag den Kopf abtrennen. Außerdem wurde mit Lanzen und Speeren mit Spitzen aus Obsidian oder Feuerstein gekämpft. Die Speere schleuderte man mit dem *Atlatl*, einer Art verlängertem Speergriff, der den Wurf des Speeres verlängerte und verstärkte. Adlige konnten in den Kriegerorden der Adler oder der Jaguare eintreten. Ihre Kleidung stellte dann das Wappentier – Adler oder Jaguar – dar und entsprechend hatte der Helm die Form eines Adler- oder Jaguarkopfes. Für die Bürger gab es den *Qachic-* und den *Otomí-*Orden. Im Kampf versuchte man zwar auch den Feind zu töten, mehr aber noch ihn lebend gefangen zu nehmen. Denn Kriegsgefangene dienten als Menschenopfer für die Götter. Nicht nur, aber vor allem deshalb hatte der Krieg einen religiösen Hintergrund. Dies zeigt sich auch am einzigartigen Phänomen der »Blumenkriege«. Dies waren Kriege ritueller Art, die mit den Nachbarstädten im Hochtal von Mexiko, wie z. B. Huexozinco, Tlaxcala und Chalco, geführt wurden und bei denen es nicht um kriegerische Auseinandersetzungen ging, sondern vor allem darum, Gefangene für die Menschenopfer zu bekommen. Die Vorteile für beide Seiten dabei waren, dass man ohne große Kriege in der Ferne schnell zu Nachschub an Menschenopfern gelangte und dass außerdem die Krieger trainiert wurden. Heute bezweifeln allerdings einige Wissenschaftler, dass es diese Blumenkriege je gegeben hat. Kriegsgefangene zu machen, war eine Voraussetzung für jeden männlichen Azteken, ob Bürger oder Adliger, um zum Mann zu werden. Vor allem Moctezuma I. betonte die Notwendigkeit des Krieges für die Azteken und befahl, allen, die sich dem Krieg entzögen, die Privilegien der Kriegsteilnahme abzusprechen, wie z. B. Baumwollkleidung, Federschmuck, gutes Essen etc. und sie stattdessen zu niedriger Arbeit zu verpflichten. Jeder Herrscher musste vor seiner Inthronisation seine Fähigkeit und Kriegstüchtigkeit nachweisen, indem er Eroberungen und Kriegsgefangene machte. Zudem bezogen die Herrscher aus den eroberten Gebieten Tribute, womit sie ihren aufwendigen Lebensstil finanzierten.

Die Bezeichnung »Aztekisches Reich« ist insofern nicht ganz korrekt, als sie von der Alten Welt geprägt ist und die aztekische Herrschaft sich davon wesentlich unterschied. Das aztekische Herrschaftsgebiet setzte sich mosaikartig aus kleinen Stadtstaaten und Fürstentümern zusammen, die den Azteken unterworfen waren, indem sie ihnen Tribute leisteten. Das Mosaik war nicht vollständig, es gab weiße Flecken, nämlich Gebiete, die den Azteken nicht tributpflichtig waren, wie

z. B. Tlaxcala. In den eroberten Gebieten gab es kein stehendes Aztekenheer. Nur eine kleine Gruppe von Kriegern war immer zum militärischen Einsatz abrufbereit.

Die Herrscher der eroberten Gebiete wurden in der Regel in ihrer Regierung belassen und ehrenvoll behandelt. Es kam auch vor, dass sie in die Herrscherfamilie Tenochtitláns einheiraten konnten. Nur ausnahmsweise wurden in eroberten Gebieten Herrscher ausgetauscht oder die Bevölkerung evakuiert und durch aztekische Einwohner ersetzt. Dies geschah z. B. unter Moctezuma I., der in Oaxaca eine Siedlung mit ca. 600 aztekischen Familien gründete, oder unter Ahuizotl, der an der Grenze zum Gebiet der Tarasken die Orte Oztoma und Alahuiztla dem Erdboden gleichmachte, alle Einwohner massakrierte und die Gebiete mit 2000 Azteken wieder bevölkerte. Statt aztekischer Herrscher oder aztekischer Soldaten setzte man in den besiegten Stadtstaaten Steuer- bzw. Tributeinnehmer ein. Die Tribute bestanden meistens aus Lebensmitteln, Handels- und Luxusartikeln wie Federn exotischer Vögel, Jaguarfellen etc. Grenzgebiete hatten für Waffen und Krieger zu sorgen und Völker an den Marschrouten der Armee für Lebensmittel, Waffen und Krieger. In den meisten Fällen funktionierte das Tributsystem, denn bei Nichtablieferung des Tributes drohten strenge Strafen. Die Spanier berichteten von aztekischen Tributeinnehmern in den eroberten Gebieten, die nicht bewaffnet, sondern nur mit ihren Amtsinsignien, einem Stab und einem Blumenstrauß, ausgerüstet waren. Allerdings gab es auch Ausnahmen, wie z. B. die Stadt Cotaxtla im heutigen Bundesstaat Veracruz, die den Aufstand versuchte, aztekische Steuereinnehmer tötete und mehrmals von den Azteken erobert werden musste. Insgesamt bestand das aztekische Tributsystem aus 38 Provinzen. Jede dieser Provinzen hatte ihren Herrscher bzw. *Tlatoani* und war wiederum in Gebiete mit eigenem Verwalter bzw. *Tecuhtli* (»Herr«) unterteilt. Im Grunde war Tenochtitlán ein Stadtstaat, dessen Herrschaftsbereich zwar weit reichte, aber dessen Kultur auf Tenochtitlán beschränkt blieb und den Unterworfenen nicht aufgezwungen wurde. Entsprechend sind auch die heutigen ar-

chäologischen Funde der aztekischen Kultur nicht sehr zahl-
reich und auf Tenochtitlán und das Hochtal von Mexiko
beschränkt.

»Blume und Gesang« –
Dichtung und Philosophie der Azteken

So werde ich also gehen müssen, wie die Blumen verwelken?
Nichts wird übrigbleiben von meinen Namen?
Bleibt keine Erinnerung an mich auf dieser Erde?
Wenigsten Blumen, wenigstens Gesang![19]

Dieses Zitat aus den *Cantares Mexicanos*, den »altmexikanischen« bzw. aztekischen Gesängen, ist nur ein Beispiel für
»Blume und Gesang«, wie die Azteken die Poesie nannten, und
für ihre Philosophie. Die Sammlung der Gedichte in den *Cantares Mexicanos* wurde zwischen 1430 und 1519 niedergeschrieben, ihr Ursprung geht aber auf vorspanische Zeit zurück. Die
Gedichte zeigen die Suche nach einer philosophisch und nicht
mehr mythisch-religiösen Erklärung und Sicht der Welt und
des Lebens. Sie zeigen sogar deutliche Skepsis und Zweifel an
der Religion. Thema sind Ursprung und Wesen der Welt, des
Menschen, des Jenseits und des Göttlichen. Geht man davon
aus, dass die hauptsächliche Aufgabe der Philosophie die me-
thodische Reflektion über grundlegende Fragen der menschlichen Existenz, der Welt und des Kosmos sowie deren Ursprung, Sein und Ziel ist, so kann man mit vollem Recht von
einer Philosophie bei den Azteken sprechen. Auch Sahagún
spricht in seinem Geschichtswerk von Philosophen und Weisen *(Tlamatini)*. Und Fernando de Alva Ixtlilxóchitl betont die
Aufgaben des Philosophen als Universalgelehrten:

> »Und schließlich, die Philosophen und Weisen, die es unter ihnen
> gibt, es ist ihre Aufgabe, alle Wissenschaften, die sie beherrschen,

---

19 Zit. in DuMont-Verlag (Hg.): Azteken, 2003, S. 70.

darzustellen und alle Gesänge auswendig zu lehren, die ihre Wissenschaften und Geschichte beinhalten; alles das, was die Zeit änderte mit dem Fall der Könige und Fürsten und mit den Arbeiten und Verfolgungen ihrer Nachkommen (…).« (Obras Historicas II,18; dt. U. P.)

Viele Texte der aztekischen Dichtung sind anonym verfasst. Nezahualcóyotl und Nezahualpilli sind die bekanntesten einer Reihe von Autoren, deren Namen wir kennen. Als Dichter traten auch einige andere Herrscher auf, so Moquíhuix aus Tlatelolco, Totoquihuatzin I. aus Tlacopan, Xayacamachtzin aus Tizatlan, Tochihuitzin Coyolchiuhqui, Herrscher von Teotlalzinco oder Axayacatl aus Tenochtitlán und – als einzige Frau – Macuilxochitzin. Themen in dieser Dichtung sind neben der Vergänglichkeit des Lebens und der Allgegenwärtigkeit des Todes der hohe Wert der Kunst und des Krieges. Vor allem bei den Dichtern aus Tenochtitlán steht thematisch der Krieg im Vordergrund. Als Philosophen sind besonders zu erwähnen: Totoquihuatzin I. aus Tlacopan, Ayocuan Cuetzpaltzin aus Tecamachalco und Tochihuitzin Coyolchiuhqui aus Tenochtitlán, Herrscher von Teotlalzinco und Sohn des aztekischen Herrschers Itzcoatl, der sich mit der Wirklichkeit, der Vergänglichkeit und dem Sinn des menschlichen Lebens (das »Leben als Traum«) beschäftigte.

Nezalhualcóyotl (1402–1472), dem die Gründung des Dreibundes zu verdanken ist, war nicht nur ein fähiger Herrscher und Krieger, sondern ein ebenso fähiger Architekt, Dichter, Gesetzgeber, Theologe und Philosoph. Er machte Texcoco berühmt als Stadt der Kultur und Wissenschaft. In den letzten Lebensjahren, als er Krieg mit Chalca führte, zog er sich in seine Sommerresidenz in der Nähe von Texcoco zurück und fastete 40 Tage, um dabei über den Sinn des Lebens nachzudenken und Buße zu tun. Nach den 40 Tagen erhielt er die Nachricht, dass die Acolhua den Krieg gegen Chalca gewonnen hatten und seine Frau Azcalxochitzin einen zweiten Sohn und einen Nachfolger geboren hatte, Nezahualpilli, der seinem Vater in vieler Hinsicht ebenbürtig war. Nezahualcóyotl beschäftigte sich nach seiner Fasten- und Bußzeit als Philosoph und

Theologe vor allem mit der Frage nach der Vergänglichkeit des Lebens, dem Tod, nach dem wirklich Wahren und nach Gott. Im Vordergrund stand für ihn die Verehrung einer Gottheit, die er in seinen Gedichten Ipalnemoani (»der, durch den wir leben«) nennt (bekannt auch als Ometecuhtli). Er errichtete für diese Gottheit einen Tempel ohne irgendein Bild oder eine Statue und lehnte die Verehrung der anderen Götter sowie Menschenopfer ab. Die Gesänge Nezahualcóyotls sind in den *Cantares Mexicanos* und in den *Romances de los Señores de Nueva España* (»Romanzen der Herren von Neuspanien«) enthalten. Letztere wurden wahrscheinlich von Juan Bautista de Pomar (1535 bis ca. 1601) zusammengestellt. Im Folgenden sei ein Beispiel daraus zitiert: der *Gesang von der Flucht* von Nezahualcóyotl, als er sich auf der Flucht vor dem Herrscher Azcapotzalcos befand:

> »Umsonst bin ich geboren,
> umsonst habe ich verlassen
> das Haus des Gottes, um zur Erde zu kommen.
> Ich bin ein Notleidender!
> Ach, wäre ich wahrlich nie gegangen
> Und wäre ich nie auf die Erde gekommen. (…)
> Was mache ich?
> Oh Herrscher, die ihr hierhin gekommen seid! (…)
> Ist es war, dass wir uns freuen,
> auf der Erde zu leben?
> Es ist nicht gewiss, dass wir leben und gekommen sind,
> um uns auf der Erde zu erfreuen.
> Wir sind alle Notleidende. (…)
> Ich bin gekommen, um Kummer zu erfahren,
> in der Nähe und an Deiner Seite, Schöpfer des Lebens.
> Ich suche nach unseren Freunden
> und erinnere mich an sie.
> Kommen sie noch einmal wieder,
> werden sie noch einmal zurückkommen, um zu leben?
> Wir leben nur einmal,
> wir sind nur einmal hier auf Erden.

Dass ihre Herzen nicht leiden,
in der Nähe und an der Seite des Schöpfers des Lebens.«[20]

»Sind unsere Götter auch gestorben« –
Missionare als Völkerkundler

> *Der Arzt kann dem Kranken keine Medikamente verordnen,*
> *ohne zunächst zu wissen, aufgrund welcher Körpersäfte*
> *und Ursachen die Krankheit entstanden ist. Daher ist es*
> *wünschenswert, dass der gute Arzt in den Kenntnissen der*
> *Medikamente bewandert sei, um auf diese Weise für jede*
> *Krankheit das ihr entsprechende Gegenmittel anzuwenden.*
> *Die Prediger und Beichtväter sind Ärzte der Seelen, um*
> *seelische Krankheiten zu heilen.*

So die Worte des bekanntesten Missionars in Mexiko und des ersten, auf dem die Bezeichnung Ethnologe bzw. Völkerkundler zutrifft: Fray Bernardino de Sahagún (Geschichtswerk, Prolog).

Am Anfang der Missionierung stand zunächst die Zerstörung der aztekischen Tempel und Götterbilder. Der erste Bischof von Mexiko, Zumárraga, schrieb 1531 stolz: »(…) 500 Tempel, die man eingerissen hat, und mehr als 20 000 Götzenbilder, die zertrümmert und verbrannt wurden.« Darüberhinaus wurden auch viele wertvolle Codices vernichtet. Die Pyramiden verwendete man als Steinbruch für den Bau der Kirchen und Klöster, die oft direkt auf oder neben den ehemaligen Tempeln erbaut wurden – von den zu dieser Arbeit gezwungenen Indianern. Doch nicht nur diese Zerstörungen geschahen gewaltsam, man schreckte auch vor körperlichen Strafen wie Auspeitschen und sogar Hinrichtungen nicht zurück, um zu verhindern, dass die Indianer weiter ihre »heidnische« Religion ausübten. Ein Enkel Nezahualcóyotls, Ometochtzin (mit spanischen Namen »Don Carlos«), war das bekannteste Opfer der Inquisition, das die Rückkehr zur indiani-

---

20 *Romances de los Señores de Nueva España,* zit. in León-Portilla, Miguel: *Cantos y crónicas del México antiguo,* Madrid 1986, S. 164 f. (dt. von U. P.)

schen Religion 1539 mit dem Tod büßen musste. Erst im 17. Jahrhundert wurden Kirchengefängnisse abgeschafft.

Auf der einen Seite zerstörte zwar die spanische Mission sehr viel von den indianischen Kulturen, andererseits verdanken wir den spanischen Missionaren ausführliche Beschreibungen dieser Völker. Zu nennen sind hier als die berühmtesten Beispiele für die aztekische Kultur Fray Bernadino de Sahagún, Gerónimo de Mendieta, Fray Toribio de Benavente, genannt Motolinía, Diego Durán und Juan de Torquemada. Ihre Berichte und Beschreibungen sollten dazu dienen, mehr über die Indianer und vor allem ihre Religion zu erfahren, um sie so besser missionieren zu können.

Bernardino de Sahagún, 1499 oder 1500 in Spanien geboren, kam als Franziskanermönch 1529 nach Mexiko und blieb dort bis zu seinem Lebensende 1590. Zur Zeit seiner Ankunft in Mexiko-Stadt hatten die Franziskaner dort und in der Umgebung schon mehrere Ordenskollege bzw. Schulen gegründet. In diesen Schulen unterrichtete man Söhne der aztekischen Elite, um sie zu Priestern bzw. Ordensgeistlichen auszubilden. Aber dagegen leisteten schon bald die spanischen Kolonisten und der weltliche Klerus Widerstand. Die Folge war ein Verbot, Indianer zu Priestern zu weihen. Nicht zuletzt befürchtete man eine zu große Konkurrenz von Seiten der durch Schulausbildung geförderten Indianer. So sank das einst berühmte Kolleg Santa Cruz in Tlatelolco (heute ein Stadtteil Mexiko-Stadts) auf das Niveau einer einfachen Missionsschule herab.

Sahagún beginnt seine Arbeit in Tlalmanalco, wo er die Sprache der Azteken, das Náhuatl, erlernt. Dann wechselt er 1536 in das Ordenskolleg Santa Cruz in Tlatelolco, wo er die Azteken in Latein unterrichtet. Sein Mitbruder Motolinía, der ein Buch über die aztekische Kultur schreiben will und später auch der Ordensobere Fray Francisco Toral veranlassen Sahagún, Material über die aztekische Kultur und Sprache zu sammeln. Daraufhin widmet sich Sahagún von 1547 bis 1575 ethnografischen Studien. Er befragt dabei ausführlich aztekische Informanten, zwölf führende Älteste von Tlatelolco sowie vier seiner Schüler vom Kolleg Santa Cruz. So entstand ein

umfangreiches Werk von zwölf Büchern in aztekischer Sprache, aufgeschrieben in lateinischer Schrift, das in seiner Art
die Methoden der modernen ethnologischen Feldforschung
und Fragebogen vorwegnahm. Denn die aztekischen Informanten wurden in einer Art Fragebogenkatalog zu Themen
wie Religion, Mythologie, Sitten und Gebräuche, Feste, Kalender und Astrologie, Familie und Verwandtschaft, Erziehung,
Kunst und Wissenschaft, Literatur, Alltagsleben und Geschichte befragt. Diese Dokumentation ist als Kopie mit dem
Namen Codex Florentino erhalten. Davon zu unterscheiden ist
das zweite Werk Sahagúns, nämlich seine Zusammenfassung
und Kommentierung dieser ersten Dokumentation in spanischer Sprache mit dem Titel »Allgemeine Geschichte der Angelegenheiten Neuspaniens«.

Aber zunächst verschwand das Werk Sahagúns und wurde
erst im 19. Jahrhundert wiederentdeckt. Wurde 1550 noch die
Sprachvermittlung – und somit auch Sahagúns Arbeit – offiziell von der Kolonialverwaltung gefördert, wendet sich bald
das Blatt: 1575 werden alle Schriften in Indianersprachen als
ketzerisch von der Inquisition verboten. 1577 wird eine Abschrift des Werkes Sahagúns von dem Ordensoberen Sequera
an den Vizekönig übersandt. Diese Abschrift verschwindet
und Sahagún soll das gesamte Material seines Werkes vernichten. Aber weder Sahagún noch Sequera – inzwischen Zensor
der Inquisition in Mexiko – halten sich an die Anweisung. Im
Gegenteil, Sequera fordert Sahagún auf, eine neue Abschrift
zu erstellen, die Sequera 1580 mit nach Spanien nimmt. Sie landet später in der Medici-Bibliothek in Florenz und ist heute,
wie bereits erwähnt, als *Codex Florentinus* bekannt. Erst 1879
wird sie wiederentdeckt und 1888 berichtet Eduard Seler auf
dem Amerikanistenkongress in Berlin darüber und ihm verdanken wir auch eine Teilübersetzung ins Deutsche.

Begann Sahagún seine umfangreiche Arbeit, um wie der
Arzt die Krankheiten bzw. die »heidnische« Religion zwecks
besserer Behandlung kennen zu lernen, so wuchs während
der Arbeit seine Bewunderung und sein Verständnis für die
indianische Kultur und ihre Leistungen. Ähnlich erging es

den anderen Chronisten und Ethnografen der aztekischen Kultur, ebenfalls wie Sahagún Ordensgeistliche: Gerónimo de Mendieta (1525–1550), Toribio de Benavente, genannt Motolinía (gest. 1569), Diego Durán (1537–1588) und Juan de Torquemada (1563–1624). Sie alle gingen von der Voraussetzung aus, dass nur durch die Kenntnis der Kultur und Religion der Indianer ein Zugang zu ihnen möglich sei und die meisten dieser Autoren lernten dabei die indianische Kultur zu schätzen.

Die erste Schwierigkeit der Missionierung war die sprachliche Verständigung, denn die Mönche mussten erst das Nahuatl erlernen. Die Übersetzung bestimmter christlicher Begriffe in die Indianersprachen, wie z. B. »Hölle« als Bestrafungsort, war oft unmöglich. Ein Beispiel der praktischen Schwierigkeiten, denen sich die Missionare gegenüber sahen, war die bei den Indios übliche Vielehe, d. h. die Frage, wie die Ansprüche und Positionen der ehemaligen Ehefrauen und der jetzigen Ehefrau eines Indios zu handhaben waren. Diese Situation wurde natürlich von den Indianern auch gerne genutzt, sich aller »alten« Ehefrauen zu »entledigen« und an ihrer Stelle eine junge, neue Frau zu nehmen.

Nicht zuletzt durch die Missionierung ging das Wissen der Priester, vor allem die astrologischen Kenntnisse und die indianische Theologie, verloren. Erhalten hat sich bis heute die indianische Volksreligion, die einen Synkretismus, eine Vermischung mit dem Christentum einging. Dies erkannten auch aztekische Priester in einem berühmt gewordenen Gespräch mit Franziskanermönchen im Jahre 1524: »Wir sind Untertanen, wir sind vergänglich, wir sind sterblich; lasst uns denn sterben, lasst uns denn zugrunde gehen, sind doch die Götter auch gestorben.« (Colloquios, 6. Kap.)

»Diese Ding sind alle köstlich gewesen« – die Wiederentdeckung aztekischer Kultur

Diese ding sind alle köstlich gewesen, das man sie beschäczt vmb hundert tausend gulden werth. Und ich hab aber mein lebtag nichts gesehen, das mein hercz also erfreuet hat als diese ding. Dann ich hab darin gesehen wunderliche künstliche ding und hab mich verwundert der subtilen jngenia der menschen jn frembden landen.

So Albrecht Dürer („Niederländisches Tagebuch", 1522), nachdem er die erste Ausstellung aztekischer Kultur und Kunst in Brüssel 1520, noch ehe Mexiko erobert worden war, besucht hatte. Der Eroberer Hernán Cortés schickte dem spanischen König mehrmals Sendungen aztekischer Kunstwerke, Gold- und Edelsteinobjekte. Zwecks seiner Verteidigung reiste Cortés nach der Eroberung zweimal selbst nach Spanien und nahm einige aztekische und tlaxcaltekische Häuptlinge sowie eine Reihe von Beispielen der Flora, Fauna, Metalle und Gesteine Mexikos und aztekische Kunstwerke mit. Das Schicksal dieser Objekte war sehr unterschiedlich. Durch Geschenke und durch Ankauf gelangten die mexikanischen Kunstwerke in die Kunstkammern und Kuriositätenkabinette von Herrschern und Adligen. Tausende aztekische Kunstwerke waren nach Europa gelangt, ein Zehntel davon ist in den Kunstkammern des 16. Jahrhunderts nachweisbar und davon hat sich wiederum nur ein Zehntel bis heute erhalten. Gründe dafür waren nicht nur die ständigen »Wanderungen«, sondern auch Diebstahl, das Einschmelzen der Gold- und Silberobjekte und die Anfälligkeit der Federschmuck- und Kleidungsstücke gegenüber Ungeziefer (kein einziges Kleidungsstück aus Baumwolle ist erhalten geblieben). Erst im 19. Jahrhundert wurde der »Wert« der aztekischen Kunst wiederentdeckt. Aber die letztlich degradierende Zuordnung altmexikanischer Kunst zu völkerkundlichen Sammlungen in der Alten Welt ist bis heute geblieben, während man beispielsweise der altägyptischen oder den altorientalischen Kulturen mit der Einordnung »Alte Kulturen« in den Museen einen höheren Eigenwert zugesteht. Was nach Europa gelangte, war nur ein kleiner Teil der »Beute«. Die meisten Zeugnisse der indianischen Kulturen wurden direkt nach der Eroberung durch Missionseifer zerstört. Danach gerieten die indianischen Hochkulturen buchstäblich in Vergessenheit.

Ende des 18. Jahrhunderts erfolgte zunächst die Wiederentdeckung der aztekischen Kultur, etwas später die der Maya-Kultur. So fand man 1790 bei Pflasterarbeiten auf dem Zócalo in Mexiko-Stadt eine große Steinskulptur der aztekischen Göttin Coatlicue, der Mutter des Stammesgottes Huitzilopochtli; ferner einen großen Stein in Form eines Rades, heute bekannt als aztekischer »Sonnenstein« bzw. Kalender der Azteken, und schließlich den »Opferstein« des Tízoc – die heute alle Exponate des MNA sind. Der damalige aufklärerisch eingestellte Vizekönig befahl glücklicherweise den Schutz dieser Objekte. Die Skulptur der Coatlicue erregte auch bei den Indianern Aufsehen und Ehrfurcht, sie legten Opfergaben vor ihr nieder, und um dies zu verhindern, wurde sie wieder in der Erde vergraben. Der Mexikaner Antonio León y Gama (1735–1802) erstellte eine Liste weiterer archäologischer Funde in der Stadt Mexiko. 1803 kam Alexander von Humboldt (1769–1859) nach Mexiko und wurde – ebenfalls durch den Sonnenstein angeregt – zum Pionier der Wissenschaft des Alten Mexiko schlechthin. 1813 gab er zunächst einen Bildband der archäologischen Funde in Mexiko heraus. Er beschäftige sich aber auch mit der aztekischen Sprache, der Frage nach dem Ursprung der aztekischen Kultur und ihrer Einordnung. Angeregt durch Humboldts Bildband unternahm im Auftrag des spanischen Königs Karls IV. Guillermo Joseph Dupaix (1746–1818) von 1805 bis 1808 drei Forschungsreisen, um eine erste Bestandsaufnahme der archäologischen Stätten und Funde in ganz Mexiko vorzunehmen. Antonio León y Gama, Humboldt, Dupaix und ebenso Ciriaco Gonzáles Carvajal (1745–1811) sind auch die ersten, die mexikanische Kunstobjekte zu wissenschaftlichen Zwecken sammelten. Der Engländer William Bullock (1773–1849) veranstaltete 1824 in London die erste bedeutende Mexiko-Ausstellung. Im Zusammenhang damit wurde auch die in der Erde vergrabene Statue der Coatlicue wieder ans Licht geholt und gleich wieder zum Objekt indianischer Verehrung. Der Schweizer Lukas Vischer (1780–1840), der Spanier José Mariano Sánchez y Mora und der Deutsche Carl Adolf Uhde (1792–1856) legten im 19. Jahrhundert umfangreiche und bedeutende Sammlungen mexikanischer Kunstwerke an, die später größtenteils in die europäischen Museen (British Museum, Louvre und die Museen für Völkerkunde in Basel, Wien und Berlin) gelangten.

In Mexiko-Stadt gründete man 1825 ein »Nationalmuseum« am Zócalo, machte es aber erst 1887 der Öffentlichkeit zugänglich. Heute befindet sich das »Nationalmuseum für Anthropologie« in dem 1964 eröffneten Neubau im Chapultepec-Park. 1940, im letzten Regierungsjahr des indianischen Präsidenten Lázaro Cárdenas, fand eine »Interamerikanische Indianerkonferenz« statt, die die Gründung von Indianerinstituten in Ländern Amerikas mit indianischer Bevölkerung vorsah. Dem folgte 1948 in Mexiko die Gründung des »Nationalen Indianerinstituts« (INI) auf Initiative von Alfonso Caso (1896–1970). Aufgabe des INI war und ist sowohl die Erforschung der gegenwärtigen indianischen Kulturen als auch die praktische Umsetzung von Entwicklungsaufgaben.

1913 entdeckte man – zufällig – die Südwestecke des Haupttempels der Azteken, des Templo Mayor. Manuel Gamio unternahm daraufhin erste systematische Ausgrabungen. Bisher hatte man den Tempel direkt unter der Kathedrale vermutet. Bei Arbeiten der Elektrizitätswerke wurde am 21. Februar 1978 ein Stein in Form eines großen Rades mit der Darstellung der aztekischen Mondgöttin Coyolxauhqui, der Schwester des Stammesgottes Huitzilopochtli, gefunden. Dies führte zu den bisher bedeutendsten Ausgrabungen in Mexiko-Stadt von 1978 bis 1982 unter Leitung von Eduardo Matos Moctezuma. Dabei wurden nicht nur – soweit erhalten – die verschiedenen Bauphasen des Templo Mayor freigelegt, sondern man fand auch viele Opferdepots mit rund 70 000 Opfergaben, darunter bedeutende Kunstwerke. Zur Ausstellung dieser Objekte eröffnete man 1987 das Museum des Templo Mayor, direkt neben der Ausgrabung.

RELIGION UND WELTBILD

In diesem Augenblick kam der Naón, der Henker, mit
einem steinernen Dolchmesser und versetzte dem Opfer mit
großer Geschicklichkeit und Grausamkeit einen Messerstich
zwischen die Rippen, an der linken Seite unterhalb der
Brustwarze, und sogleich fuhr er dort schnell mit der Hand
hinein und packte das Herz wie ein wütender Tiger, riss es
ihm bei lebendigen Leib heraus, legte es in eine Schale und
gab es dem Priester, der eilends zu den Götzenbildern lief
und ihnen die Gesichter mit jenem frischen Blut bestrich.

So beschreibt Diego de Landa ein Menschenopfer – nicht bei
den Azteken, sondern bei den Maya (Bericht aus Yucatán,
Kap. 5, S. 67). Und bis heute verbindet man das Alte Mexiko mit
Menschenopfern. Dass die mesoamerikanischen Religionen
wesentlich vielschichtiger waren, soll dieses Kapitel zeigen.

Kennzeichen und Besonderheiten
altmexikanischer Religionen

Wenn hier von Religion die Rede ist, so muss vorab darauf hin-
gewiesen werden, dass in den Kulturen des Alten Mexiko die
Religion einen sehr viel weiteren Bereich umfasste als heute
bei uns in der modernen Welt. Alltag, Politik oder Kunst waren in Mesoamerika von der Religion geprägt. So vermischen
sich z. B. in den Berichten über die Geschichte der Tolteken,
Maya oder Azteken Mythos und Wirklichkeit. Auch Politik
und Gesellschaft waren entscheidend von der Religion bestimmt. So gab es in Teotihuacán vermutlich einen Herrscher,
der gleichzeitig oberster Priester war, oder die Maya-Herrscher beriefen sich auf ihre göttliche Abstammung. Kunstwerke wurden zu einem religiösen Zweck geschaffen, es gab keine *l'art pour l'art* wie bei uns. Insofern ist die Behandlung der
mesoamerikanischen Religionen in einem eigenen Kapitel mit
gewissen Schwierigkeiten verbunden, dieses thematisch von

den anderen Bereichen wie Geschichte oder Kunst zu trennen. Entsprechend liegt der Schwerpunkt in diesem Kapitel auf den Aspekten, die wir üblicherweise der Religion zuordnen.

Die Quellen, die uns Aufschluss über die Religionen der mesoamerikanischen Kulturen geben, sind zum einen archäologische Funde von Götterdarstellungen in Form von Skulpturen oder Malereien, Opfer- und Grabbeigaben bis hin zu den Tempelanlagen. Zum anderen gibt es auch schriftliche Quellen, von den Inschriften an Gebäuden oder auf Stelen über die teilweise noch aus vorspanischer Zeit stammenden indianischen Bilderhandschriften bis hin zu den Schriften aus spanischer Zeit von den Azteken oder Maya, wie z. B. das *Popol Vuh* oder von spanischen Chronisten. Zu beachten ist, dass für die breite Bevölkerung religiöse Inhalte nicht nur durch die Priester bzw. das Kultpersonal, sondern weitgehend auch durch die visuelle Sprache der Kunst vermittelt wurden, wie z. B. die Darstellungen von Gottheiten auf Malereien oder als Skulpturen in den Kultzentren.

Nach dem Weltbild der mexikanischen Kulturen war der Kosmos in 13 Himmel und neun Unterwelten gegliedert. In der Mitte zwischen Himmel und Unterwelten stellte man sich die Erde als eine im Wasser schwimmende Scheibe (oder auch als Schildkröte oder Krokodil) vor. Die 13 Himmel und neun Unterwelten waren die Aufenthaltsorte bestimmter Gottheiten. Man stellte sich die 13 Himmel auch als Pyramide mit 13 Stufen vor und die Unterwelten ebenso als »umgekehrte« Pyramide. Die Erde war durch die vier Himmelsrichtungen und die Erdmitte gekennzeichnet, denen jeweils eine Gottheit, eine Pflanze und / oder ein Tier und eine Farbe sowie eventuell bestimmte Tageszeichen zugeordnet waren. Der Osten war durch die Farbe rot gekennzeichnet, der Süden durch gelb, der Westen durch schwarz, der Norden durch weiß und die Mitte der Erde durch blau-grün.

In der nachklassischen Zeit ist die Vorstellung verbreitet, dass der jetzt bestehenden Welt bzw. unserem Zeitalter vier andere verschiedene Welten bzw. Zeitalter vorangingen und jeweils durch eine Katastrophe endeten. Jedes dieser Zeitalter, einschließlich dem jetzigen, wird von einer bestimmten Gottheit beherrscht. Ebenso dominiert in jedem Zeitalter ein Element bzw. eine Kraft wie Wasser, Wind, Feuer, Erde und Bewegung, durch die das Zeitalter auch endet.

Die mesoamerikanischen Kulturen kannten eine Vielzahl von Gottheiten. Über die frühen Kulturen wie Olmeken oder Teotihuacán sind wir weniger gut informiert als über die Gottheiten der Maya und Azteken. So listet der Altamerikanist Henry B. Nicholson[21] für den aztekischen Glauben 126 Götter auf. Er versuchte eine Systematik dieser Vielfalt zu erstellen, indem er sie in zwei Gruppen mit einem bestimmten Ideen- bzw. Funktionsbereich einordnete. Danach sind die aztekischen Gottheiten hauptsächlich entweder dem Bereich Krieg-Opfer-Ernährung oder dem Bereich Feuchtigkeit-Regen-Vegetation-Fruchtbarkeit zuzuordnen. Dies würde auch dem Templo Mayor im Zentrum von Tenochtitlán entsprechen: Dessen zwei Tempel waren zum einem dem aztekischen Stammes- und Kriegsgott Huitzilopochtli und zum anderen dem Regen- und Fruchtbarkeitsgott Tlaloc geweiht.

Die Gottheiten konnten in Tier-, in Menschen- oder in Mensch-Tier-Gestalt, z. B. mit Tierkopf und menschlichem Körper, dargestellt werden – ähnlich wie die Götterwelt im alten Ägypten. Jede Gottheit ist durch bestimmte Symbole gekennzeichnet. In der bildlichen Darstellung unterscheiden sich die Gottheiten ferner durch Kleidung, Kopfbedeckung, Schmuck und durch bestimmte Farben. Den Gottheiten waren bestimmte Zuständigkeitsbereiche zugeordnet. So war dem Gott Quetzalcoatl bei den Azteken der Bereich Leben, Wind, Kultur zugeordnet, seinem Zwillingsbruder Tezcatlipoca das Böse, Tod, Nacht, Zerstörung und Schicksal, oder Tlaloc der Bereich Regen, Fruchtbarkeit, aber auch Dürre. Die Gottheiten waren durch Vielfalt geprägt, sie konnten in verschiedenen Erscheinungsformen und Aspekten präsent sein. Um dies zu verdeutlichen, sei hier ein Beispiel aus dem aztekischen Pantheon angeführt: Am Anfang der Welt stand nach aztekischem Glau-

---

21 in: Handbook of Middle American Indians 10,1; 395–446.

ben das Schöpferpaar Ometecuhtli (»Zwei Herr«) und Omecihuatl (»Zwei Frau«), die jeweils den männlichen und den
weiblichen Aspekt der Schöpfung symbolisieren. Im religiösen Alltagsleben spielte dieses Schöpferpaar kaum eine Rolle,
viel wichtiger waren ihre vier Söhne, denen sie die Aufgabe
überlassen hatten, alle anderen Gottheiten und die Menschen
zu erschaffen. Diese vier Söhne waren der Fruchtbarkeitsgott
Xipe Totec, der Stammesgott Huitzilopochtli, der Schöpfergott
Quetzalcoatl und der Regengott Tlaloc. Diese Götter wiederum
wurden mit einem bestimmten Aspekt bzw. einer Farbe des
Gottes Tezcatlipoca identifiziert bzw. waren dessen Verkörpe-
rung. So stand Xipe Totec für den Roten Tezcaptlipoca, Huitzilopochtli für den Blauen Tezcatlipoca, Quetzalcoatl war der
Weiße Tezcatlipoca und Tlaloc der Schwarze Tezcatlipoca.
Gleichzeitig waren diese vier Gottheiten mit den vier Him-
melsrichtungen verbunden: Xipe Totec/Roter Tezcatlipoca mit
dem Osten, Huitzilopochtli/Blauer Tezcatlipoca mit dem Sü-
den, Quetzalcoatl/Weißer Tezcatlipoca mit dem Westen und
Tlaloc/Schwarzer Tezcatlipoca mit dem Norden. In ähnlicher
Weise konnte der Maya-Regengott Chaak sowohl einzeln als
auch vierfach dargestellt werden. Diesen vier Aspekten des
Chaak sind dabei jeweils eine Himmelsrichtung sowie eine
Farbe zugeordnet: der Rote Chaak des Ostens, der Weiße
Chaak des Nordens, der Schwarze Chaak des Westens und der
Gelbe Chaak des Südens.

Jaguar und gefiederte Schlange

Wie in vielen anderen Religionen sind auch in Mesoamerika
die Vorstellungen der Götterwelt abhängig von den Bedingungen der menschlichen Existenz, von den wirtschaftlichen und
gesellschaftlichen Bedingungen. Daher spielten auch in Mesoamerika Fruchtbarkeitsgottheiten und die Regengottheit, die
die Fruchtbarkeit der Felder, die Ernte und somit die menschliche Nahrungsgrundlage garantierten, eine sehr wichtige
Rolle. An dieser Stelle soll auf zwei Gottheiten näher eingegan-

gen werden, denen in Mesoamerika eine besondere Bedeutung in allen Kulturen zukommt und die gleichzeitig als spezifisches Kennzeichen der mesoamerikanischen Religionen gelten können: Den Jaguar und die gefiederte Schlange. Besonders ist dabei nicht, dass diese Gottheiten in Gestalt eines Tieres bzw. in der Mischgestalt aus Mensch und Tier dargestellt werden. Denn in der Religionsgeschichte gibt es sowohl bei den sogenannten Naturvölkern als auch in den Hochkulturen weltweit Beispiele dafür, dass Tieren eine sakrale bzw. heilige Bedeutung zugeschrieben wird. Sie werden aufgrund bestimmter Eigenschaften oder wegen ihrer wirtschaftlichen Bedeutung, Fremdheit oder Vertrautheit für den Menschen als Träger oder Repräsentanten göttlicher Macht verehrt. Damit verbunden sind die Vorstellungen einer gemeinsamen Abstammung und somit Verwandtschaft von Mensch und Tier, das Tier als Alter Ego, als anderes Ich des Menschen, das Tier als Stammvater der Menschen bzw. eines Volkes oder auch das Tier als Schöpfer der Welt und als Kulturheros. Beispiele für die Verehrung tiergestaltiger Gottheiten in den Hochreligionen sind vor allem das alte Ägypten oder der Hinduismus, aber eben auch Mesoamerika.

Die Bezeichnung der Azteken für den Jaguar ist *ozélotl*, die der Maya *balam*. Wie erwähnt, wurde dieses Tier von Anfang an in allen mesoamerikanischen Kulturen verehrt, auch in Gebieten, die nicht sein Lebensraum sind. Neben dem Jaguar fanden auch die beiden anderen in Mexiko vorkommenden Raubkatzen Puma und Ozelot Verehrung, wenn auch nicht in dem Maße wie der Jaguar. Der Jaguar ist die größte Raubkatze in Amerika, ein gefährliches und furchteinflößendes Tier. Mit der kultischen Verehrung des Jaguars konnte man, so eine Erklärung, die Gefahren, die von ihm ausgingen, bannen und seine Macht nutzbar machen. Dies war vor allem die Macht, Regen und somit Fruchtbarkeit zu bringen – Eigenschaften, die dem Jaguar vielleicht deshalb zugeschrieben wurden, weil er nicht nur auf der Erde und auf Bäumen, sondern auch oft an Flüssen und Gewässern seine Beutetiere jagt und ein guter Schwimmer ist. Als »Herr der Tiere«, der Tiere jagt und erbeutet, selbst aber keine Feinde hat außer den Menschen, gilt der Jaguar als Symbol der Macht, mit dem sich die Herrscher gerne darstellten.

Die olmekische Kultur der vorklassischen Zeit ist die erste, die Darstellungen des Jaguars oder des Wer-Jaguars als größere Steinskulpturen, kleinere Jadefiguren, Keramik- und Wandmalerei hinterlassen hat. War der Jaguar bei den Olmeken eine Gottheit? Oder ein Totemtier, von dem die Olmeken oder die Herrschaftsdynastie abstammte? Oder zeigen die Abbildungen der Wer-Jaguare, halb Mensch, halb Jaguar, einen Schamanen, der sich in ein Tier verwandelt? Am meisten spricht dafür, dass der Jaguar als Gottheit angesehen wurde. Dafür gibt es viele parallele Beispiele in der Religionsgeschichte, wie z. B. das alte Ägypten. Eine Reihe stilistischer Merkmale in der ikonographischen Darstellung weist daraufhin, dass die Jaguargottheit der Olmeken als »Vorläufer« der späteren für die Fruchtbarkeit der Felder sehr wichtigen Regengottheiten bei den Maya, Zapoteken und in Teotihuacán sowie bei den Azteken zu sehen ist. Darstellungen der sexuellen Vereinigung von Jaguar und Mensch könnten vielleicht ein Hinweis sein, dass die Olmeken den Jaguar als Totem bzw. mythischen Stammvater ihres Volkes oder ihres Herrscherclans ansahen.[22]

In Teotihuacán ist der Jaguar besonders in der Wandmalerei präsent, in Tierform oder auch in Form von Menschen, die als Jaguar verkleidet sind oder einen Jaguar- statt Menschenkopf haben. Es ist anzunehmen, dass schon bei den Olmeken und eben auch in Teotihuacán der Jaguar die Macht des Herrschers symbolisierte. Vor allem bei den Maya-Herrschern war »Jaguar« ein häufiger Bestandteil des Namens, wie z. B. Schlange-Jaguar *(Kan-Balam)* von Palenque oder Schild-Jaguar und Vogel-Jaguar von Yaxchilán. Schon in Teotihuacán gibt es die auch in den späteren Kulturen üblichen Darstellungen von Herrschern und auch Kriegern mit Attributen des Jaguars wie

---

22 Erwähnenswert ist, dass sich fast gleichzeitig die Kultur von Chavín in Peru (ca. 1100–200 v. Chr.) ebenfalls durch Darstellungen katzenartiger Wesen auszeichnet. Über mögliche Kontakte oder Einflüsse lässt sich aber bislang nichts aussagen.

z. B. Umhänge aus Jaguarfell, Jaguarmaske oder Jaguartatzen als Schuhe. Einige Maya-Herrscher wurden damit auch beerdigt, wie Funde in Kaminaljuyú, Uaxactún oder Altun Ha zeigen. Für den Herrscher Yax Pac von Copán und seine Ahnen opferte man 15 Jaguare. Die Macht eines Herrschers zeigte sich nicht zuletzt im Krieg. Bekannt ist die Stele 26 von Yaxchilán, in der der Herrscher Schild-Jaguar in Kriegerrüstung von seiner Frau Xoc ein Getränk in einem Gefäß gereicht bekommt, das die Form eines Jaguarkopfes hat. Gezeigt wird wohl die Vorbereitung für einen Kriegszug. Auch in der nachklassischen Zeit sind in Tula und Chichén Itzá Reliefdarstellungen von Jaguaren, die Menschenherzen verschlingen und sich mit Kriegerdarstellungen abwechseln, üblich, ebenso Steinaltäre in Jaguarform. Auch dies sind Belege für die Verbindung des Jaguars mit Menschenopfern und mit dem Krieg. Bei den Azteken gab es einen Kriegerorden der Jaguare sowie einen der Adler. Und auch die Azteken brachten, wie die Maya, Jaguare als Opfer dar, wie z. B. Skelettfunde im Templo Mayor belegen.

Im rituellen Kalender ist der Jaguar bei den Azteken der Patron des zweiten, bei den Maya des siebten Tages. Bei den Azteken ist der Jaguar als Tepeyollotl eine Erscheinungsform des zentralmexikanischen Gottes Tezcatlipoca, dem die Bereiche Nacht, Zerstörung und das Böse zugeordnet werden. Und so spielt er auch eine Rolle im aztekischen Schöpfungsmythos: Tezcatlipoca herrschte im ersten Weltzeitalter »4 Jaguar«, das sein Ende dadurch fand, dass Jaguare die in diesem Zeitalter lebenden Giganten fraßen. Als die fünfte Sonne, das jetzige, fünfte Zeitalter erschaffen wurde, fielen, als Sonne und Mond erstmals am Himmel erschienen, jeweils ein Adler und ein Jaguar vom Himmel.

Noch heute kann man in ländlichen Gebieten von Mexiko bei bestimmten Festen Spuren dieser ursprünglichen Verehrung des Jaguars beobachten. Beispiele dafür sind Tänze, bei denen die Tänzer Jaguarkostüme tragen, wie z. B. der Tanz der Tlacololeros. Bei den Lacandonen spielt die Jaguarverehrung bis heute eine bedeutende Rolle in ihrem Weltbild.

Eine der wichtigsten Gottheiten in ganz Mesoamerika war die Schlange, die schon bei den Olmeken, häufiger aber seit der klassischen Zeit in Teotihuacán als gefiederte Schlange dargestellt wurde und als solche meistens mit dem aztekischen Namen Quetzalcoatl (von Nahuatl *quetzal* = Quetzalvogel bzw. Feder des Quetzal, *coatl* = Schlange) oder auch Kulkulkan (Cucumátz) in der Maya-Sprache bezeichnet wird. Die Schlange war vor allem mit den Bereichen Fruchtbarkeit, Unterwelt und Regeneration verbunden. Generell spielt die Schlange in vielen Kulturen und Religionen der Welt eine bedeutende Rolle. Weltweit werden der Schlange Fruchtbarkeit, Regeneration und Unsterblichkeit zugeschrieben, aber sie wird auch dem Tod zugeordnet, vermutlich weil die Schlange die Eigenart hat, die Haut abzustreifen und dann »verjüngt« zu erscheinen. In der Alten Welt steht sie meist in Verbindung mit Fruchtbarkeitsgöttinnen, aber auch mit Leben und Tod, wie z. B. schon im altorientalischen Gilgamesch-Epos, einem der ersten Bücher der Menschheit, und im Alten Testament (Genesis). Die Schlange kann auch in Drachengestalt (wie in China) erscheinen.

Die Einordnung und Zuordnung der gefiederten Schlange in Mesoamerika ist aufgrund der Vielfalt ihrer Bereiche, Funktionen und Erscheinungen schwierig. Der aztektische Gott Quetzalcoatl konnte auch als Windgott Ehecatl oder als Morgensterngottheit Tlahuizcalpantecuhtli auftreten und stand in Beziehung zu seinem *Nahualli* bzw. Alter Ego Xolotl, dem hundeköpfigen, mit den Bereichen Unterwelt und Tod in Verbindung stehenden Gott sowie mit seinem Gegenspieler Tezcatlipoca. In der Gestalt der gefiederten Schlange sind die zwei Bereiche der Erde und des Himmels verbunden: Die Schlange steht für die Erde, die Vogelfedern für den Himmel. Entsprechend ist die gefiederte Schlange mit der Landwirtschaft, der Erde und ihrer Früchten, vor allem mit dem Mais, aber auch mit der Unterwelt verbunden. Aber ebenso sind der Wind, der Kalender und der Kosmos Bereiche der gefiederten Schlange. So entwickelte sich die Gestalt Quetzalcoatls zum Schöpfergott und zum Kulturheros, der die Menschen erschuf und die Landwirtschaft, Handwerk und Kalender erfand und die poli-

Queztalcoatl, Relief am Tempel von Xochicalco

tische Macht bzw. die Herrscher legitimierte. Ihm verdanken die Menschen somit ihre Kultur.

Bereits bei den Olmeken gibt es einige Darstellungen der gefiederten Schlange. Der »Olmekische Drache«, wohl eine Himmelsgottheit, wird ikonographisch als gefiederte Schlange mit Federschopf, Schlangenzunge und Wolkensymbolen dargestellt, also mit den Merkmalen einer Schlange und eines Adlers (Harpyie). In der klassischen Zeit in Teotihuacán werden die Darstellungen der gefiederten Schlange häufiger, z. B. auf Wandmalereien und am Tempel des Quetzalcoatl. Gleiches gilt für die Maya-Kunst der klassischen Zeit. In der nachklassischen Zeit, in Xochicalco, Tula und Chichén Itzá, wird Quetzalcoatl zum dominierenden Motiv auf Tempelreliefs, als Skulptur oder als Einrahmung für Tempelaufgänge. Dargestellt wird Quetzalcoatl oft als gefiederte Schlange und in der nachklassischen Zeit (Tula) erstmals auch in menschlicher Gestalt. Aus der nachklassichen Zeit sind von den Azteken viele Skulpturen erhalten, die eine zusammengerollte Klapperschlange mit gefiedertem Körper und geöffnetem Maul darstellen.

Bei einigen dieser Skulpturen erscheint ein menschliches Gesicht aus dem Maul der Schlange. Auch die Codices zeigen Quetzalcoatl in menschlicher Gestalt mit einer konischen, hutartigen Kopfbedeckung. In verschiedenen Codices (z. B. Codex Florentino und Magliabechiano) dagegen wird Quetzalcoatl mit tierartigem Gesicht oder als Ehecatl mit schnabelartigem Gesicht (z. B. Codex Vaticano A, Codex Botonico oder Codex Vienna) dargestellt.

Schamanen oder Priester?

Seit einiger Zeit werden die Darstellungen von Wer-Jaguaren in der olmekischen Kunst gerne als Darstellungen von Schamanen, die sich in einen Jaguar verwandeln, gedeutet. Auch der Religion der Maya schrieb man die Tätigkeit von Schamanen zu und sprach in diesem Zusammenhang sogar von »Schamanenpriestern« – ein Begriff, der so in Ethnologie und Religionswissenschaft nicht geläufig ist. Seit der Entdeckung des Schamanismus bei den Völkern Sibiriens und des nördlichen Zentralasiens im 19. Jahrhundert diskutiert man in der Ethnologie darüber, ob der Schamanismus ein auf Sibirien und Zentralasien beschränktes oder ein weltweites Phänomen ist. Eine allgemeingültige Definition des Schamanismus fehlt, aber es gibt eine Reihe von gemeinsamen Kennzeichen wie Berufung, Initiation, Hilfs- und Schutzgeister, Jenseitsreise und Schamanenausrüstung. Als wichtigstes Merkmal betont Mircea Eliade die Ekstase. Der Schamane ist ein Vermittler zwischen der diesseitigen und der jenseitigen Welt und ein Begleiter der Seele (»Psychopomp«). Er übt die Tätigkeiten aus, die nach der Vorstellung der Naturvölker mit der Seele zusammenhängen: Krankenheilung, Begleitung der Seelen von Toten in das Jenseits, Überbringung von Opfern an die Gottheiten und Geister, Zukunftsvorhersagen, Auffinden von Jagdwild und anderes. Im Unterschied zum Schamanen ist der Priester in den Hochkulturen ein religiöser Funktionär, der sein Amt hauptberuflich ausübt. Und im Unterschied zum Medizinmann und Heiler deckt der Schamane einen größeren Tätigkeitsbereich ab: Jeder Schamane ist zwar auch ein Medizinmann, aber nicht jeder Medizinmann ist ein Schamane! Vor allem Peter Furst vertritt die These, die Wer-Jaguare der Olmeken zeigten Schamanen mit dem Hinweis, dass der Jaguar auch heute noch im Schamanismus einer Reihe südamerikanischer Indianerstämme wie z. B. der Tukano (Kolumbien, Brasilien) oder Bororo (Brasilien) eine besondere Rolle spielt. Ferner weist er daraufhin, dass bei den südamerikanischen Indianern Tabak, geraucht oder geschnupft, bis heute ein beliebtes Mittel ist, um sich in Trance zu versetzen. In Mesoamerika, auch bei den Olmeken, lässt sich der rituelle Gebrauch von Schnupftabak anhand archäologischer Funde bis in die vorklassische Zeit nachweisen – so Furst.

Die Annahme, dass bei den Olmeken Schamanen tätig waren, ist mit vielen Fragezeichen zu versehen. Wir wissen wenig über die Kultur der Olmeken, nicht einmal wer die Träger waren. Und wir wissen kaum etwas über die olmekische Religion. Wir können diesbezüglich nur Vermutungen und Spekulationen aussprechen. Wenn im südamerikanischen Schamanismus der Jaguar eine besondere Rolle spielt und Tabak als Droge bei den Olmeken verwendet wurde, ist das noch kein Beweis dafür, dass es bei den Olmeken demzufolge auch Schamanismus gab. Zudem wird der Schamanismus üblicherweise den Naturvölkern, vor allem den Kulturen der Jäger und Sammlerinnen, zugeordnet und nicht den Hochkulturen. Eliade betont, dass sich der »echte« Schamane ohne Drogen in Ekstase versetzen kann. Was spricht dagegen, den olmekischen Wer-Jaguar als Darstellung eines Gottes oder übernatürlichen Wesens zu deuten? Bisher kam niemand auf die Idee, z. B. die altägyptischen Götter Horus oder Anubis mit Falkenbzw. Schakalkopf und Menschenkörper oder den hinduistischen Gott Ganesha mit Elefantenkopf und Menschenkörper als Schamanen zu deuten. Auch bezüglich der Maya tendieren einige Wissenschaftler dazu, die *Chilam*, die »Wahrsagepriester«, als Schamanen anzusehen, weil von ihnen berichtet wird, dass sie ihre Prophezeiungen teilweise in Trance kundtaten.

Dies könnte, muss aber nicht notwendigerweise ein scha-
manistisches Phänomen sein. Bei den Maya, so z. B. auch den
Lakandonen und anderen indianischen Ethnien in Mexiko, ist
die Volksfrömmigkeit heute noch durch die Tätigkeit von Hei-
lern und Medizinmännern *(Curanderos)* geprägt und man
spricht dabei gerne von »Schamanen«. Inwieweit es sich wirklich um Schamanen handelt, wäre im konkreten Fall jeweils
genauer zu klären. Jedenfalls besteht hier die Gefahr, den Begriff »Schamane« so weitläufig und inflationär zu verwenden,
dass er letztlich nicht mehr aussagekräftig ist.

Damit die Sonne nicht untergeht – Menschenopfer

Das Opfer hat in jeder Religion als Verbindung zwischen Gottheit und Mensch eine ganz besondere Bedeutung – als Dank
an die Gottheit oder um etwas von ihr zu erbitten. In Mesoamerika kommt aber noch ein spefizifischer Aspekt hinzu: Die
Götter erschufen mit Opfern die Welt, so nach aztekischer Vorstellung die Welt der »fünften Sonne« und erhalten sie am Leben. Aufgabe des Menschen war es, diesem Beispiel der Götter
zu folgen und ebenfalls Opfer darzubringen durch Selbstkasteiung und Menschenopfer, um nicht nur die Gotthetein, sondern auch die Welt und das jetzige Zeitalter zu erhalten.
Menschliches Blut und menschliche Herzen waren die Symbole für das Leben.

Bernardino de Sahagún beschreibt ein solches Menschenopfer:

> »(…) vor das Angesicht Huitzilopochtlis, legt man sie, einen nach
> dem andern, auf den Opferstein, übergibt sie den Priestern, sechsen
> derselben übergibt man sie. Die legen sie mit der Brust nach oben
> und schneiden ihnen die Brust auf mit einem dicken breiten Feuer-
> steinmesser. Und das Herz der Gefangenen nennt man Adlerfrucht,
> Edelstein. Sie heben es weihend zur Sonne empor (…), geben es ihr,
> nähren sie damit. Und nachdem es dargebracht worden ist, legt man
> es in die Adlerschale nieder. (…) Danach rollt man sie [die Gefange-

nen, U. P.] herab, stürzt sie die Stufen des Tempels herab.« (Geschichtswerk, Buch II, 21)

Diese Menschenopfer waren es, die die Azteken weltweit populär machten. Menschenopfer waren jedoch in allen mesoamerikanischen Kulturen üblich. Allerdings erfuhren die Spanier durch die Azteken von den Menschenopfern, weshalb diese bis in jüngste Vergangenheit als blutrünstige Barbaren herhalten mussten. Die Azteken begründeten die Menschenopfer damit, dass diese zur Ernährung des Sonnengottes und zum Weiterbestand der Welt notwendig seien und dass die Götter am Anfang dieser Welt sich selbst geopfert hätten, um die Existenz der Welt und das Leben der Menschen zu sichern.

Menschenopfer sind weltweit in der Religionsgeschichte und in Hochkulturen kein seltenes Phänomen und insofern keine Besonderheit des Alten Mexiko. Die Gründe für Menschenopfer sind verschieden: z. B. als Bitt- oder Dankopfer, zur Sicherung der Ernte oder der Gesellschaft und des Kosmos (wie bei den Azteken) oder als Grabbeigaben. In Indien wird heute noch vereinzelt die Witwenverbrennung *(Sati)* praktiziert – ebenfalls ein Menschenopfer, obwohl sie seit 1830 offiziell verboten ist. Selbst im Alten Testament findet sich die Erinnerung daran, dass im alten Israel Menschenopfer praktiziert und dann durch Tieropfer ersetzt wurden. Beispiel dafür ist die Geschichte von Abraham, der bereit ist, auf Anweisung Gottes seinen Sohn Isaak zu opfern. Dies wird im letzten Moment verhindert und Abraham opfert stattdessen eine Ziege (vgl. Gen 22). Zwischen der aztekischen Idee, dass die Götter sich selbst opferten, damit die Welt entsteht und erhalten bleibt, und der christlichen Vorstellung vom Opfertod Christi sowie vor allem dem Märtyrertod als ehren- und verdienstvolle Nachfolge des Kreuzesleidens Christi gibt es auf symbolischer und phänomenologischer Ebene eine gewisse Nähe und Vergleichbarkeit – trotz aller sonstigen Unterschiede der kulturellen und religiösen Kontexte. Bei der Bewertung der Menschenopfer in Mesoamerika sollte man stets den religiösen Gesamtzusammenhang berücksichtigen.

Die Spanier berichten von Unmengen von Menschenopfern bei den Azteken. So sollen anlässlich der Thronbesteigung des Aztekenherrschers Ahuizotl 80 400 Menschen in vier Tagen geopfert worden sein. Und als er den Templo Mayor einweihen ließ, wurden angeblich 20 000 Menschen geopfert. Die Tatsache, dass es Menschenopfer bei den Azteken gab, gilt weithin als gesichert. Ungeklärt ist aber die genaue Zahl der Opfertoten. Die extrem hohen Zahlen jedenfalls sind anzuzweifeln. Realistischer ist es, wenn man bei diesen Angaben einige Nullen streicht. Dafür nennt der Altamerikanist Wolfgang Haberland mehrere Gründe: Zunächst hätte die hohe Zahl von Opfern eine beträchtliche Reduzierung der Bevölkerung der beherrschten Gebiete und somit auch einen Ausfall von Tributen für die Azteken bedeutet. Zum anderen wäre die Gefangennahme einer solchen Unmenge von Kriegern und deren Opferung ein logistisches Problem gewesen. Wenn man für die Opferung eines Gefangenen zwei Minuten ansetzt, dann wären es in einer Stunde 30 Opfer und in zwölf Stunden bzw. an einem Tag 360 Opfer. Selbst bei einer Minute pro Opfer, also dem Doppelten, käme man »nur« auf 720 Opfer pro Tag – in vier Tagen also auf 2180. Diese Rechnung macht die oben erwähnte Opferzahl von 80 400 bei der Thronbesteigung Ahuizotls sehr unwahrscheinlich, denn dafür hätten pro Minute 28 Menschen geopfert werden müssen und es hätten 37 Gruppen mit jeweils fünf Priestern in Aktion sein müssen. Die maßlose Übertreibung bei der Angabe der Opferzahlen ist mit Polemik und Propaganda der Spanier zu erklären: Die spanischen Eroberer versuchten damit die extreme Grausamkeit der Azteken zu veranschaulichen und zu belegen. Dies wiederum verschaffte ihnen eine plausible Rechtfertigung für ihre Eroberung und für ein rücksichtsloses Vorgehen gegen die Indios.

Für die Azteken waren die Menschenopfer als Nahrung für die Sonne notwendig, damit die Welt nicht unter- und die Sonne jeden Tag wieder aufgeht. Die Sonne verlor über Nacht an Kraft. Im Falle, dass die Opfer nicht mehr stattfänden, wäre die Sonne am Morgen zu schwach, um am Himmel aufzugehen und das wäre das Ende des jetzigen Weltzeitalters gewesen. Aufgabe der Menschen war es, nach dem Vorbild der Götter, Opfer für die Sonne zu bringen. Entsprechend wurde jeden Morgen ein Mensch (an Festtagen mehrere) geopfert, um den Sonnenaufgang zu garantieren. Das Menschenopfer war somit das höchste und wertvollste Opfer. Aber nicht nur der Sonne, auch anderen Gottheiten opferte man Menschen. Meistens waren es Kriegsgefangene. Und oft verkörperte der Gefangene ein Jahr lang die Gottheit, z. B. Tezcatlipoca. Er wurde wie dieser verehrt, denn er repräsentierte ihn und wurde durch das Opfer selbst zum Gott. Entsprechend sah das Opfer sich selbst nicht als solches, denn die Opferung war nicht Strafe oder Missgeschick, sondern eine Ehre. Das Blut des Menschen war das wertvollste Opfer, das als *Chalchíuhatl* (= »köstliche Flüssigkeit«), als vitale Energie den Erhalt des Kosmos, d. h. konkret der Sonne und der Welt garantierte. Mit dem Blut geopferter Menschen an die Götter erhoffte man sich Regen, Fruchtbarkeit und generell das Wohlergehen des Menschen und des Volkes.

Neben dem Opfer des Menschenherzens kam es auch vor, dass die Opfer enthauptet (meist bei Frauen angewandt), mit Pfeilen erschossen, von einer Höhe hinuntergestürzt oder für den Regengott ertränkt wurden. Ein Schädelgerüst diente in den nachklassischen Kulturen (Tula, Chichén Itzá, Azteken) zur Aufbewahrung der Totenschädel. Von diesen Totengerüsten gibt es Nachbildungen in Stein, ein bekanntes Beispiel ist die Nachbildung am großen Ballspielplatz in Chichén Itzá. Chichén Itzá hat seinen Namen von dem Brunnen, in den man lebende Menschen als Opfer warf »und glaubte, sie würden am dritten Tage heraufkommen, obwohl sie nie wieder erschienen«, wie Landa schreibt (Kap. V, S. 68). Gewisse Teile des Körpers aß man bei einem rituellen Mahl, um so die Kraft und göttliche Energie des Opfers in sich aufzunehmen. Beim Fest des Xipe Totec, des mixtekischen, aber auch von den Azteken verehrten Fruchtbarkeitsgottes, musste sich das festgebundene Opfer mit einer Keule mit Federn gegen Krieger mit Obsidiankeulen verteidigten. Danach wurde das Opfer enthäutet, die

Haut des Opfers trugen die Priester für die nächsten 20 Tage während des Rituals.

Nicht tödlich, aber dafür auch sehr schmerzlich war das Opfer des eigenen Blutes, die Selbstkasteiung, die ebenso in ganz Mesoamerika verbreitet war. Von der Opferung des eigenen Blutes bei den Maya von Yucatán berichtet Diego de Landa wie folgt:

>Sie opferten von ihrem eigenen Blut, indem sie sich manchmal runde Stücke aus den Ohren schnitten, und diese verunstalteten Ohren blieben ihnen als Zeichen zurück. Bei anderen Gelegenheiten durchbohrten sie sich die Wangen und dann wieder die Unterlippen; manchmal machten sie sich Einschnitte in bestimmte Körperteile; manchmal durchlöcherten sie sich die Zunge mit schrägen seitlichen Stichen, und unter schlimmsten Schmerzen zogen sie Strohhalme durch die Löcher; dann wieder rissen sie sich die überflüssige Haut des Schamgliedes ab, so dass dieses wie die Ohren aussah (…).« (Bericht aus Yucatán, Kap. 5, S. 64)

Außer dem höchsten Opfer, dem von menschlichem Blut, kannte man auch andere: Speisen, Blumen, Früchte, Rebhühner, Hunde etc. Und schließlich galt auch die Verbrennung von Copalharz als Opfer.

Ballspiel – das Spiel der Götter

Ein weiteres gemeinsames Merkmal aller mesoamerikanischen Religionen ist das Ballspiel, das eine über dreitausendjährige Tradition hat und bis heute gespielt wird. Insgesamt 1500 Ballspielplätze an 1250 Orten hat man bislang entdeckt. Jede bedeutende Stadt bzw. Kultanlage hatte einen oder auch mehrere Ballspielplätze. Ballspielplätze im Gebiet der Olmeken, in Teotihuacán oder Tenochtitlán sind nicht sicher nachweisbar, aber es gab sie – davon geht man heute aus. Sogar über die Grenzen Mesoamerikas hinaus, im heutigen New Mexico und Arizona, gibt es archäologische Spuren des Ballspiels. Der größte Ballspielplatz Mesoamerikas ist der von Chichén Itzá, der 166 m lang und 68 m breit ist.

Der Ballspielplatz in Chichén Itzá, der größte in Mesoamerika

Das Ballspiel war mehr als nur ein Sport, es war ein religiöser Akt und hatte gleichzeitig auch wirtschaftliche und politische Bedeutung. Das Ballspiel wurde von den Göttern ausgeübt und war im menschlichen Bereich nur der Oberschicht, den Herrschern oder Priestern vorbehalten. Beim Spiel standen sich zwei Mannschaften gegenüber, deren Spielerzahl von einem bis zu sieben variieren konnte. Gespielt wurde mit einem Vollgummiball aus Kautschuk von unterschiedlicher Größe, den man mit Hüfte, Brust, Rücken, Gesäß oder Ellenbogen spielte. Der Ball durfte nicht mit Hand, Knie oder Kopf berührt werden. Ziel war es wohl, den Ball so lange wie möglich »in Bewegung« zu halten und nicht auf den Boden kommen zu lassen. Ansonsten wissen wir kaum etwas über die Regeln. Die Spieler trugen einen Ledergürtel, Arm- und Knieschutz sowie Handschuhe. Eine Stele aus Tepatlaxco zeigt, wie ein Spieler von einer Person für das Ballspiel »eingekleidet« wird. Er brauchte dabei also Hilfe – ähnlich wie die mittelalterlichen Ritter nicht selbst ihre Rüstung anlegen konnten. Es wird vermutet, dass die Spielregeln von Region zu Region und zu

verschiedenen Zeiten variierten. In der Regel hat ein Ballspielplatz einen rechteckigen Grundriss. Man unterscheidet architektonisch zwölf Typen von Ballspielplätzen. Am häufigsten
sind die Grundrissformen eines I oder T. Während in der frühen Zeit die Spielfeldgrenzen mit Erdwällen begrenzt wurden,
wurden später meist an beiden Langseiten Steinwände eingesetzt, an den Schmalseiten war der Platz offen. Während z. B.
in Copán (Honduras) die Seitenwände schräg sind und sich in
der Spielstraße Markiersteine befinden, sind in Chichén Itzá
die Seitenwände des Ballspielplatzes senkrecht und mit Rin-
gen versehen, durch die wohl der Gummiball geworfen werden musste.

Aus Bilddarstellungen und Texten geht hervor, dass im Zusammenhang mit dem Ballspiel Spieler durch Enthauptung
geopfert wurden. Nicht selten ist der Ball als Totenkopf dargestellt. Reliefdarstellungen aus El Tajin und aus Chichén Itzá
zeigen enthauptete Ballspieler, aus deren Rumpf sieben Schlangen entspringen – als Symbol für Blut und die Erneuerung des
Lebens. Man weiß nicht sicher, welche Ballspieler geopfert
wurden. Es ist aber anzunehmen, dass es Spieler der Verlierer-
mannschaft waren.

Für das Ballspiel gibt es verschiedene Deutungen wie z. B.
als Fruchtbarkeitsritus oder als Kriegszeremonie. Diente das
Ballspiel als Kriegszeremonie dazu, Konflikte »spielerisch«
auszutragen? Hatte das Ballspiel für die Adler- und Jaguar-
kriegerorden eine besondere Bedeutung? Wollte man den in
einer Schlacht gefangenen Gegnern ein ehrenvolles Ende im
Ballspiel ermöglichen? Oder war es ein Fruchtbarkeitsritus,
der den Kreislauf der Jahreszeiten, des Lebens und der Natur,
Leben und Tod, Tod und Wiedergeburt und den Verlauf der
Himmelsgestirne (Sonne, Mond, Venus) darstellte? Stellte das
Ballspiel den Sieg der Sonne über die Mächte der Dunkelheit,
über die Götter der Unterwelt dar? Ein Ritus, der das Wachsen
der Pflanzen und ihre Fruchtbarkeit und somit das Leben auch
für den Menschen sicherte? Symbolisierte der Ballspielplatz
die Öffnung zur Unterwelt, im Unterschied zu den Pyramiden
als Öffnung zum Himmel? Und mussten die Spieler diese Un-

terweltsöffnungen passieren, um Tod und Wiedergeburt zu erfahren? Das alles sind mögliche Thesen und Erklärungen – Fragen ohne eine konkrete Antwort.

Für die Deutung des Ballspieles als Fruchtbarkeitsritus, der die Dualität von Tod und Leben repräsentiert, würde auch der Mythos von den göttlichen Zwillingen im *Popol Vuh* (»Buch des Rates« s. Kap. Schrift-, Zahlen- und Kalendersystem) der Quiché-Maya sprechen. In diesem Mythos wird erzählt, wie die göttlichen Zwillinge Hunahpu und Xbalanque die Götter der Unterwelt im Ballspiel besiegen. Er ist der bekannteste Mythos der Maya und bis heute aktuell. Man vermutet, dass der im *Popol Vuh* erzählte Mythos von den Zwillingen im kultischen Ballspiel der Maya »nachgespielt« wurde, d. h. bei jedem Ballspiel wieder lebendig wurde und sich noch einmal ereignete.

Die Erzählung von den göttlichen Zwillingen beginnt damit, dass der Vater der Zwillinge und sein Bruder (Hun-Hunahpu und Vucub-Hunapuh), ebenfalls Zwillingsbrüder, durch den Lärm des Ballspiels die Götter der Unterwelt stören und diese ihnen daher befehlen, in die Unterwelt zu kommen. Die Herrscher der Unterwelt legen die Brüder mit einem Trick hinein und töten sie. Der eine Bruder wird unter dem Ballspielplatz vergraben, der Schädel des anderen wird in einem Baum als Warnung für alle aufgehängt. Aber die Tochter eines der Unterweltsherrscher wird von dem aufgehängten Schädel, der ihr in die Hand spuckt, geschwängert. Sie flüchtet auf die Erde, findet Unterschlupf bei der Mutter der toten Zwillinge und gebiert die Zwillingsbrüder Hunahpu und Xbalanque. Als die Zwillingsbrüder herangewachsen sind, beginnen auch sie mit dem Ballspiel. Auch sie stören damit die Götter der Unterwelt, die die Zwillinge in die Unterwelt beordern und versuchen, sie zu hintergehen. Tagsüber müssen die Zwillinge gegen die Unterweltsherrscher Ball spielen und lassen diese dabei immer gewinnen. Nachts werden ihnen Prüfungen auferlegt, durch die sie getötet werden sollen, die sie aber alle meistern. So sollen sie in der ersten Nacht im Haus der Finsternis zwei Zigarren und einen Kienspan die ganze Nacht am Brennen halten und am Morgen aber unversehrt wieder zurückgeben. Ihnen gelingt dies, indem sie Glühwürmchen an die Zigarettenspitzen und die Schwanzfeder eines Aras an den Kienspan anbringen und somit das Brennen vortäuschen. Die zweite Nacht verbringen die Zwillinge im Dolchmesserhaus, wo sie ständig Messer bewegen und Fleisch schneiden. Gleichzeitig sollen sie Blumensträuße herbeischaffen. Die Zwillinge bringen die Messer mit dem Versprechen zur Ruhe, ihnen Tierfleisch zu besorgen und lassen sich durch Ameisen die Blumensträuße besorgen. Danach folgt eine Nacht im Haus Xuxulim, wo extreme Kälte herrscht, dann im Jaguarhaus, das voller hungriger Jaguare ist, und im Haus des Feuers zwischen Feuerflammen, und schließlich im Haus der Fledermäuse. Dabei wird dem einen Zwilling von einer Fledermaus der Kopf abgerissen. Beim Ballspiel mit den Unterweltsherrschern am nächsten Tag benutzen diese den Kopf des Zwillings als Ball. Dem anderen Zwilling gelingt es aber, den Kopf seines Bruders gegen einen Kürbis auszutauschen und dem Bruder den richtigen Kopf wieder aufzusetzen. Nun beschließen die Herrscher der Unterwelt, die Zwillinge zu verbrennen. Diese erfahren davon, lassen sich aber dennoch verbrennen. Nach fünf Tagen werden die Zwillinge wieder lebendig, zunächst als Fische, dann als Menschen. Als Akrobaten ziehen sie umher, werden durch ihre Kunststücke bekannt und treten auch vor den Unterweltsherrschern auf. Sie führen den Opfertanz auf, wobei der eine den anderen enthauptet, zerstückelt und dann wieder zum Leben erweckt. Die Unterweltsherrscher bitten die Zwillinge, dies an ihnen selbst durchzuführen. Dieser Bitte kommen die Zwillinge nur zum Teil nach: Sie töten zwar die Herrscher der Unterwelt, machen sie aber nicht wieder lebendig. Damit endet der Mythos, der letztlich aufzeigt, dass der Tod überwindbar ist, und der die Hoffnung für die Menschen ausdrückt, dem Tod genauso wie die Zwillingsbrüder zu entgehen.

Die Spanier waren zunächst sehr beeindruckt von dem Ballspiel, von der Fähigkeit und Geschicklichkeit der Spieler. 1528 übersandte der Eroberer Cortés Ballspieler an den Hof von Karl V., um das Spiel vorzuführen. Die Spanier erkannten aber auch die religiöse Bedeutung des Spieles und verboten es bald als teuflisches Handeln. Letztlich mit wenig Erfolg, denn bis heute wird das Ballspiel in Mexiko in ähnlicher Art wie in vorspanischer Zeit praktiziert und die Spieler sind teilweise sogar in entsprechenden Sportvereinen organisiert.

Religion und Pantheon der Maya

Für die Maya der klassischen Zeit war der Kosmos in Himmel, Erde und die dunkle, aus Wasser bestehende Unterwelt *(Xibalba)* unterteilt. Die Erde stellten sich die Maya meist als eine auf dem Urwasser schwimmende Scheibe vor, aber auch als Schildkröte oder Rücken eines Krokodils. In der Mitte der Erde befand sich der kosmische Welten- bzw. Lebensbaum *(wacah chan* = »aufgerichteter Himmel«), eine Weltenachse, die durch alle drei Bereiche reichte: Der Baum war in der Unterwelt verwurzelt, sein Stamm befand sich auf der Erde und seine Krone reichte in die Himmelsregion. Dieser Weltenbaum wird meist als Kreuz dargestellt und das Kreuz war auch das Symbol der Milchstraße, die – nach Vorstellung der Maya – eine Art Achse im Himmel darstellte. Höhlen als Eingänge zur Unterwelt und Berge galten als besonders heilige Stätten.

Ein Kultbezirk stellte einen Mikrokosmos der Erde bzw. der Natur dar: Die Pyramide symbolisierte den heiligen Berg *(witz)* und der Tempel galt als heiliges Haus. Der Tempeleingang war der Eingang des Bergs, im Tempelinneren befand sich das Tor zum Jenseits. Tempel und Pyramide wurden gern mit dem Motiv des *witz*-Monsters verziert und die Tempeleingänge häufig als dessen Rachen dargestellt. Die Stelen, die man im Tempelbezirk aufstellte, wurden »Baum-Steine« *(te-tun)* genannt. Der Platz mit den aufgestellten Stelen symbolisierte einen heiligen Wald. Tempel, Stelen und Keramikgefäße waren für die Maya mit einer besonderen, heiligen Kraft versehen. Zur Einweihung von Tempeln und anderen Denkmälern gehörte das Vergraben von Opfergaben, um ihnen Leben zu verleihen. Hatten sie als sakrale Objekte ausgedient, musste man sie rituell töten oder bestatten, um ihnen diese Kraft zu nehmen. Gebäude wurden zerstört, Stelen begraben und Keramik zerbrochen oder durchbohrt.

Das *Popol Vuh* berichtet zunächst von drei erfolglosen Schöpfungsversuchen: Eine Reihe von Göttern erschafft die Erde und die Tiere. Die Tiere aber sind stumm und können die Götter nicht anrufen, deshalb sollen sie nach dem Willen der Götter als Nahrung für andere dienen. Dann erschaffen sie Menschen aus Lehm, aber diese Menschen waren ohne Vernunft und ihr Fleisch zu weich. Die Götter zerstörten sie wieder. Als nächstes werden Menschen aus Holz erschaffen, aber diese waren ohne Seele und Verstand. Auch sie wurden zerstört; ihre Nachkommen sind die Affen. Zuletzt schließlich erschaffen die Götter vier Urmenschen aus Mais, von denen die heutigen Menschen abstammen.

Über die Priester in der klassischen Zeit haben wir praktisch keine Informationen. Aus der postklassischen liegen uns Angaben von Diego de Landa vor. Er nennt als höchsten Priester den *Ajaw Kan* (»Schlangenherrn«, auch »oberster Lehrer«). Die *Chilam* sind die Wahrsager, das Sprachrohr der Gottheiten, die besonders in der Volksfrömmigkeit eine große Rolle spielten. Denn die *Chilam* verkündeten die Prophezeiungen der Gottheiten, sie informierten über zukünftige Ereignisse, wie (un-)günstig die Sterne standen usw. Bekannt sind die Prophezeiungen des Chilam Balam (s. Kap. Schrift-, Zahlen- und Kalendersystem). Landa nennt ferner die *Nacom*, die Opferpriester, die von den vier Chaak, den vier Regengöttern, unterstützt werden. Auch der *Chilam* kann als Opferpriester fungieren. Landa schreibt ferner:

> »Das Amt der Priester war es ihre Wissenschaften zu pflegen und zu lehren, die Nöte und Mittel gegen diese zu erklären, die Feste zu verkündigen und anzugeben, Opfer zu bringen und ihre Sakramente auszuteilen. Das Amt der *Chilam* war es, dem Volk die Antworten der Teufel zu überbringen und sie wurden so hoch geachtet, dass sie, wie es oft geschah, auf Schultern getragen wurden. Die Zauberer und Ärzte heilten mit Aderlässen an der Stelle, die dem Kranken weh tat, und sie warfen Lose, um in ihrem Amt und bei anderen Dingen wahrzusagen.« (Bericht aus Yucatán, Kap. V., S. 64)

Ebenso kamen dem Herrscher eines Stadtstaates priesterliche Aufgaben zu, da er von göttlicher Abstammung war. Er war, wie der Priester, ein Mittler zwischen Diesseits und Jenseits: Er nahm wie dieser im Ritual und beim Opfer Kontakt mit den Ahnen, Schutzgeistern und Gottheiten auf und kommunizierte mit ihnen. Dieser Kontakt des Herrschers mit dem Jenseits wurde in der Ikonographie durch die »Visionsschlange« über dem Kopf des Herrschers oder durch einen Schlangenstab angedeutet. Vor allem das Blutopfer durch Blutentnahme an der Zunge oder am Penis war das Vorrecht des Herrschers, aber auch gleichzeitig seine Pflicht gegenüber dem Volk. Die Thronbesteigung, die Einweihung eines Tempels oder bestimmte Jubiläen waren immer mit einem Blutopfer verbunden. Der Herrscher vollzog das Blutritual in der Regel öffentlich oben auf der Pyramidenplattform vor dem Tempeleingang. Dabei durchstach er seine Zunge, ein Ohr oder seinen Penis mit einer Obsidianklinge oder einem Rochenstachel. Dann zog er eine Kordel mit Dornen durch Zunge, Ohr oder Penis, das Blut fing er mit Papierstreifen auf. Die mit Blut vollgesogenen Papierstreifen wurden in Räuchergefäßen als Opfer verbrannt. Der Schmerz führte zu einer Trance, in der der Herrscher Visionen hatte und so mit den Ahnen, Schutzgeistern oder Gottheiten kommunizierte oder sich auch in ein übernatürliches Wesen verwandelte und dessen Macht übernahm. Der Herrscher verkörperte den Übergang vom Diesseits ins Jenseits, er wiederholte im Ritual die Schöpfung. Die Herrscher sind daher nicht selten in einer Kleidung, die den Weltenbaum symbolisiert, dargestellt. Auch Alkohol und andere Rauschmittel sowie Tänze dienten den Herrschern und Priestern dazu, sich in einen Trance- bzw. Ekstasezustand zu versetzen. Im Kult wurden Musikinstrumente wie Trommeln, Flöten, Rasseln, Muschelhörner verwandt und bei den meisten Riten wurde Räucherharz bzw. Copal verbrannt.

Nicht nur der Herrscher suchte Kontakt zu den Ahnen, sondern generell wurden die Toten bzw. Ahnen besonders verehrt. Man begrub sie oft unter dem Fußboden des Hauses, die Herrscher begrub man oft in Pyramiden. Für die Reise ins Jenseits wurden die Toten mit allen Beigaben, die sie brauchten, ausgestattet: Lebensmittel, Kleidung, Schmuck und anderes.

Die wichtigsten Gottheiten im Pantheon der Maya waren – hier mit den in Yucatán verwendeten Namen – der Regengott Chaak mit langer Nase, der Sonnengott K'inich Ajaw mit Feueraugen, der Maisgott, als gut aussehender, junger Mann dargestellt, und der Schöpfergott Itzamná. Auch die gefiederte Schlange Kulkulkan verehrten die Maya. Daneben gab es die tiergestaltigen Schutzgeister. Der Jaguar war Symbol des Herrschers, der Ara symbolisierte die Sonne. Vor allem die Codices sind eine wichtige Quelle für die Kenntnis der Maya-Götterwelt. Der deutsche Jurist Paul Schellhas (1859–1945) legte 1904 die Ergebnisse einer Analyse der Darstellungen der Maya-Gottheiten in den uns erhaltenen Codices vor, die bis heute, mit Ausnahmen einiger Details, gültig sind. Schellhas bezeichnete die Gottheiten nicht mit Namen, sondern mit Buchstaben, denn bis heute sind nicht alle Namenshieroglyphen der Götter bekannt. Generell ist anzumerken, dass in den drei Codices nur zwei Göttinnen vorkommen, aber über 20 männliche Gottheiten. Zum anderen sind eine ältere und eine junge Göttergeneration zu unterscheiden: Die ältere Generation ist durch Kopfputz oder eine besondere Frisur gekennzeichnet, eine hakenförmige, große Nase, eingefallene Backen mit sichtbaren Kieferknochen, eine u-förmige Einrahmung der Augen und meistens einen zahnlosen Mund mit nur einem Zahn. Die junge Göttergeneration ist durch mandelförmige Augen und eine – dem Maya-Schönheitsideal entsprechende – hohe, deformierte Stirn charakterisiert.

Am häufigsten in den Handschriften abgebildet ist der alte Gott B, der Regengott. An zweithäufigsten dargestellt ist der alte Gott D, der Schöpfergott Itzamná, und den dritten Platz nimmt der Gott E, der junge Maisgott, ein. Im Folgenden sollen die bisher identifizierten und näher bekannten Gottheiten, die Schellhas mit den Buchstaben des Alphabets versehen hat, in einer Liste aufgezeigt werden. Von den Gottheiten A', A'', CH, H, L, P, R, U, W, X und Y kennen wir die Namenshieroglyphe bisher nicht. Wir wissen nur, wie sie in den Codices

dargestellt werden, und können von daher gewisse Rück-
schlüsse ziehen. So wissen wir z. B., dass die Gottheit CH die
Zahl neun symbolisiert und mit dem Bereich des Todes in Verbindung zu stehen scheint; darauf weisen Totenkragen, Toten-
schellen und die Punkte am Körper als Zeichen der Verwe-
sung in seinen Darstellungen hin. Gott Y wird als Hirschgott-
heit bezeichnet, weil er mit dem Kopf eines Hirsches oder mit
Hirschgeweih auf dem Kopf und menschlichem Körper dargestellt wird oder auch zusammen mit einem Hirsch. Vielleicht ist Gott Y als Herr der Tiere zu deuten. Auch von den in
der folgenden Liste dargestellten Gottheiten sind die Namen
und die Funktionsbereiche nicht in allen Fällen ganz sicher.
Manchmal scheint eine Gottheit auch auf unterschiedliche Art
dargestellt worden zu sein. So hielt man die Göttin I und O
zunächst für zwei verschiedene Gottheiten. Heute weiß man,
dass es sich hier um eine Göttin, die Mondgöttin Ix Chel, handelt, die einmal als junge (I) und einmal als alte Frau (O) dargestellt wird. Die Gottheit P könnte eine Version der Gottheit
N sein.

Name	Überset- zung	Charakteristik	Funktions- bereich	Darstellung
A Yum Kimil	»Herr des Todes«	Gott des Todes	Tod	als Skelett oder mit Zeichen der Verwesung
B Chaac	»Blitz«, »Donner«	Regengott	Regen, Wasser, Fruchtbarkeit, Blitz, Sturm	anthropomorph mit langer Nase, manchmal mit einem Beil (mit dem er den Don- ner erzeugt)
C K'u o Ch'u	»Heilig- keit«, »Gott- heit«	Gott der Heilig- keit (eventuell auch Gott des Polarsterns)	Personifikation der Idee des Heiligen (even- tuell auch Ster- nenhimmel)	mit affenähnli- chem Gesicht, manchmal mit Seil vom Him- mel herabhän- gend und mit Strahlenkranz

Name	Übersetzung	Charakteristik	Funktionsbereich	Darstellung
A Itzamnaaj	»Kaimanhaus«?	Höchster Gott, Göttervater, Schöpfergott	Schöpfung, Erfinder der Schrift und des Kalenders	anthropomorph mit einer Blüte am Kopf, Kaiman, Vogelgottheit
E (Ixim?, Nal?)		Maisgott	Mais, Fruchtbarkeit	anthropomorph mit Maispflanze, jugendlich
G K'in Ajaw	»Herr der Sonne«	Sonnengott		anthropomorph mit Bart und Schlangenelementen
K K'awiil	»Reiche Ernte«	Gott des Blitzes	Blitz, Fruchtbarkeit (vor allem Mais, Kakao), Macht der Herrscher, göttliche Abstammung	ohne Kopfputz
I / O Ix Chel	»Regenbogen«	Mondgöttin, Göttin der Fruchtbarkeit, des Wassers, der Nacht, der Medizin, der Webkunst	Mond, Fruchtbarkeit, Nacht, Wasser, Medizin, Weberei, Katastrophen wie Überschwemmungen	als junge Frau (Göttin I, aufgehender Mond) mit großen weiblichen Brüsten, herunterhängender Locke und manchmal mit einem Kaninchen; oder als alte Frau (Göttin O, untergehender Mond) mit einer Schlange im Haar, manchmal mit Wasserkrug
L (Name unbekannt)		Schöpfergott (Gott des vergangenen Zeitalters)	Unterwelt, Nacht, Schöpfung, Güte	schwarze Körperbemalung, mit Hut, auf dem eine Eule sitzt, auch auf Jaguarthron sitzend

Name	Übersetzung	Charakteristik	Funktionsbereich	Darstellung
M Ek'Chuak	»Schwarzer Skorpion«	Gott der Kaufleute, Gott der Mitte der Erde, wo er das erste Feuer entzündete	Handel, Feuer	als junger oder alter Gott, mit schwarzer Körperbemalung, auf der Wanderschaft mit Bündel und Speer, beim Bohren des Feuers oder beim Blutopfer
N Pawahtún		Träger des Himmels bzw. Kosmos	Himmel, Kosmos	sitzender alter Gott, der eine Schnecke oder Schildkröte auf seinem Rücken trägt
Q (der Name besteht aus der Zahl 10 = *lahun* und einer Gesichtsglyphe)		Gott des Krieges und der Opfer	Krieg, Menschenopfer (von Kriegsgefangenen)	als junger Gott, mit einer Schlangenlinie im Gesicht und am Körper

Codices, das *Popol Vuh*, die Chilam-Balam-Bücher und Zaubersprüche sind als wichtigste religiöse Literatur der Maya zu nennen. Die Chilam-Balam-Bücher, die »Bücher des Jaguarpriesters«, sind Sammelwerke, die inhaltlich Prophezeiungen und Chroniken, aber auch Rituale, Astrologie und christliches Gedankengut enthalten. Die verschiedenen Chilam-Balam-Bücher unterschieden sich je nach Ort. Erhalten haben sich die Chilam-Balam-Bücher aus Chumayel, Maní, Tizimín, Kaua, Ixil, Tekax, Nah und Tusik. Sie stammen alle aus dem 16. und 17. Jahrhundert und sind in der Maya-Sprache geschrieben. Außerdem gibt es noch Zaubersprüche, in denen die Krankheiten und die Krankheitsbehandlung bzw. Heilung mit den entsprechenden Sprüchen beschrieben werden.

Religion und Pantheon der Azteken

Kennzeichnend für die aztekische Religion war ein dualistisches Weltbild. Der Dualismus zeigt sich vor allem in der Gegenüberstellung von Schöpfung und Vergehen, Leben und Tod, Tag und Nacht und den zumindest ambivalenten Aspekten, durch die ein und dieselbe Gottheit gekennzeichnet ist.

Nach dem Weltbild der Azteken war die Erde eine runde oder viereckige, von Wasser umgebene Scheibe. Nach einer anderen Version stellte man sich die Erde auch als Rücken eines im Wasser schwimmenden Alligators vor. Die Erde galt als Mitte des Kosmos. Über der Erde gab es 13 Himmelsschichten, unter ihr befanden sich neun Unterweltschichten. Nach dem Codex Rios befinden sich Mond und Wolken im ersten Himmel, im zweiten die Sterne, im dritten die Sonne, im vierten Morgen- und Abendstern, im fünften die Kometen, im sechsten und siebten Farben und im achten die Stürme. Im neunten bis elften Himmel sind die Götter präsent und im zwölften und 13. Himmel befindet sich das Omeyocan, der Ort des Schöpfungspaares Ometecuhtli und Omecihuatl. Tenochtitlán und besonders der Templo Mayor galten als Abbild des Kosmos, als Mikrokosmos, und als solcher symbolisierten sie die Mitte der Welt bzw. die Weltachse. Die Vorstellung, dass die Erde von Wasser umgeben sei, hatte ihre Entsprechung in der Lage Tenochtitláns als Insel in einem See.

Nach dem Glauben der Azteken wurde die Welt fünfmal in fünf Zeitaltern (bzw. »Sonnen«) erschaffen. In jedem Zeitalter opferte sich ein Gott und wurde zum Herrscher des Zeitalters bzw. der »Sonne«: Das erste Zeitalter, »4 Jaguar«, wurde von Tezcatlipoca beherrscht und endete damit, dass die Menschen dieses Zeitalters, die Giganten, von Jaguaren gefressen wurden. Das zweite Zeitalter, »4 Wind«, stand unter der Herrschaft des Windgottes Ehecatl. Es wurde durch Wind zerstört und die Menschen dieses Zeitalters wurden in Affen verwandelt. Die dritte Sonne, »4 Regen«, unter dem Regengott Tlaloc, wurde durch Feuerregen beendet und die Menschen wurden zu Schmetterlingen, Hunden und Truthähnen. Die vierte Sonne,

»4 Wasser«, beherrscht von der Wassergöttin Chalchiuhtlicue, endete mit einer Flut und der Verwandlung der Menschen in Fische. Die jetzige fünfte Sonne, »4 Bewegung«, wird von dem Sonnengott Tonatiuh beherrscht. Es soll durch Erdbeben und Hungersnot beendet werden.

Die vier Himmelsrichtungen waren durch bestimmte Attribute wie eine Gottheit, eine Farbe und ein Zeichen gekennzeichnet. Dem Norden waren der schwarze Tezcatlipoca, das Tageszeichen »Feuersteinmesser« und die Farbe Weiß zugeordnet. Der Süden wurde durch den blauen Tezcatlipoca, Huitzilopochtli, das Zeichen »Kaninchen« und die Farbe Gelb verkörpert. Der Osten wurde durch den roten Tezcatlipoca, durch das Zeichen »Schilfrohr« und die Farbe Rot dargestellt. Der Westen wurde durch den Gott Quetzalcoatl, die Farbe Schwarz und das Zeichen »Haus« symbolisiert.

Für die meisten Verstorbenen war das Leben nach dem Tod nicht vielversprechend. Sie kamen in das Totenreich Mictlán, das der Totengott Mictlantecuhtli beherrschte und das im Westen lag. Es war die neunte Unterwelt, trostlos und nicht erstrebenswert. Auf dem Weg nach Mictlán musste der Tote in vier Jahren auf seinem Weg Schwierigkeiten und Gefahren überwinden, wie hohe Berge, von Schlangen bewachte Straßen, einen Wind mit umherfliegenden, spitzen Obsidianklingen oder den Fluss Chiconahuapan. Paradiesisch war dagegen das Reich des Regengottes, Tlalocán, das man sich als eine Art Schlaraffenland vorstellte. Tlalocán war bestimmt für die, die ertrunken, vom Blitz erschlagen oder an Krankheiten wie Syphilis oder Wassersucht gestorben waren. Die im Kampf gefallenen Krieger, die im Kindbett gestorbenen Frauen und die für einen Gott Geopferten kamen in das Paradies des Sonnengottes, Tonatihilhuiac, das im Osten lag. Entscheidend für das Leben nach dem Tod war die Todesart, nicht die Verdienste im Leben.

Die Priesterschaft der Azteken war hierarchisch gegliedert. An der Spitze standen die beiden Priester des Templo Mayor, die den Ehrentitel »Quetzalcoatl« trugen (obwohl die beiden Tempel dem Huitzilopochtli und dem Tlaloc geweiht waren).

Jeder Gott bzw. Tempel hatte seine bestimmten Priester. Die Priester wurden in einer besonderen Schule *(calmecac)* ausgebildet. Der Priesterdienst war vor allem durch Opfer und strenges Fasten gekennzeichnet, zu dem der Verzicht auf Nahrung, Geschlechtsverkehr und Baden gehörte. Dementsprechend waren die Priester oft durch ungepflegtes Äußeres (ungekämmte Haare etc.) gekennzeichnet. Priester konnten andererseits aber durchaus am alltäglichen Leben teilnehmen (Heirat, Krieg etc.). Man kannte auch den Tempeldienst von Frauen.

Die wichtigsten Gottheiten der Azteken waren der Stammes-, Kriegs- und Sonnengott Huitzilopochtli, seine Mutter Coatlicue (Fruchtbarkeitsgöttin) und seine Schwester Coyolxauhqui (Mondgöttin), der Schöpfergott und Kulturbringer Quetzalcoatl, der Regengott Tlaloc und seine Schwester bzw. Frau Chalchiuhtlicue (Wassergöttin), der Schöpfergott und Gott des Bösen Tezcatlipoca sowie die Fruchtbarkeitsgötter Xipe Totec und Xochipilli. Ferner sind zu nennen: der Totengott Mictlantecuhtli, der alte Feuergott Huehueteotl, die junge Maisgöttin Xilonen und der Maisgott Centeotl, die Erdgöttin Tlazolteotl und der Jagdgott Mixcoatl. Im Gegensatz zu den Spaniern zerstörten die Azteken nicht die Heiligtümer der eroberten Völker, sondern übernahmen die fremden Gottheiten und stellten sogar ihre Statuen in den Tempeln von Tenochtitlán auf. Dadurch vergrößerte sich das Pantheon und es gab für einen Zuständigkeitsbereich wie Fruchtbarkeit mehrere Gottheiten. Andererseits konnte ein Gott in verschiedenen Erscheinungen auftreten und unterschiedliche Zuständigkeits- und Funktionsbereiche haben: So konnte der Schöpfergott Quetzalcoatl auch als Windgott Ehecatl bzw. Quetzalcoatl-Ehecatl auftreten. Er war andererseits so eng mit seinem Zwillingsbruder, dem hundegestaltigen Gott Xolotl, verbunden, dass er mit diesem auch gleichgesetzt wurde. Quetzalcoatl galt zudem als Abbild von Tezcatlipoca (»Rauchender Spiegel«), andererseits war Tezcatlipoca aber als zerstörerischer Gott auch eine Kontrastgestalt bzw. der Gegner des Gottes Quetzalcoatl.

Die wichtigsten Gottheiten der Azteken im Überblick:

Name	Übersetzung	Charakteristik	Funktionsbereich	Darstellung
Chalchiuhtlicue	»die mit dem Jaderock«	Wasser- und Fruchtbarkeitsgöttin	Meer und Gewässer, Schwester (oder Frau) des Tlaloc	
Coatlicue	»die mit dem Schlangenrock«	Erd- und Fruchtbarkeitsgöttin	Mutter des Huitzilopochtli und anderer Götter	mit Schlangenrock
Centeotl	»Maisgott«	Maisgott		
Coyolxauhqui	»die mit Glocken bemalt ist«	Mondgöttin	Halbschwester des Huitzilopochtli, böse Zauberin, die von Huitzilopochtli enthauptet und zerstückelt wurde	mit Glocken an den Wangen
Ehecatl	»Wind«	Windgott	eine Erscheinungsform des Quetzalcoatl	mit Maske mit schnabelförmigem Mund
Huehueteotl	»alter Gott«	Feuergott	Feuer	als alter, buckliger, zahnloser Gott mit einem Räucherbecken auf dem Kopf
Huitzilopochtli	»Kolibri des Südens«	Stammesgott der Azteken	Krieg, Sonne	
Mictlantecuhtli	»Herr der Toten«	Totengott	Herrscher der Unterwelt bzw. des Totenreiches (Mictlán)	als Skelett
Mixcoatl	»Wolkenschlange«	Jagdgottheit	Jagd, Himmel, symbolisiert Wolken und Milchstraße	mit Hirsch- oder Hasengesicht, mit schwarzer Maske oder als Wolke

Name	Überset-zung	Charakteristik	Funktions-bereich	Darstellung
Ometecuht-li / Omeci-huatl	»Zwei Herr« / »Zwei Frau«	Schöpfergott-heiten	Schöpferpaar, von dem die Götter abstam-men und das die Welt und Men-schen erschuf	
Quetzalcoatl	»Feder-schlange«	Schöpfergott und Kulturhe-ros	Leben, Wind, Kultur; erschuf die Menschen, erfand die Land-wirtschaft und das Handwerk	als gefiederte Schlange oder Mensch mit ko-nischem Hut
Tezcatlipoca	»Rau-chender Spiegel«	Schutzgott der Zauberer und Bösen	Verkörpert als Zwillingsbru-der von Quet-zalcoatl mit dessen negati-ven Aspekten: das Böse, Tod, Nacht, Zerstö-rung, Schicksal	als Jaguar oder als Mensch mit einem Spiegel vor der Brust und einem Spie-gel anstelle eines Fußes
Tlaloc	»der, wel-cher wachsen lässt«	Regengott	Regen (ein-schließlich der negativen As-pekte), Frucht-barkeit, Dürre	mit brillenähn-lich umrandeten Augen und raubtierähnli-chem Mund
Tlazolteotl	»Göttin des Schmut-zes«	Erd- und Fruchtbarkeits-göttin	Erde, Schmutz, Sinneslust, Lie-be, Geburt, Rei-nigung (man legte am Ende seines Lebens eine Beichte vor ihr ab)	als Gebärende
Tonatiuh	»Sonne«	Sonnengott	Sonne	als Sonne oder als Mensch mit Sonnenscheibe auf dem Rücken
Xilonen	»junge Maiskol-ben-Pup-pe«	Maisgöttin	junge Mais-pflanzen	mit großem Kopftuch und Mais in der Hand

Name	Übersetzung	Charakteristik	Funktionsbereich	Darstellung
Xipe Totec	»unser Herr, der Geschundene«	Fruchtbarkeitsgott	Vegetation, Fruchtbarkeit, Frühling, Gegensatz und Übergang, Schutzgottheit der Goldschmiede	bekleidet mit der Haut der ihm geopferten Menschen
Xochipilli	»Blumenprinz«	Fruchtbarkeitsgott	Frühling, Blumen, Liebe, Tanz, Spiel, Musik und Gesang, Mais	als junger Gott

Viele der bildlichen Darstellungen der aztekischen Gottheiten wurden von den Spaniern zerstört. Den Anfang machte Cortés höchstpersönlich, als er in einem Wutanfall auf eine Statue des Huitzilopochtli in dessen Tempel mit einer Brechstange einschlug und gleichzeitig die Goldmaske an sich nahm. Als Kunstwerke waren solche Goldausstattungen für die Spanier wertlos. Daher sind keine erhalten geblieben, sie wurden in Goldbarren eingeschmolzen – um so den Abtransport zu erleichtern.

Tlaloc, der Regengott, hier als Relief an der Fassade des Quetzalcoatl-Tempels von Teotihuacán

»Sie haben einen ebenso vollkommen Kalender wie wir« – Schrift-, Zahlen- und Kalendersystem

Eine Schrift ohne Alphabet?
Wesen und Besonderheiten altmexikanischer Schriften

> *Diese Leute gebrauchen auch bestimmte Schriftzeichen
> oder Buchstaben, mit denen sie in ihren Büchern ihre alten
> Geschichten und ihre Wissenschaften aufschrieben, und
> durch sie, die Bilder und einige Zeichen an den Bildern
> verstanden sie ihre Angelegenheiten, machten sie anderen
> begreiflich und lehrten sie. Wir fanden bei ihnen eine große
> Zahl von Büchern mit diesen Buchstaben, und weil sie nichts
> enthielten, was von Aberglauben und den Täuschungen des
> Teufels frei wäre, verbrannten wir sie alle, was die Indios
> zutiefst bedauerten und beklagten.*

Dies schrieb Diego de Landa, erster Missionar bei den yukatekischen Maya, 1566 in seinem *Bericht aus Yucatán* (Kap. VI,
S. 135). Landa vernichtete in der Tat alle der zahlreichen Bilderhandschriften der Maya, die er als Teufelswerk ansah – nur
vier sind heute erhalten. Andererseits verdanken wir es Landa, dass wir die Maya-Schrift sowie die Kalenderzeichen heute weitgehend lesen können. Denn das »Landa-Alphabet« war
der Schlüssel zur Entzifferung der Maya-Hieroglyphen.

Schrift, Zahlen und Kalender galten als wesentliche Merkmale einer Hochkultur. Unter Schrift versteht man ein System
von Zeichen, um Informationen festzuhalten und weiterzuge-
ben. Schriftzeichen können z. B. Buchstaben (Alphabetschrift),
Silben oder Worte (logosyllabische Schrift) oder Piktogramme
und Symbole (piktographische Schrift, Symbolschrift) sein. Bei
den mesoamerikanischen Schriften handelt es sich sowohl um
logosyllabische sowie auch piktographische Schriften bzw.
Symbolschriften. Entsprechend ist zu unterscheiden einerseits
zwischen den Schriftsystemen, die einen Sprachcode wieder-

geben, wie Alphabet- und logosyllabische Schriften, und andererseits den Schriftsystemen, die nicht an eine Sprache gebunden sind und daher auch über Sprachgrenzen hinweg verstanden werden, wie die piktographischen Schriften oder Symbolschriften. Lange Zeit bestand auch in der Forschung das Vorurteil, dass nur die Schriften, die auf einem Sprachcode basieren, Schriften im eigentlichen Sinne seien und nicht die Bilder- oder Symbolschriften. So ging man davon aus, dass die mesoamerikanischen Kulturen eben Kulturen ohne Schriften seien.

Es war die Oberschicht der mesoamerikanischen Gesellschaften, die der Schrift, der Zahlen und des Kalenders kundig war. Die Schreiber nahmen eine gesellschaftlich hohe Stellung ein und wohnten in palastartigen Häusern, häufig in der Nähe der Herrscherpaläste. Es gab bei den Maya zwei affenartige Gottheiten, die als Schutzpatrone der Schreiber fungierten. Malereien der Maya zeigen die Schreiber meist mit einem Kopftuch, in das sie ihre Pinsel steckten. Unter ihnen waren die Priester die Kalender- und Schriftkundigen schlechthin, denn Kalender und Schrift hatten primär einen religiös-rituellen Hintergrund. Selbst historische Ereignisse, die schriftlich festgehalten wurden, sah man in einem religiösen Zusammenhang. Die Schrift diente auch der Darstellung und Legitimation von Herrschern, denen die Maya z. B. einen göttlichen Status zuschrieben. Und gerade dafür eignete sich eine Bild- und Symbolschrift besser als eine sprachgebundene Schrift. Man kann davon ausgehen, dass es eine relativ breite Öffentlichkeit gab, die diese Bildschriften lesen bzw. verstehen, wenn auch nicht selbst schreiben konnte. Neben dieser Darstellung göttlicher Herrschermacht hatte die Schrift aber auch eine Funktion im wirtschaftlichen und administrativen Bereich wie z. B. die Festsetzung von Tributen, so z. B. bei den Azteken. Diese schriftlichen Aufzeichnungen dienten dann später auch den Spaniern als Grundlage, um die Tributerhebung und Verwaltung in den neu eroberten Gebieten fortzuführen.

Die erste Kultur mit nachweisbarer Schrift ist die der Olmeken in der vorklassischen Zeit. Die Schriftzeichen finden sich auf Keramik und Steinmonumenten, vor allem auf Stelen, und enthalten meistens kalendarische Informationen. Es war allem Anschein nach eine Bilder- bzw. Symbolschrift. Aber bereits ihre Nachfolger, die Epi-Olmeken, besaßen wahrscheinlich eine logosyllabische, also auf einem Sprachcode basierende Schrift. Die ersten Schriftzeichen Mesoamerikas finden sich auf den Stelen von Tres Zapotes, La Mojarra und Tuxtla. Die Stele von Tres Zapotes gibt das Datum 1. September (oder 3. September) 32 n. Chr. in der Kalenderzählung wieder, die der späteren Long-Count-Zählung der Maya entspricht. Die Stele zeigt außerdem die Darstellung eines Menschen. Die Stele war zerbrochen, ein Teil befindet sich im örtlichen Museum von Tres Zapotes, der andere Teil im MNA. Die Stele von La Mojarra wurde nahe von Tres Zapotes 1986 gefunden und von Terence Kaufmann entziffert. Er konnte die Schriftzeichen und somit die Sprache der Olmeken den noch heute gesprochenen indianischen Sprachgruppen Mixe-Zoque zuzuordnen. Die Glyphen berichten von einem Herrscher, der Ernte-Bergherr heißt, von seiner Thronbesteigung, seinen Ritualen und seinen Kriegen. Auf der Stele ist das Datum 19. Mai 143 n. Chr. in der Long-Count-Zählung angegeben. Die Stele von Tuxtla gibt das Datum 12. März 162 n. Chr. in der Long-Count-Zählung an und zeigt ferner ein menschliches oder göttliches Gesicht mit platter Nase und schnabelartigem Mund. Die Stele wurde 1902 von einem Bauern im Gebirge von Tuxtla gefunden, der genaue Ort ist unbekannt, von Mitarbeitern der Smithsonian Institution erworben und in die USA gebracht – versteckt in einer Schiffsladung von Tabakblättern!

Gab es in Teotihuacán eine Schrift? Bis heute diskutieren die Wissenschaftler darüber, ob es sich um ein auf Sprache basierendes Schriftsystem in unserem Sinne oder »nur« um eine Reihe von symbolhaften Zeichen handelte. Schon Alfonso Caso (1966) betonte, dass bei der Kunst Teotihuacáns zu beachten ist, dass es keine *l'art pour l'art* in unserem Sinne ist, sondern dass diese Kunst eine religiöse und symbolische Bedeutung hat. Eine Darstellung von Blumen ist demnach in Teotihuacán nicht bloß eine reale Darstellung von Blumen oder eine Ausschmückung, sondern hat eine tiefere Bedeutung. Die Blumendarstellung beinhaltet eine ganz bestimmte Aussage. Ähnlich wie bei der Schrift können so mit der Kunst Aussagen und Inhalte vermittelt werden. George Kubler (1967) ging dementsprechend davon aus, dass die Ikonographie, die Symbolik der Bilder die Funktion einer Schrift bzw. Sprache übernommen habe. Kubler bezeichnet die Bildsymbolik Teotihuacáns als Wortbilder, die dem »Leser« entsprechende Informationen mitteilen. Und er stellte die Frage, ob und inwiefern nicht gerade solche Gemälde ihre Funktion als Mitteilung und Darstellung einer Ideologie, von religiösen und gesellschaftlich-politischen Normen sowie von Macht und Herrschaft für eine breite Öffentlichkeit besser erfüllten als ein Schriftsystem. Heute ist man sich darüber einig, dass es in Teotihuacán durchaus ein System von Schriftzeichen gegeben hat. Allerdings wissen wir nach wie vor wenig über die Bedeutung und Syntax. So gibt es in Teotihuacán eine Reihe von Glyphen, d. h. grafischer bzw. bildlicher Darstellungen von Zeichen sowie eine Reihe von Symbolen.

Die Maya gehören zwar alle zu einer Maya-Sprachfamilie, aber es sind im Einzelnen doch deutliche sprachliche Unterschiede zu berücksichtigen. So gibt es auch Unterschiede in den Schriften der Maya, auch wenn im Folgenden von »Maya-Schrift« gesprochen wird und dabei die Zeit der Klassik im Vordergrund steht. Die Entzifferung der Schrift der Maya, der »Hieroglyphen«, hat besonders in den letzten Jahrzehnten Fortschritte gemacht.[23] Heute sind ca. 80 % der Maya-Hierogly

---

23 Erst im 19. Jahrhundert begann die Geschichte der Erforschung der Maya-Schrift: Abbé Charles Étienne Brasseur de Bourbourg (1814–1874), als Priester lange in Guatemala tätig, entdeckte 1862 in Madrid in der Königlichen Akademie für Geschichte die bislang vergessene Schrift *Bericht aus Yucatán* (1566) von Diego de Landa, des ersten Missionars der Maya. Landa hatte darin Leben und Kultur der Maya beschrieben und ebenso die Schriftzeichen für den rituellen Kalender festgehalten. Somit sollte Landas *Bericht aus Yucatán* der Schlüssel für die Entzifferung der Maya-Schrift sein. Brasseur war es auch, der den Madrider Codex entdeckte und das *Popul Vuh* erstmals übersetzte. Der Durchbruch in der Entzifferung der Maya-Schrift erfolgte aber erst Ende der 1940er Jahre: Juri Walentinowitsch Knorozow (1922–1999), ein russischer

phen »lesbar«. Die Maya-Schrift wird als »logossyllabisch« bezeichnet, d. h. ein Schriftzeichen konnte entweder für ein ganzes Wort oder nur für eine Silbe stehen. Eine Silbe besteht jeweils aus einem Konsonanten und einem Vokal. Grube betont, dass es 20 Konsonanten und fünf Vokale und somit durch entsprechende Kombination mindestens 100 Silbenzeichen gab. Ein Wort ließ sich entweder durch ein einziges Zeichen, das Wortzeichen, ausdrücken oder durch mehrere Silbenzeichen. Sowohl ein Wort als auch eine Silbe wiederum ließen sich nicht nur durch ein, sondern durch mehrere mögliche Zeichen ausdrücken und ebenso durch Portraits von Göttern und Tieren oder durch Figuren. So konnte ein Text kalligraphisch kunstvoll ohne Wiederholung derselben Zeichen gestaltet werden. Mit Silbenzeichen drückte man nicht nur die Bedeutung eines Wortes aus, sondern mit ihnen konnte man auch die Aussprache anzeigen (= phonetische Komplemente) oder die Interpretation bzw. Lesung verdeutlichen (= Deutezeichen bzw. Determinative). Ein Maya-Text wird in Doppelkolumnen von oben nach unten und von links nach rechts gelesen. Man beginnt mit der obersten Hieroglyphe links, liest dann die rechte Hieroglyphe und liest als nächstes die linke Hieroglyphe eine Zeile tiefer. Aufzeichnungen mit geschichtlichem Inhalt beginnen meist mit einer genauen Datumsangabe zu dem Ereignis, über das berichtet wird. Die Schrift der Maya findet sich auf Steinmonumenten wie Stelen, Wänden, Türstürzen, Markiersteinen von Ballspielplätzen, auf Keramikgefäßen und Schmuckgegenständen, als Stuckformen und in den Codices, den Faltbüchern. Die Hieroglyphen auf Steinmonumenten berichten über die Geschichte und das Leben der Herrscher und ihrer Dynastien. Bei der Schrift auf Keramikgefäßen und

---

Ägyptologe, erkannte, dass es sich bei der Maya-Schrift um eine Silbenschrift handelte und dass ein Begriff durch mehrere Schrift- oder Bildzeichen wiedergegeben werden konnten. Es dauerte einige Zeit, ehe diese Erkenntnisse allgemein anerkannt wurden. In den 1960er Jahren erkannten Heinrich Berlin und Tatiana Proskouriakoff, dass die Schriftzeichen auf Steinmonumenten inhaltlich vor allem die Geschichte von Städten und ihren Herrscher-Dynastien erzählten und nicht nur Kalenderwissen, wie bisher angenommen.

Schmuck handelt es sich meist um die die Bildszenen beglei-
tenden und erklärenden Texte oder um Weiheformeln mit Angabe des Namens des Eigentümers und Herstellers.

Die Azteken hatten ein einfacheres Schriftsystem als die
Maya. Es war eine pikto-ideographische Schrift: Die Schrift bestand zum einen aus Piktogrammen, d. h. Bildzeichen, die das
darstellten, was auch konkret gemeint war. So stellte das Bildzeichen für »Jaguar« einen Jaguar dar, das für »Tempel« einen
Tempel etc. Zum anderen bestand die Schrift aus Ideogram-
men, d. h. aus Zeichen mit symbolischer Bedeutung, die abs-
trakte Phänomene bezeichneten: Das Zeichen für »Eroberung«
war ein brennender Tempel, das Zeichen für »Rede« war eine
Sprechblase vor dem Mund des Redners, das für »Tod« ein Mu-
mienbündel etc. Die Orts- und Personennamen setzten sich in
der Regel aus einzelnen Bildzeichen zusammen: Die Namens-
glyphe für den Aztekenherrscher Chimalpopoca (*chimalli* =
Schild, *popoca* = rauchen, also »Rauchendes Schild«) wurde
durch ein Schild und eine Rauchwolke darüber dargestellt.
Das Zeichen des Ortsnamens Coatepec (*coatl* = Schlange, *tepec*
= Berg, also »Schlangenberg«) war eine Schlange auf einem
Berg. Allerdings kannte die aztekische Schrift darüber hinaus – vor allem bei Personen- und Ortsbezeichnungen – auch
Phonogramme, d. h. Lautzeichen. Aztekische Schriftzeichen
aus der vorspanischen Zeit sind auf Steinmonumenten wie
Skulpturen oder Reliefs erhalten. Meist handelt es sich hierbei
um Kalenderangaben. Aus der Zeit nach der spanischen Eroberung haben wir auch Bilderhandschriften, deren Schriftzeichen sich von denen auf den Steinmonumenten unterscheiden. So enthalten sie wesentlich mehr Phonogramme, Na-
menszeichen und erzählende Szenen. Die Azteken verwendeten die Schrift hauptsächlich dafür, Orts- und Personennamen,
Kalenderangaben sowie Tribute und Handelswaren festzuhalten, und diese waren auch weitgehend durch Standardzeichen
festgelegt, während es ansonsten keine verbindlich festgeleg-
te Schreibweise gab.

Gute und schlechte Tage – Kalender und Zahlen

Sie haben einen ebenso vollkommenen Kalender wie wir.

So Diego de Landa in seinem *Bericht aus Yucatán* (Kap. VI), der als Schlüssel zur Entzifferung nicht nur der Schrift, sondern auch des Kalendersystems der Maya gilt.

Das Zahlensystem in Mesoamerika war ein Vigesimalsystem, während unseres ein Dezimalsystem ist. Während wir sozusagen die Zahlen an den zehn Fingern der beiden Hände abzählen und für uns daher zehn die maßgebende Grundzahl ist, benutzte man im Alten Mexiko für die Zählung Hände *und* Füße, so dass 20 die entscheidende Grundzahl war.

Eine Besonderheit des Zahlensystems der Maya war die Tatsache, dass mit dem Wert Null gerechnet wurde. Eine Errungenschaft, mit der komplexe und umfangreiche Rechnungen möglich waren. Und eine Errungenschaft, die bei uns in Europa erst mit dem arabischen Zahlensystem im Mittelalter eingeführt wurde. Bis dahin rechnete man mit dem römischen Zahlensystem, das keine Null kannte. Während wir insgesamt zehn Ziffern verwenden, benutzten die Maya nur drei Zeichen für Zahlen: Die Muschel für den Wert Null, einen Punkt für den Wert eins (zwei Punkte für zwei etc.) und einen Balken für den Wert fünf.

Eine wichtige Aufgabe der Priester war die Astronomie, d. h. die Beobachtung und Berechnung des Verlaufs der Gestirne und die Astrologie, d. h. die Deutung des Verlaufs der Gestirne. In Mesoamerika war bekannt, dass es sich bei Morgen- und Abendstern um dasselbe Gestirn handelt, während man in Europa lange dachte, dass es zwei verschiedene Sterne seien. Von den Maya wissen wir, dass sie eine ausgezeichnete Kenntnis des Verlaufs diverser Gestirne, vor allem von Sonne, Mond, Venus, Merkur, Jupiter, Saturn und Mars hatten. Dies belegen die Codices, vor allem der Dresdner Codex, der ausschließlich kalendarischen Inhaltes ist. So konnten die Maya z. B. vorhersagen, wann eine Sonnen- oder Mondfinsternis auftrat, oder wann die Venus sichtbar war.

In den mesoamerikanischen Kulturen waren vor allem zwei zyklische Kalendersysteme in Gebrauch: Ein Kalender nach dem Verlauf der Sonne und ein Ritualkalender nach dem Verlauf des Mondes.

Der Sonnenkalender bestand aus 18 Monaten mit je 20 Tagen, also insgesamt 360 Tage. Man zählte noch fünf zusätzliche Tage, die als unglücksbringend galten, hinzu und hatte dann so wie bei uns einen Kalender mit 365 Tagen (wir haben zum Ausgleich alle vier Jahre ein Schaltjahr). Der Ritualkalender bestand aus 260 Tagen mit 13 Monaten mit je 20 Tagen. Jeder Tag hatte einen eigenen Namen. Dieser Name setzte sich aus der Verbindung von einer Zahl zwischen eins bis 13 und einem von insgesamt 20 Symbolen (ein Naturphänomen, ein Tier oder Ähnliches) zusammen. So begann die Benennung des ersten Jahrestages des Maya-Mondkalenders mit 1 *imix* (»1 Erdmonster«). Nach dem Tag 13 ben (»13 Schilfrohr«) begann man wieder mit der Zahl eins. Man hatte aber eine Reihe von 20 Tageszeichen, mit denen man weiter zählte, so dass der 14. Tag 1 ix (»1 Jaguar«) und der 21. Tag 8 imix war. Nach 260 Tagen, nach Ende des Jahres, begann man die Zählung des neuen Jahres wieder mit 1 imix. Nach ähnlichem Muster wurde der Velauf der Jahre berechnet. Die Tages-, Monats- oder Jahresnamen konnten bei den Maya sowohl abstrakt als auch mit dem Kopf eines Menschen oder Tieres dargestellt werden. Bei den Jahren kam es nach 52 Jahren zu einer Wiederholung der Jahresnamen bzw. zu einem Neuanfang. Dadurch trafen auch genau zu diesem Zeitpunkt Sonnen- und Mondkalender in ihrem zyklischen Ablauf am selben Tag zusammen. Somit kehrte im Mondkalender jeder Tagesname nach 260 Tagen wieder und jeder Jahresname wiederholte sich nach 52 Jahren. 52 Jahre galten als eine jeweils einem Jahrhundert unserer Zeitrechnung vergleichbare Einheit, die (damals) einem Menschenleben entsprach und bei den Azteken durch »Rohrbündel« bildlich dargestellt wurde. Die Datierung historischer Ereignisse in der Geschichte der Azteken ist dabei nicht immer einfach, da sich sowohl Tages- als auch Jahreszeichen nach einer Zeitspanne wiederholen und man dann bei einem bestimmten Ereignis nicht sicher ist, ob es sich in diesem oder einem späteren 52-Jahrzyklus (»Jahrhundert«) ereignete.

Der Ritualkalender war in seiner primären Funktion als Wahrsagekalender wichtiger als der Sonnenkalender. Denn die im Ritualkalender festgelegten Tage waren wichtig und schicksalsentscheidend für alle Ereignisse und Unternehmungen im alltäglichen bis hin zum politisch-staatlichen Bereich: für die Namensgebung der Kinder, für die Heirat, für die Traumdeutung, für Krankheiten und ihre Behandlung (entscheidend war hierbei der erste Krankheitstag), für die Einsetzung des Herrschers, für die Kriegsführung sowie für die Festlegung wichtiger Daten wie Jahresfeste, Aussaat und Ernte oder Opfer. Deshalb wurden Menschen und Gottheiten auch nach dem Tageszeichen ihrer Geburt benannt, wie z. B. »1 Schilfrohr« für den Gott Quetzalcoatl – vergleichbar dem katholischen, oft heute noch in Mexiko üblichen Brauch, das Neugeborene nach dem Heiligen, an dessen Tag es geboren wurde, zu benennen. Allerdings trickste man dabei ein bisschen, indem man die Unglück verheißenden Tage ausließ.

Sonnen- und Ritualkalender waren zyklische Zeitberechnungen, während wir ein lineares Kalendersystem haben, dass von einem fixen Datum, einem Null-Datum bzw. Christi Geburt, ausgeht. Mit den zyklischen Kalendersystemen war die Vorstellung verbunden, dass sich alle Ereignisse der Vergangenheit in Gegenwart bzw. Zukunft wiederholen. Es gab aber außer diesen beiden zyklischen Kalendersystemen bereits in der vorklassischen Zeit noch ein lineares Kalendersystem, dessen Berechnung wie bei uns von einem fixen Zeitpunkt, einem Nulldatum ausgeht: die »Lange Zählung« oder »Long Count«. Dieses lineare Kalendersystem übernahmen dann die Maya und entwickelten es weiter.

Der Long-Count der Maya begann mit dem Nulldatum 13. August im Jahr 3114 v. Chr. Dies war nach Vorstellung der Maya der Beginn der Weltschöpfung bzw. der Beginn des gegenwärtigen vierten Zeitalters. Da uns dieses Anfangsdatum bekannt ist, ist es möglich, die auf den Stelen und anderen

Denkmälern verzeichneten Long-Count-Daten in unsere Zeit-rechnung zu übertragen. Die Stele 29 von Tikal enthält die bis-lang früheste Datumsangabe des Long Count, nämlich 292 n. Chr. Die letzte erhaltene Datumsangabe des Long Count ist 909 n. Chr. auf einer Stele von Toniná.[24]

Der Long Count unterschied folgende Zeiteinheiten:

k'in	= 1 Tag	
winal	= 20 Tage	= 1 Monat
tun	= 360 Tage	= 1 Jahr
k'atun	= 7200 Tage	= 20 Jahre
bakt'tun	= 144 000 Tage	= 400 Jahre usw.

Auch eine Kalenderberechnung über den Verlauf der Venus war in Gebrauch und bei den Maya hochentwickelt. Informa-tionen darüber liefern uns die acht »Venustafeln« des Dresd-ner Codex. Für die Maya war es wichtig zu wissen, wann der Venusstern zum ersten bzw. letzten Mal als Morgen- und Abendstern sichtbar ist. Die Berechnungen des Venusverlaufes dienten dazu, vor dem bei dem Maya gefürchteten, ersten Sichtbarwerden des Morgensterns zu warnen. Der Codex be-schreibt dementsprechend den Verlauf von 65 Venusjahren; ein Venusjahr bestand aus 584 Tagen. Der Codex verbindet den Verlauf der Venus mit denen des Sonnen- und Mondkalenders sowie mit der Long-Count-Rechnung. So bestand z. B. ein Ve-nuszyklus aus 2920 Tagen, das entspricht genau acht Zyklen bzw. Jahren des Sonnenkalenders (8x365 = 2920).

Auch die Azteken hatten einen Sonnenkalender *(xihuitl)* mit 365 Tagen bzw. 18 Monaten mit jeweils 20 Tagen plus fünf zu-sätzlichen Tagen und einen Mondkalender *(tonalpohualli)*, der aus 260 Tagen bzw. 13 Monaten mit jeweils 20 Tagen bestand. Und auch die Azteken verbanden – wie die Maya – die Zahlen eins bis 13 mit einem von 20 Symbolen (Tier, Naturphänomen

---

24 Die Kalenderdaten auf den Stelen dienten den Maya-Herrschern auch zur Darstellung ihrer Macht und Eroberungen. Nicht selten trickste man dabei. So setzten Pakal und Kan-Balam, die Herrscher von Palen-que, ihre Geburtsdaten mit denen der Muttergottheit gleich, um so ihre göttliche Herkunft und ihre Herrschaft zu legitimieren.

*Der »Sonnenstein« der Azteken (auch als aztekischer Kalenderstein bekannt)
mit dem Sonnengott in der Mitte und den Symbolen der vier Weltzeitalter*

oder Ähnliches). Die Verbindung bzw. der Tagesname »1 Krokodil« als erster Jahrestag wiederholte sich genau nach einem
Jahr als erster Tag des nächsten Jahres. Nach ähnlichem System funktionierte die Jahresrechnung, wobei mit den Zahlen
von eins bis 13 aber nur vier der Symbole (Haus, Kaninchen,
Rohr, Feuerstein) verbunden wurden.

Wichtige historische Ereignisse wurden oft in einem sym-
bolischen, mythisch-rituellen Zusammenhang gesehen. So
symbolisierte das Jahr »1 Feuersteinmesser« gleichzeitig Mythos und Geschichte sowie Ursprung und Herrschaft der Azteken. Denn im Jahr »1 Feuersteinmesser« brachen die Azteken
von ihrer sagenhaften Heimat Aztlán auf, um ins Hochtal von
Mexiko einzuwandern. 1428, als die Azteken ihre Unabhängigkeit von der Herrschaft der Tepaneken erlangten, war auch
ein Jahr namens »1 Feuersteinmesser«. Und »1 Feuersteinmesser« war schließlich der Kalendername des Gottes Huitzilopochtli, der die Azteken aus ihrer Heimat Atzlán geleitet und
siegreich gegen die Tepaneken geführt hatte. Der Auszug der

Azteken aus Aztlán gehört in den mythischen Bereich, ist also historisch nicht genau zu datieren. Aber für die Azteken war es ein reales Datum und es ist daher nicht unwahrscheinlich, dass sie den Aufstand gegen die Tepaneken ganz bewusst im Jahr »1 Feuersteinmesser« durchführten, weil man sich davon einen glücklichen Ausgang versprach. Auch das Jahr »1 Kaninchen« war ein wichtiges Jahr: Es war das erste Jahr im 52-Jahr-Zyklus und es war das erste Jahr der »Fünften Sonne«, des jetzigen Zeitalters.

Man weiß aus Berichten, dass die Azteken am Tag vor dem Ende des 52-Jahre-Zyklus alle Feuer löschten, alle Küchengeräte zerschlugen und alle Häuser säuberten oder renovierten. Die Nacht verbrachten sie auf dem Dach. Auf dem Berg Uixachtlán wurde ein Mensch geopfert, der Priester entzündete in seiner geöffneten Brust ein neues Feuer. Dieses wurde dann mit Fackeln zu den Tempeln und Häusern gebracht, um überall das neue Feuer zu entzünden. Der Aufgang der Sonne zeigte im Anschluss, dass die Welt nicht untergegangen war.

Abschließend eine Liste der Kalenderzeichen der Maya, Azteken und Mixteken:

	MAYA	AZTEKISCH	MIXTEKISCH
1	Erdmonster	Krokodil	Krokodil
2	Wind	Wind	Wind
3	Nacht	Haus	Haus
4	Mais	Eidechse	Eidechse
5	Schlange	Schlange	Schlange
6	Tod	Tod	Tod
7	Hirsch	Hirsch	Hirsch
8	Kaninchen	Kaninchen	Kaninchen
9	Regen	Wasser	Wasser
10	Hund	Hund	Hund
11	Affe	Affe	Affe
12	Besen	Gras	Heilkraut

13	Schilfrohr	Schilfrohr	Schilfrohr
14	Jaguar	Jaguar	Jaguar
15	Adler	Adler	Adler
16	Geier	Geier	Geier
17	Erde	Bewegung	Erdbeben
18	Feuerstein (Messer)	Feuerstein (Messer)	Stein
19	Sturm	Regen	Regen
20	Herr	Blume	Blume

Codices –
die Bücher der Maya, Mixteken und Azteken

Zur Beute der spanischen Eroberer, die Kaiser Karl überbracht wurde, gehörten unter anderem auch Bücher der Maya. Von den hunderten von Handschriften bzw. Codices haben nur ganze vier die Zerstörungswut der spanischen Missionare überstanden. Codices sind praktisch Faltbücher, die leporelloartig oder wie eine Ziehharmonika gefaltet waren. Die Maya-Codices sind nach den Städten benannt, in denen sie sich heute befinden: Der Codex Dresdensis in Dresden (Sächsische Landesbibliothek), der Codex Tro-Cortesianus in Madrid (Museo de América) und der Codex Peresianus in Paris (Bibliothèque Nationale). Der Codex Dresdensis ist wohl zwischen 1200 und 1250 n. Chr. entstanden, der Codex Tro-Cortesianus Ende des 15. Jahrhunderts und der Codex Peresianus wahrscheinlich zwischen 1300 und 1500 n. Chr. 1971 wurde noch ein vierter Codex, der Grolier, entdeckt, der sich in Mexiko befindet. Inhaltlich befassen sich diese Codices mit dem Kalender, Astronomie und Astrologie – für die Maya eng mit der Religion verbunden: So dienten die in den Codices beschriebenen Kalenderberechnungen und die Beschreibungen des Verlaufs der Bahnen von Sonne, Venus, Mond und anderen Gestirnen der Voraussage von Glücks- und Unglückstagen sowie der Festlegung der Termine von Festen, Opfern, Ritualen und landwirtschaftlicher Tätigkeiten (Aussaat, Ernte etc.).

Der Dresdner Codex ist eng mit der Geschichte der Entzifferung der Maya-Schrift verbunden. Mit der Schrift des Diego de Landa und dem Madrider Codex als Grundlagen fand Ernst Wilhelm Förstermann (1822–1906), Sprachwissenschaftler und Leiter der Königlichen Bibliothek in Dresden, heraus, dass es sich bei dem Dresdner Codex inhaltlich um kalendarische Angaben nach dem Ritualkalender handelte. Der Dresdner Codex besteht inhaltlich aus einer Reihe von Almanachen, die sich mit den einzelnen Tagen des Ritualkalenders sowie den jeweils für diese Tage zuständigen Gottheiten befassten. Die Gottheiten werden als über das Schicksal der Tage beratende und die Vorzeichen deutende »Kalenderpriester« beschrieben, wie Grube es formuliert. Förstermann ist es zu verdanken, dass wir heute wissen, wie der Ritualkalender sowie die Rechnung von einem fixen Nullpunkt und wie das Zahlensystem der Maya funktioniert. Der mit Förstermann befreundete Jurist Paul Schellhas (1859–1945), der sich hobbymäßig mit dem Dresdner Codex beschäftigte, konnte 20 Maya-Gottheiten des Dresdner Codex anhand ihrer spezifischen Darstellung mit Symbolen, Kleidung etc. identifizieren. Er benannte die Gottheiten nach dem Alphabet als Gott A, Gott B usw., um eine voreilige und falsche Deutung zu vermeiden. Diese Namen werden bis heute in der Forschung verwendet.

Zu den Büchern bzw. der Literatur der Maya zählen auch das *Popol Vuh* und die Prophezeiungen des Chilam Balam (»Jaguarpriester«). Das *Popol Vuh* wurde im 17. Jahrhundert, also in spanischer Zeit, in der Sprache der Quiché-Maya, aber in lateinischer Schrift, aufgeschrieben. Der erste Teil enthält den Mythos von der Schöpfung und den vier Weltzeitaltern sowie den Mythos der göttlichen Zwillinge, der zweite Teil die Geschichte der Quiché-Maya. Der Mythos selbst ist älter als die schriftliche Aufzeichnung und existierte wohl bereits in der klassischen Zeit. 1702 erhielt der Dominikaner Fray Francisco Ximénez in Chichisatenango (Guatemala) von einem Indianer ein Manuskript und übersetzte es ins Spanische. Er widersetzte sich den Anordnungen, solche Manuskripte zu vernichten, stellte eine Abschrift her und übersetzte den Text ins Spanische. Dieses »Erbe« von Ximénez verblieb zunächst im Dominikanerkloster, kam dann in die Universitätsbibliothek von Guatemala-Stadt und wurde von Charles Étienne Brasseur de Bourbourg und dem Österreicher Carl Scherzer wiederentdeckt, publiziert und ins Französische und Spanische übersetzt.

Die Prophezeiungen des Chilam Balam bestehen aus einer Reihe verschiedener, aber miteinander verwandter Textsammlungen aus Yucatán, verfasst in der yukatekischen Maya-Sprache, die aus dem Zeitraum zwischen dem 16. und 19. Jahrhundert stammen. Schätzungsweise nur ein Drittel der Texte beruhen auf der vorspanischen Maya-Tradition, der übrige Teil zeigt mehr oder wenig starke spanisch-christliche Einflüsse. Inhaltlich enthalten sie neben Prophezeiungen historische, medizinische und astronomische Texte. Nach den Orten ihrer Entstehung unterscheidet man folgende Chilam Balam-Bücher: Chilam Balam von Chan Kan, von Ixil, von Maní und von Tizimín (heute im MNA) sowie Chilam Balam von Chumayel, von Káua und von Nah (in der Princeton University Library, Princeton, New Jersey). Die Chilam Balam von Tekax und Tusik sind verschollen. Die bekannteste Sammlung ist das Chilam-Balam-Buch von Chumayel. Es war namensgebend für diese Textsammlungen und enthält die Prophezeiungen einer Reihe von Chilam Balam, so z. B. von Ah Xupan Nauat, Ah Napuc Tun oder Ah Kauil Chel, die unter anderem die Ankunft der Spanier und die Eroberung Yucatáns vorhersagen.

Neben den Maya-Codices sind die mixtekischen und aztekischen Codices bekannt. Die Codices der Mixteken stammen aus Oaxaca und berichten inhaltlich meist über die Herrscherdynastien Oaxacas. Alle sind aus vorspanischer Zeit, einzig der Codex Selden wurde erst in spanischer Zeit vollendet. Es sind Bilderhandschriften aus Hirschleder, die bekannt sind für ihre künstlerisch-ästhetische Qualität. Im Folgenden eine Liste von mixtekischen Codices:

- **Codex Nuttal**
  berichtet von der Geschichte und den Herrschern von Tilantongo. (British Museum, London)

- **Codex Vindobonensis**
  auch unter dem Namen Codex Mexicanus bekannt, enthält genealogische Listen von mixtekischen Gottheiten, Herrschern und Priestern. (Nationalbibliothek Wien)
- **Codex Bodley**
  berichtet über die Dynastien von Tilantongo und Tiaxiaco. (Universität Oxford)
- **Codex Selden**
  berichtet über die Dynastie von Jaltepec. (Universität Oxford)
- **Codex Colombinus**
  auch als Codex Becker bekannt, enthält die Genealogie und Geschichte des Herrschers 8 Hirsch Jaguarklaue im 11. Jahrhundert. (MNA, Mexiko)
- **Codex Waecker-Gotter**
  beschreibt 26 Generationen einer Herrscherdynastie in der Zeit zwischen 970 und 1490 n. Chr. (British Museum, London)

Schließlich sind die aztekischen Codices zu nennen. Sie wurden aus Amate-Papier, d. h. aus der Rinde eines Ficus-Baumes, aus Agavefasern oder aus Hirschleder hergestellt. Dann wurden sie mit einer feinen Kalk- bzw. Stuckschicht als Grundlage der Bemalung überzogen und schließlich farbig bemalt. In der spanischen Kolonialzeit verwendete man auch Baumwolltücher *(lienzos)* zur Herstellung der Codices, die man einrollen konnte. Mit dem 18. Jahrhundert wurden dann, im Zuge der Einführung der lateinischen Schrift, keine Bilderhandschriften mehr hergestellt. Heute befinden sich die Bilderhandschriften bzw. meist Teile von ihnen verstreut in mexikanischen, europäischen und nordamerikanischen Museen und Bibliotheken. Die Codices wurden nach dem Herkunftsort, dem Aufenthaltsort, ihren Besitzern oder Bearbeitern benannt. Kriterien für die Einordnung sind Herkunft, Alter und Inhalt. Im Folgenden eine Lister der aztekischen Codices, wobei man zwischen vorspanischer und spanischer Zeit unterscheidet:

Aztekische Codices aus vorspanischer Zeit:
Die Codex Borgia-Gruppe

Unter dem Begriff Codex Borgia-Gruppe ist eine Reihe von meist vorspanischen Codices zusammengefasst. Die Gruppe ist nach dem bedeutendsten dieser Codices, dem Codex Borgia, benannt. Es handelt sich um religiöse Inhalte wie Kalender, Gottheiten oder Kulte – im Unterschied zu den mixtekischen Codices, die meistens historischen Inhalts sind. Zu dieser Gruppe zählen folgende Codices:
- **Codex Borgia** (Vatikan)
- **Codex Vaticanus B (3773)** (Vatikan)
- **Codex Laud** (Oxford)
- **Codex Cospi** (Bologna)
- **Codex Fejérváry-Mayer** (Liverpool)

Aztekische Codices aus spanischer Zeit

- **Codex Borbonicus**
  Bilderhandschrift, ergänzt durch spanische Kommentare. Beschrieben werden der rituelle Kalender, die 52-Jahres-Zyklen sowie eine Reihe von Ritualen. Während der letzten Jahre wurde der Codex Borbonicus genauer untersucht, um sein Alter zu klären. Nach wie vor besteht aber Unklarheit, ob der Codex aus vorspanischer Zeit, vielleicht aus dem Jahr 1507, stammt oder ob es die Kopie aus spanischer Zeit eines vorspanischen Originals ist. (Nationalbibliothek Paris)
- **Codex Vaticanus A (3738)**
  Bilder- und Texthandschrift aus dem 16. Jahrhundert, auch Codex Ríos nach dem Autor des Textes, dem Dominikaner Pedro de los Ríos, genannt. Er enthält vor allem die Beschreibungen der aztekischen Kalender, daneben auch eine Bilderchronik der aztekischen Geschichte. Zusammen mit dem Codex Telleriano-Remensis war er eine große Hilfe bei der Entzifferung der Codices der Borgia-Gruppe. (Vatikanische Apostolische Bibliothek)

- **Codex Boturini**
  Bilderhandschrift in schwarzer Tinte, gezeichnet zwischen 1530 bis 1541 von einem unbekannten Azteken, die die Wanderung der Geschichte der Azteken ins Hochtal von Mexiko darstellt, benannt nach Lorenzo Boturinie Bernaducci. (MNA, Mexiko)
- **Codex Telleriano-Remensis**
  Bilderhandschrift mit spanischen Texten aus dem 17. Jahrhundert, die zum einen den Sonnenkalender und den rituellen Kalender beschreibt, zum anderen die Geschichte der Azteken von den Anfängen bis zur spanischen Kolonialzeit zum Inhalt hat. (Nationalbibliothek, Paris)
- **Codex Mendoza**
  1541 bis 1542 von mehreren aztekischen Autoren, in Auftrag gegeben von Antonio de Mendoza, dem ersten Vizekönig von Neuspanien für Karl V., behandelt die aztektische Geschichte von 1325 bis 1521 in Bilderschrift, ergänzt durch spanische Texte. (Oxford)
- **Codex Magliabechiano**
  aus dem 16. Jahrhundert mit religiösem Inhalt über Kalender, Kulte und Götter der Azteken, benannt nach dem italienischen Sammler Antonio Magliabechi. (Nationalbibliothek Florenz)
- **Codex Aubin**
  um 1576 entstanden, Geschichte der Azteken vom Ursprung bis zur spanischen Eroberung, benannt nach dem französischen Wissenschaftler Joseph Marius Alexis Aubin. (Nationalbibliothek Paris)
- **Matricula de Tributos**
  wie der Name schon sagt, handelt es sich um Tributlisten, die die Spanier nach aztekischem Vorbild von den Indios erhoben. (MNA, Mexiko)

Zur aztekischen Literatur gehören auch die »Mexikanischen Gesänge« *(Cantares Mexicanos)* aus dem 16. Jahrhundert, die Mythen, Gesänge und Gedichte in Nahuatl enthalten.

Die Begegnung zweier Welten

Und als sie Cuauhtemoc bringen, weint das ganze Volk. Sie
sprechen: »Da geht der junge Herrscher Cuauhtemoc. Er
geht, sich den Göttern, den Spaniern zu ergeben.«

So berichtet Bernardino de Sahagún über die Gefangennahme
des bei seinem Volk beliebten letzten Herrschers der Azteken,
Cuauhtemoc, durch die Spanier während der Eroberung. (Geschichtswerk, Buch XII, 39)

»Er geht, sich den Göttern,
den Spaniern zu ergeben« –
der Beginn der spanischen Eroberung

Die Eroberung Mexikos war das Ende des Aztekenreiches und
für die Indianer der Beginn einer von Unterdrückung und
Ausbeutung gekennzeichneten Leidensgeschichte. Gold und
die Missionierung im Namen des Christentums waren die
Hauptmotive der spanischen Eroberung Amerikas. Vor allem
die Namen zweier Conquistadoren gingen in die Weltgeschichte ein: Francisco Pizarro, dessen Name für Entdeckungen in Südamerika und die Eroberung des Inka-Reiches steht,
und Hernán Cortés, der Mexiko entdeckte und 1521 das Azteken-Reich eroberte.[25]

Schon 1502 trifft Kolumbus auf ein Boot mit Maya-Indianern. Und bereits 1505/06, bevor die Spanier überhaupt das
Land der Maya betreten haben, sind diese bereits Opfer einer
Pocken-Epidemie geworden. 1511 erleidet ein Spanier namens

---

25 Die beiden wichtigsten Augenzeugenberichte zur Eroberung Mexikos
sind die *Wahrhafte Geschichte von der Eroberung Neuspaniens* (1568 fertiggestellt, 1632 publiziert) von Bernal Díaz del Castillo, die dieser verfasste, um den einseitigen Bericht von López de Gómara (*Eroberung von
Mexiko*, 1552) zu korrigieren, und die *Eroberung Mexikos. Eigenhändige
Berichte an Kaiser Karl V.* (1520/1522/1524) von Hernán Cortés.

Valdivia mit seiner Mannschaft Schiffbruch vor der Küste Jamaikas. Zwei Wochen lang treiben zwölf Überlebende in einem Rettungsboot umher, bis sie an der Küste Yucatáns landen. Sie fallen in die Hände eines Maya-Herrschers, der einen Teil von ihnen direkt opfert und den Rest für eine zukünftige Opferung mästen will. Aber diesem Rest gelingt die Flucht und die Spanier kommen zu einem Herrscher (wahrscheinlich von Tulum), der sie »nur« zu Sklaven macht. Die meisten sterben aufgrund von Krankheiten, nur Gerónimo de Aguilar und Gonzalo Guerrero überleben. Nachdem der Geistliche Aguilar die Leitung des Harems seines neuen Herrn abgelehnt hat, übernimmt er die Verwaltung am Hof des Herrschers. Er trifft acht Jahre später auf Cortés, schließt sich ihm an und leistet ihm als Dolmetscher wertvolle Dienste. Guerrero dagegen macht Karriere bei einem Maya-Stamm in Chetumal. Er lehrt die Maya das Kriegshandwerk der Spanier und heiratet in eine adlige Familie ein. Er lehnt später das Angebot des Cortés ab, zu den Spaniern zurückzukehren und stirbt im Kampf gegen die Spanier auf der Seite der Maya. 1517 werden die Maya von einer zweiten Typhus-Epidemie heimgesucht. Im selben Jahr umschifft Francisco Hernández de Córdoba die Küste von Yucatán. Die Spanier unterliegen in einem Gefecht mit den Maya, Córdoba stirbt. Aber es verbreitet sich das Gerücht von einem neuen, an Gold reichen Land. Diego de Velázquez, Gouverneur von Kuba, veranlasst eine erneute Erkundungsfahrt, die sein Neffe Juan de Grijalva durchführt. Dieser landet am 5. Mai 1518 zunächst auf der Insel Cozumel und fährt dann die Golfküste von Tabasco bis zum Río Pánuco entlang. Während dieser Reise erhält er von einem Gesandten des Aztekenherrschers Moctezuma II. Geschenke. Moctezuma hoffte, dass er die Spanier auf diese Weise befriedigen und zur Rückkehr bewegen könne, bewirkt aber mit seiner Sendung genau das Gegenteil.

Hernán Cortés, 1485 im spanischen Medellín (Estremadura) als Sohn des Offiziers Martín Cortés de Monroy geboren, kam 1504 von Spanien auf die westindische Insel Hispaniola, wo er als Großgrundbesitzer zu einem gewissen Reichtum kommt. Dies war aber nur ein kurzes Intermezzo im Leben Cortés', der von sich selbst gesagt haben soll: »Ich bin aber gekommen, um Gold zu erlangen, und nicht, um wie ein Bauer den Acker zu pflügen.« Als Diego Velázquez 1511 Kuba erobert und Statthalter von Kuba wird, ist Cortés dabei. Zwischen beiden entwickelt sich eine – nicht immer ungetrübte – Freundschaft.

Als die Nachrichten von Grijalvas Entdeckungen in Yucatán nach Kuba gelangen, plant Velázquez die Fortsetzung dieser Entdeckungen und Eroberungen und ernennt Cortés zum »Generalkapitän«. Auf eigene Kosten beginnt Cortés mit der Ausrüstung einer Flotte. Diese ist noch nicht ganz abgeschlossen, als Velázquez gegenüber Cortés misstrauisch wird und sich entschließt, Cortés den Oberbefehl des Unternehmens zu entziehen und jemanden anders damit zu beauftragen. Heimlich bei Nacht und Nebel verschwindet Cortés mit seiner Flotte und segelt am 18. Februar 1519 in Richtung Mexiko. Die Flotte bestand aus elf Schiffen, 116 Seeleuten, 553 Soldaten und 32 Indianern, zehn schweren Geschützen und 16 Pferden. Zu den bekannten Teilnehmern und späteren Eroberern gehören Pedro Alvarado, Cristóval de Olid, Alonso de Ávila, Juan Velázquez de León, Alonso Hernández de Puertocarreoro, Gonzalo de Sandoval und Bernal Díaz del Castillo, der spätere Chronist der Eroberung Mexikos.

Cortés erreicht zunächst die Insel Cozumel in Yucatán, wo er den bereits erwähnten, unter den Maya-Indianern lebenden Gerónimo de Aguilar aufnimmt. Dieser dient ihm vor allem als Dolmetscher. Am 4. März 1519 geht die Fahrt weiter zur Mündung des Rio de Tabasco (Grijalva), wo Cortés und seine Mannschaft ein Gefecht mit einer Überzahl von Indianern siegreich bestehen – wohl nicht zuletzt aufgrund des Überraschungsmoments der für die Indianer unbekannten Erscheinung von Pferd und Reiter.

Einer der besiegten Kaziken schenkt Cortés 20 Sklavinnen, darunter Marina (in Nahuatl bzw. Aztekisch: »Malintzin« bzw. »Malinche«), die als Dolmetscherin und Geliebte des Cortés in die Geschichte einging. Marina wurde in Coatzacoalcos geboren. Ihr Vater starb früh, die Mutter verheiratete sich wieder und gebar einem Sohn, den sie zum ausschließlichen Erben machen wollte. Um Marina loszuwerden, verkaufte sie sie an Kaufleute aus Xicalanco, diese wiederum verkauften sie an den Kaziken von Tabasco, der sie dann später an Cortés übergab. Marina, die sowohl Maya als auch Nahuatl sprach, wurde für Cortés zur Dolmetscherin und Vermittlerin zwischen Spaniern und Indianern aber auch seine Geliebte, die ihm 1522 einen Sohn, Martín Cortés, gebar. Cortés heiratete sie aber nicht, sondern verheiratete sie stattdessen 1524 mit Juan Jamarillo. Bei den folgenden Zusammentreffen zwischen Spaniern und Azteken während der Eroberung übersetzte Aguilar die Reden des Cortés ins Maya und Malinche übersetzte sie wiederum vom Maya ins Aztekische.

Am 21. April 1519 landet Cortés an der Golfküste, im Gebiet der bis heute hier lebenden Totonaken. Er gründet wenig später Veracruz (Villa Rica de Vera Cruz) als erste spanische Stadt auf mexikanischem Boden. Der Aztekenherrscher Moctezuma II. ist sehr schnell über die Ankunft der Spanier informiert. Es wird berichtet, dass Moctezuma eine Reihe unheilvoller Vorzeichen erlebt habe, so den Brand eines Tempels, eine Sturmflut auf dem Texcoco-See und anderes mehr. Nachweislich in spanischer Zeit ist die Legende entstanden, dass der Quetzalcoatl, den man sich als bärtigen, weißhäutigen Mann vorstellte, seine Wiederkunft angekündigt haben soll und dass Moctezuma annahm, dass Cortés dieser Gott Quetzalcoatl gewesen sei. Auch falls die Indianer die Spanier im ersten Augenblick vielleicht für Götter gehalten haben mögen, sie erkannten sehr schnell die Menschlichkeit dieser Fremden. Jedenfalls deuten die Legenden der negativen Vorzeichen auf die Unschlüssigkeit Moctezumas hin, wie er auf das Erscheinen der Fremden reagieren sollte, ob er sie direkt angreifen oder sie mit Geschenken zur Rückkehr bewegen sollte. Er entschied sich für Letzteres.

Denn ein paar Tage nach der Landung trifft Cortés zum ersten Mal auf den aztekischen Provinzverwalter Teuhtlile, der Cortés Gastgeschenke übergibt. Teuhtlile ist so von dem vergoldeten Helm eines Soldaten fasziniert, dass er Cortés bittet, diesen seinem Herrscher Moctezuma schicken zu dürfen. Cortés übergibt ihm den Helm, aber nicht ohne ihm zu verstehen zu geben, dass er ihn mit Gold gefüllt zurück erwarte, denn »die Spanier litten an einer Herzkrankheit, gegen die Gold ein besonders geeignetes Mittel darstelle« (wie López de Gómara in seiner *Eroberung von Mexiko* berichtet). Unter den Leuten des Cortés macht sich bald Unzufriedenheit breit, ein Teil will nach Kuba zurückkehren. Geschickt geht Cortés scheinbar auf diesen Wunsch ein, um die Unzufriedenen letztendlich von seinen eigenen Plänen zu überzeugen. Cortés wird zum Oberbefehlshaber gewählt, der in dieser Position nur gegenüber der spanischen Krone verantwortlich ist und somit für seine Handlungen nun freie Hand hat.

Auch als die Spanier der Einladung des Häuptlings von Cempoala, bekannt als »El Gordo« (»der Dicke«), folgen, zeigt Cortés seine hervorragenden taktischen Fähigkeiten. El Gordo berichtet den Spaniern, dass er dem aztekischen Herrscher tributpflichtig sei. Cortés wird schnell klar, dass er die Differenzen der Indianer untereinander für seine Zwecke ausnutzen kann. Er macht gleich davon Gebrauch, als aztekische Gesandte auftauchen und von den Totonaken Menschenopfer als Tribut fordern. Cortés weist die Totonaken an, die Azteken gefangen zu nehmen. In der Nacht lässt Cortés die Azteken heimlich befreien, äußert sein Bedauern über die Gefangennahme und bittet sie, ihrem Herrscher von ihrer Befreiung durch die Spanier zu berichten. Gleichzeitig fordert er die Totonaken auf, den Azteken den Tribut zu verweigern. Die Totonaken entschließen sich, sich auf die Seite und unter den Schutz der Spanier zu stellen.

Als einige Spanier wenig später wieder unzufrieden sind und sich heimlich nach Kuba absetzen wollen, schafft Cortés vollendete Tatsachen: So erklärt er, dass die Schiffe nicht mehr seetauglich seien, und vernichtet bis auf ein einziges Schiff die ganze Flotte und nahm damit den Spaniern jede Fluchtmöglichkeit im Falle einer Niederlage.

Am 16. August 1519 bricht Cortés mit 400 Fußsoldaten, 15 Reitern, sieben Geschützen und 13 000 indianischen Kriegern von Veracruz ins Landesinnere in Richtung Aztekenhauptstadt auf. Auf dem Weg bis Tlaxcala gewinnt Cortés aus den Orten, durch die die Spanier ziehen, noch ca. 3000 weitere indianische Krieger. Die Einwohner von Tlaxcala empfangen die Spanier mit einem Angriff. In den Kämpfen vom 2. bis 5. September 1519 siegen schließlich die Spanier, die nur wenig Tote zu beklagen haben. Ein Sieg, den die Spanier nicht zuletzt der Uneinigkeit des Feindes zu verdanken haben: Ein tlaxcaltekischer Häuptling fühlte sich von Xicoténcatl, dem obersten Häuptling der Tlaxcalteken, beleidigt und zog sich mit seiner großen Truppe vom Kampf zurück. Wäre dies nicht passiert und hätte der Kampf länger gedauert, wären die Spanier für einen Sieg zu schwach gewesen. Auch einen letzten Angriff der Tlaxcalteken wehren die Spanier erfolgreich ab. Nachdem Cortés tlaxcaltekische Gesandte durch Verstümmelung bestraft hat, zieht er am 23. September 1519 siegreich in die Stadt ein und schließt mit den Tlaxcalteken Frieden. Sie werden zu den wichtigsten Verbündeten der Spanier bei der Eroberung Mexikos. Cortés will sogleich die Tlaxcalteken zum Christentum bekehren; der in dieser Beziehung klügere Pater Olmedo kann ihn aber gerade noch zurückhalten und mahnt ihn, nichts zu überstürzen.

Nächstes Etappenziel, einen Monat später im Oktober, ist Cholula, berühmt wegen seines großen Tempels. Traurige Berühmtheit erlangte es nach dem Einzug der Spanier aufgrund des Massakers, das diese in Cholula veranstalteten. Angeblich hätten die Einwohner von Cholula, angestiftet von Moctezuma, einen heimlichen Angriff auf die Spanier geplant – so die spätere Begründung und Entschuldigung der Spanier für das Blutbad, das sie anrichten, indem sie die wehrlosen und unvorbereiteten Indianer überraschend und dementsprechend erfolgreich überfallen.

Im Reich des Moctezuma –
die Eroberung Tenochtitláns

Im November erfolgt der Weitermarsch nach Tenochtitlán. Es ist völlig unklar, wie die Azteken die Spanier empfangen werden. Aber der Marsch entlang des heute »Paso de Cortés« genannten Weges zwischen den beiden Vulkanen Iztaccíhuatl und Popocatépetl und dann hinunter in das Hochtal von Mexiko verläuft ohne Zwischenfälle. Die Spanier passieren die Vorstädte Tenochtitláns, werden von den Einwohnern und den Herrschern dieser Städte ehrenvoll empfangen. Es ist der 8. November 1519, als die Spanier in Tenochtitlán einziehen und mit dem aztekischen Herrscher Moctezuma II. zusammentreffen. Die Spanier sind beeindruckt von Stadt und Herrscher. Moctezuma empfängt die Spanier als Gäste und weist ihnen ein Quartier im Palast des früheren Herrschers Axayacatl zu. Aber schon bald wird den Spaniern klar, dass sie in einer Falle sitzen, sollte es zum Kampf mit den Azteken kommen. Daher nehmen sie Moctezuma als Geisel gefangen, der dies – trotz der aztekischen Übermacht –mit sich geschehen lässt.

Cortés hatte Gesandte nach Spanien geschickt, um sich der offiziellen Bestätigung für seine Eroberung bei der Krone zu versichern. Karl V. verschob jedoch eine Entscheidung im Fall Cortés. Dies nutzt Velázquez in Kuba aus und sendet im März 1520 eine große Flotte unter Führung des Hidalgo Pánfilo de Narváez nach Mexiko, um weitere Aktivitäten und Alleingänge von Cortés zu verhindern. Die Flotte, bestehend aus 18 Schiffen, 900 Spaniern sowie 1000 Indianern von Kuba, landet am 23. April 1520 in der Nähe von Veracruz. Narváez lehnt ein Versöhnungsangebot von Cortés ab. Daraufhin bricht Cortés mit 70 seiner zuverlässigsten Leute von Tenochtitlán nach Villa Rica auf, um Narváez entgegenzutreten. Später erhält Cortés noch von 210 Spaniern aus Veracruz und dem Golfgebiet Verstärkung. Den Oberbefehl während seiner Abwesenheit übergibt er Pedro de Alvarado, der mit 140 Spaniern und 6500 Tlaxcalteken zurückbleibt. Als Cortés das Lager von Narváez erreicht, überrascht er diesen mit einem Angriff bei Nacht. Narváez wird schnell gefangen genommen, seiner Mannschaft verspricht Cortés die Beteiligung an der Beute bei der Eroberung von Tenochtitlán und hat sie damit schnell auf seiner Seite.

Sehr lange währt aber die Freude über diesen Erfolg nicht, denn aus der Hauptstadt Tenochtitlán kommt die schlechte

Nachricht, dass es dort einen Aufstand der Azteken gegeben hat. Die Azteken hatten Alvarado, den Stellvertreter Cortés', gebeten, wie jedes Jahr im Mai das Fest zu Ehren ihres Stammesgottes Huitzilopochtli in dessen Tempel – in der Nähe des spanischen Quartiers – feiern zu dürfen. Alvarado sagte zu. Am Festtag versammelten sich (mindestens) 600 Azteken, meist Adlige und Priester, und begannen unter Bewachung der Spanier ihre Feier. Auf Befehl Alvarados fielen die Spanier plötzlich über die unbewaffneten Azteken her und massakrierten ausnahmslos alle. Kein einziger Teilnehmer der Feier überlebte, jede adlige Familie in Tenochtitlán hatte mindestens einen Toten zu beklagen. Alvarado verteidigte das Massaker als Abwehr einer Verschwörung der Azteken und als Bestrafung. In Wirklichkeit ging es Alvarado wohl nur um persönlichen Profit, wie spätere Chronisten vermuten. Die Folge war jedenfalls ein Aufruhr der ganzen Stadt und ein Angriff auf die Spanier, der erst durch Moctezuma beendet wird. Aber nach wie vor belagern die Azteken die Spanier und verhindern einen Abzug. Cortés macht sich eilends auf den Weg nach Tenochtitlán und erhält in Tlaxcala Verstärkung von 2000 Indianern. Insgesamt verfügt Cortés, als er in Tenochtitlán mit Alvarado zusammentrifft, über 1250 Spanier und 8000 indianische Krieger. Der Palast des Axayacatl, das Quartier der Spanier, bietet ihnen guten Schutz, und die Angriffe der Indianer sind zunächst erfolglos, während die Spanier ganze Reihen von Indianern töten. Aber dann erfolgen indianische Angriffe mit Brandpfeilen. Zudem hatten die Spanier die Kampfenergie und die immer wieder nachrückenden Mengen der Azteken unterschätzt. Cortés zwingt Moctezuma, vor sein Volk zu treten und es zur Aufgabe zu überreden. Als Moctezuma aber dabei die Spanier als seine Freunde und Gäste bezeichnet, wird er von den Seinen mit Pfeilen und Steinen beschossen. Ein Stein trifft Moctezuma am Kopf. Die Wunde ist ernst, jedoch nicht lebensgefährlich. Aber die Reaktion seiner Untertanen nimmt Moctezuma den Lebensmut, er erholt sich nicht mehr. Am 30. Juni 1520 stirbt er mit ca. 41 Jahren – ohne Christ geworden zu sein.

Obwohl die Spanier den Haupttempel unter ihre Kontrolle bringen können, wird ihnen immer klarer, dass sie sich in einem Belagerungszustand befinden und von der Außenwelt abgeschnitten sind. Nahrungs- und Munitionsvorräte werden immer knapper. Vor allem die Gruppe von Narváez ist unzufrieden und fordert die Flucht aus der Stadt. Erfolglos versucht Cortés einen weiteren Angriff. Beim Rückzug wird Cortés am Knie verletzt, kann aber mit seinen Leuten wie durch ein Wunder lebend entkommen. Nun aber besteht kein Zweifel mehr, der Rückzug aus Tenochtitlán ist für die Spanier die einzige Überlebenschance.

Diese Flucht der Spanier in der Nacht zum 1. Juli 1520 ging als *Noche triste*, als »traurige Nacht« – vom spanischen Standpunkt aus gesehen – in die Geschichte ein. Sie können zunächst unbemerkt die große Straße nach Tlacopan entlang ziehen, die dann in den Dammweg einmündet. Zwischen Straße und Dammweg bestand eine Öffnung, die durch eine tragbare Brücke ausgeglichen wurde. Auf der Flucht vor den jetzt nachfolgenden Azteken wird diese Brücke so festgetreten, dass man sie nicht mehr herausnehmen und für die nächste Dammöffnung verwenden kann. Angesichts der aztekischen Übermacht geraten die Spanier in Panik, jeder versucht für sich durch das Seewasser die Dammöffnung zu überwinden. Für viele Spanier wird das erbeutete Gold, das sie mitschleppen, zum Verhängnis: Durch dessen Gewicht werden sie unter Wasser gezogen und ertrinken. Cortés muss sogar noch einmal zurückkehren, um den eingekesselten Alvarado und seine Gruppe zu befreien – was ihm gelingt. Die Azteken verfolgen die Spanier zunächst nicht weiter, da sie mit der Beute und der Säuberung der Straße von den Toten beschäftigt waren. Dies stellt sich im nachhinein als großer Fehler der Azteken heraus. Denn eine sofortige Verfolgung der erschöpften Spanier hätte ihre endgültige Vernichtung bedeutet. Insgesamt haben die Spanier in den Kämpfen der *Noche triste* schätzungsweise ein Drittel, ihre indianischen Verbündeten ein Viertel ihrer Leute verloren. López de Gómaras, der geistliche Begleiter Cortés', spricht von 450 gefallenen bzw.

vermissten Spaniern und 4000 Toten bei den indianischen Verbündeten.

Die Spanier fliehen nordwärts Richtung Teotihuacán. Im nahegelegenen Tal von Otumba werden sie am 8. Juli 1520 von Cuitlahuac, dem Nachfolger Moctezumas, mit einem riesigen Heer (nach spanischen Angaben 200 000 Mann) empfangen. Die zahlenmäßig weit unterlegenen Spanier haben keine Rückzugsmöglichkeit. Aber im Verlauf des Kampfes gelingt es Cortés, einen durch seine Aufmachung als hohen Würdenträger gekennzeichneten Häuptling zu töten. Dies führt beim Gegner zur Verwirrung und Flucht. Die Spanier sind – wieder wie durch ein Wunder – gerettet. Denn ohne den Tod dieses Häuptlings hätte kein Spanier die Schlacht von Otumba überlebt. Die Spanier ziehen nun nach Tlaxcala, wo sie von dem alten Häuptling Maxixca freundlich empfangen werden. Er und die Mehrheit des Häuptlingsrates lehnen ein Bündnisangebot der Azteken ab und bleiben auf Seiten der Spanier. Cortés veranlasst nun den Bau von Schiffen, worin er die einzige Möglichkeit zur Eroberung Tenochtitláns sieht.

Nicht nur die Waffen der Spanier, auch die – wahrscheinlich von einem afrikanischen Sklaven eingeschleppten – Pocken dezimieren mittlerweile die indianische Bevölkerung. Zu den ersten Opfern zählen Maxixca, der alte Häuptling von Tlaxcala, und Cuitlahuac, der Nachfolger Moctezumas. Nachfolger Cuitlahuacs als letzter aztekischer Herrscher wird Cuauthémoc.

Inzwischen erhält Cortés Verstärkung: Velázquez, der Gouverneur von Kuba, der nichts von dem Übertritt der Narváez-Leute auf die Seite Cortés' weiß, schickt zwei weitere Schiffe mit Proviant nach Veracruz. Wie im ersten Fall schließen sich auch diese Spanier dem Unternehmen von Cortés an. Zusätzliche Unterstützung bekommt dieser auch durch die Mannschaften zweier anderer an der mexikanischen Küste gelandeter Schiffe sowie von den Indianern aus Cholula und benachbarter Orte. Cortés verfügte nun über eine Truppe von 600 Spaniern, einschließlich 40 Reitern, 80 Arkebusieren und Armbrustschützen sowie neun Geschützen und einem Heer von ca.

100 000 bis 150 000 indianischen Verbündeten aus Tlaxcala, Cholula, Tepeyacac und anderen Orten.

Am 28. Dezember 1920 zieht Cortés von Tlaxcala in Richtung Tenochtitlán. Erstes Etappenziel ist Texcoco. Nachdem der Herrscher Cacama als Gefangener der Spanier in der *Noche triste* umgekommen war, hatte sich Coanaco, ein zweiter Sohn Nezahualpillis, als Herrscher von Texcoco durchgesetzt. Als Cortés erscheint, ist Texcoco fast leer, selbst Coanaco ist geflohen. Die Spanier setzen Ixtlilxochitl, ebenfalls ein Sohn Nezahualpillis, als Herrscher ein. Dieser wollte schon damals – direkt nach dem Tod seines Vaters – seinem Bruder Cacama die Herrschaft streitig machen. Aber Moctezuma unterstützte Cacama, weshalb Ixtlilxochitl sich den Spaniern anschloss. Als deren treu ergebener Vasall verhalf er mehr als alle anderen mexikanischen Herrscher den Spaniern zur erfolgreichen Eroberung Tenochtitláns. Texcoco eignete sich hervorragend als spanisches Hauptquartier, zum einen wegen der Nähe zu Tenochtitlán, zum anderen lag die Stadt nahe an der Grenze zum Gebiet von Tlaxcala. Die Spanier erkunden das Umland von Tenochtitlán und können einige Ortschaften erobern, andere treten freiwillig auf die Seite der Spanier über, in der Hoffnung, so von den Azteken unabhängig werden zu können.

Mit der Einschiffung der neuen Flotte am 28. April 1521 beginnt die dreimonatige Belagerung von Tenochtitlán. Den Spaniern gelingt es, den See und die Dammwege und somit die Zufahrten nach Tenochtitlán unter Kontrolle zu bekommen, aber sie können nicht in die Vorstädte eindringen. Die Azteken sind zunächst mit ihren Angriffen erfolgreich. Aber ihr Unglück ist besiegelt, als sich die Städte der Umgebung nach und nach der aztekischen Herrschaft entziehen und zu den Spanier übertreten, die dadurch viele zusätzliche Krieger erhalten (nach Cortés' eigener Schätzung 150 000 Mann). Zudem werden die Spanier von diesen Städten mit Lebensmitteln versorgt. Nun können sie auch in die Vorstädte eindringen und zerstören dort die Tempel und Paläste. Das Ende der belagerten Stadt Tenochtitlán ist absehbar. Die Hungersnot wird immer größer. Die Azteken essen alles nur irgendwie Essbare:

Ratten, Baumrinde, Gras und löschen ihren Durst mit dem brackigen Wasser des Salzsees. Die Toten liegen haufenweise in den Straßen oder füllen die Kanäle. Cortés schickt Gesandtschaften an Cuauthémoc, dieser gibt sich jedoch noch nicht geschlagen. Am 13. August 1521 aber gelingt es den Spaniern, Cuauthémoc mit seiner Familie gefangen zu nehmen. Damit ist der Sieg der Spanier, nach erbitterter Verteidigung der Azteken, endgültig entschieden. Die Azteken stellen sofort alle Kämpfe ein.

Genaue Angaben über die Verluste der Azteken und Spanier sind nicht möglich. Aber die Spanier hatten relativ wenig Tote zu beklagen. Für die Zahl der überlebenden Azteken schwanken die Angaben zwischen 30 000 und 70 000. Die Hoffnung der Spanier auf eine reiche Beute an Gold und Silber wird enttäuscht. Der Ertrag war, rechnet man das Fünftel für die spanische Krone ab, verschwindend gering. Der Großteil der Schätze der aztekischen Herrscher war nicht mehr auffindbar, entweder ausgegeben oder versteckt. Cuauthémoc sagt unter Folter, wobei Cortés ihm die Füße verbrennen lässt, nur aus, dass vieles von den Schätzen im See versenkt worden sei. Nur eine halbe Tonne Gold blieb den Spaniern letztlich übrig. Das Gold, was die Spanier in der *Noche triste* verloren, dürfte 2 ½ Tonnen betragen haben, so dass die gesamte Goldbeute der Eroberung Mexikos letztlich 3 Tonnen Gold waren. 1522, ein Jahr nach der Eroberung, wird Cortés Gouverneur (bezogen auf die zivilen Angelegenheiten) und Generalkapitän (bezogen auf die militärische Führung) von Neuspanien.

Auf der Suche nach noch mehr Gold – weitere Eroberungen

Die Suche nach Gold ist der Anlass dafür, dass die Spanier sehr bald nach der Einnahme Tenochtitláns weitere Gebiete Mexikos erkunden und erobern, so vor allem Oaxaca und den Norden, wo sehr schnell spanische Ansiedlungen gegründet werden. Alvarado erobert Guatemala, Olid Honduras. Letzterer will in Honduras unabhängig herrschen, Cortés bricht daraufhin im Oktober 1524 auf, um dies zu verhindern. Auf dem Zug nach Honduras nimmt er Cuauthémoc mit, um jedes Risiko eines Aufstandes während seiner Abwesenheit auszuschließen. Auf dem Marsch durch Chiapas werden Cuauthémoc und der Häuptling von Tlacopan wegen einer angeblichen Verschwörung von Cortés kurzerhand zum Tode verurteilt und erhängt. Als Cortés in Honduras ankommt, ist Olid gestorben und die Autorität des Cortés wieder gesichert. Er kommt aber nicht mehr zu einem geplanten Zug nach Nicaragua, sondern muss umkehren, da er inzwischen in der Hauptstadt für tot erklärt worden ist und dort dringend seine Besitzansprüche geltend machen muss. Im Juni 1526 trifft er wieder in der Hauptstadt ein. Gegner werfen Cortés vor, dass er die Unabhängigkeit von Spanien anstrebe, königliche Gelder veruntreue, Indianer misshandle und seine Ehefrau ermordet habe. Anstelle von Cortés hatte ein königlicher Beamter die Regierung übernommen. 1528 stellt man Cortés die Königliche Audiencia zur Seite, deren Vorsitzender Nuño de Guzman, einer der ärgsten Gegner von Cortés, wird. Später, 1535, übernimmt Don Antonio de Mendoza als erster Vizekönig Neuspaniens die Regierungsgeschäfte – nicht zuletzt auch, um die Ausbeutung der Indianer durch die Conquistadoren einzuschränken und die Ansprüche der spanischen Krone besser durchzusetzen.

Vergeblich versucht Cortés seine Ansprüche durchzusetzen und reist schließlich selbst nach Spanien. Der Kaiser verleiht ihm im Juli 1529 den Titel eines Marqués des Tales von Oaxaca sowie große Ländereien in Oaxaca und Grundbesitz in der Hauptstadt und ernennt ihn zum Generalkapitän Neuspaniens und der Küsten des Südmeeres. Cortés wird damit zum reichsten Mann in Mexiko. Ähnlich wie er erhalten die anderen Conquistadoren Städte oder Ländereien. Und auch die indianischen Adligen, vor allem die Erben Moctezumas, bekommen ihren Anteil. So erhält Pedro, ein Sohn Moctezumas, Tula, und Tecuichpo (mit spanischem Namen Isabel), Tochter Moctezumas und die Frau Cuauthémocs, erhält Tacuba.

Als Cortés 1530 nach Mexiko zurückkehrt, erwarten ihn Anklagen der Audiencia und das Verbot, die Hauptstadt zu betreten. Cortés nimmt daraufhin seinen Wohnsitz in Cuernavaca. Er unternimmt noch einmal eine Expedition nach Norden und gelangt bis zur Halbinsel von Kalifornien. Aber ebenso wie der Marsch nach Honduras ist auch diese Expedition für Cortés eine Enttäuschung und finanziell ein Misserfolg. 1540 veranlassen ihn wiederum Kompetenzstreitigkeiten zu einer zweiten Fahrt nach Spanien. 1541 nimmt er am Krieg gegen Algerien teil. Der König verzögert eine Entscheidung in Sachen Cortés um Jahre. Schließlich gibt Cortés auf und will nach Mexiko zurückreisen. Aber er erkrankt an Ruhr und stirbt am 2. Dezember 1547 in Spanien, wo er auch zunächst begraben und dann 1562 auf seinen Wunsch hin nach Mexiko überführt wird. Auch der Sohn von seiner zweiten Frau, Don Martín Cortés, muss hart um seine Besitzansprüche kämpfen. Bis heute hat ein Nachkomme des Cortés den Titel Marqués del Valle de Oaxaca inne, dem auch die Herzogtümer Terranova und Monteleone in Sizilien gehörten. Ein Nachkomme Moctezumas, Don José Sanmiento y Valladeros, Conde de Moctezuma y Tula, war von 1696 bis 1701 Vizekönig Neuspaniens. Bis heute gibt es einen Nachkommen Moctezumas, allerdings in Spanien, der den Titel Herzog Moctezuma von Tultengo trägt.

Die Eroberung des Maya-Gebiets dauert länger und ist erst 1697 vollkommen abgeschlossen, nicht zuletzt weil es ständig zum Widerstand und zu Aufständen der Maya-Indianer kommt. 1523 beginnt die Eroberung von Chiapas, die erst 1528 beendet ist. Alvarado erobert 1524 Guatemala und gründet die erste Hauptstadt, Santiago de Guatemala I; drei Jahre später gründet er Santiago de Guatemala II. und 1525 San Salvador. Montejo I versucht 1527/28 erfolglos Yucatán zu erobern, 1531 bis 1535 unternimmt er einen zweiten Eroberungsversuch. Aber erst 1540 bis 1546 kann Yucatán endgültig von Montejos Sohn, Montejo dem Jüngeren, erobert werden, nicht zuletzt deshalb, weil es unter den verschiedenen Maya-Gruppen selbst zu Feindschaft und Kämpfen gekommen war. Die Maya des Westteils von Yucatán empfangen die Spanier friedlich und unterstützen diese später sogar gegen die Aufstände anderer Maya-Gruppen. 1536 zieht Alvarado nach Higueras, um dort einen Indianer-Aufstand erfolgreich niederzuschlagen. Dabei stirbt Guerrero, der Spanier, der zu den Maya übergewechselt war und sich auch von Cortés nicht überreden ließ, wieder zu den Spaniern zurückzukehren. Alvarado wird schließlich nicht nur Gouverneur von Guatemala, sondern auch von Higueras und Honduras. Montejo der Ältere wird Gouverneur von Yucatán, Tabasco und Chiapas. 1541 wird Alvarado an der Pazifikküste Mexikos während eines Indianer-Aufstandes, dem »Mixton-Krieg«, verwundet und stirbt in Guadalajara. 1528 wird die Audiencia von Mexiko, zu der Tabasco, Yucatán und Chiapas gehören, gegründet. 1544 erfolgt die Gründung der Audiencia de los Confines, später Audiencia von Guatemala genannt, die nicht nur das Gebiet von Guatemala, sondern auch El Salvador, Honduras, Nicaragua und Costa Rica umfasste. Beide Audiencias waren Teil von »Neuspanien«, wie Mexiko seit 1530 genannt wird. Zu Neuspanien gehörten ebenso im Norden große Teile der heutigen USA, nämlich der ganze Südwesten, Kalifornien und Florida. Das andere große koloniale Verwaltungsgebiet der Spanier in Amerika war Neukastilien, das das ehemalige Gebiet des Inka-Reiches umfasste und im Norden (Panama) an Neuspanien grenzte.

Die spanische Eroberung ist letztlich erst im 17. Jahrhundert vollständig abgeschlossen, als im Grenzgebiet zwischen Guatemala und Mexiko die letzten Maya-Stämme, die Lakandonen und die Itzá unterworfen und 1697 Tayasal als letzte Maya-Stadt der Itzá von den Spaniern besiegt wird.

Warum siegten die Spanier, was war das Rezept ihres Erfolges? Diese Frage stellt sich oft angesichts der kleinen Schar, die ein so großes Herrschaftsgebiet wie das der Azteken eroberte. Der Sieg der Spanier hatte mehrere Gründe. Zum einen sind hier die technische Überlegenheit der spanischen Kriegsausrüstung (Waffen und Pferde) sowie die Wirkung der berittenen Soldaten auf die Indianer zu nennen. Zum zweiten konnte die kleine Schar der Spanier die Unterstützung einer großen Anzahl von Indianern gewinnen, denn Cortés verstand es glänzend, die Uneinigkeit und Feindschaft der indianischen Gruppen untereinander zu seinem Vorteil auszunutzen. Drittens ist die andere und letztlich unterlegene Art der aztekischen Kriegsführung zu nennen: Die Azteken waren im Kampf darauf aus, möglichst viele lebende Gefangene – zwecks Menschenopfer – zu machen. Die langen Speere setzten sie, obwohl hervorragend dafür geeignet, nicht gegen die spanischen Reiter ein. Zudem gaben die Azteken den Kampf mehrmals zu früh auf. Kurz, auf die Konfrontation mit einem völlig neuen Gegner wurde nicht sofort adäquat reagiert. Dies zeigt sich auch in der Unentschlossenheit Moctezumas, die Spanier von Anfang an konsequent als Feinde zu behandeln. Cortés auf der anderen Seite verfolgte ohne Zögern sein Ziel und verstand es mit taktischem Geschick, Gegner – sowohl Spanier als auch Indianer – für sich zu gewinnen. Zuletzt stand das Glück einfach auf Seiten der Spanier. So entging Cortés bei den Angriffen und Attentaten nicht nur der Indianer, sondern auch der eigenen Leute mehrmals knapp dem Tod.

»Unerhörte Grausamkeiten« – die spanische Kolonialzeit

> Sie verübten an den Indios unerhörte Grausamkeiten, sie schnitten Nasen, Arme und Beine und den Frauen die Brüste ab, banden ihnen Kalebassen an die Füße und warfen sie in tiefe Lagunen; den Kindern versetzte man Degenstöße, weil sie nicht so schnell wie die Mütter liefen, und wenn man sie in Halseisen mitführte und sie krank wurden oder nicht so schnell wie die anderen liefen, schlug man ihnen die Köpfe ab, damit man nicht halten musste, um sie loszumachen. Und mit einer derartigen Behandlung holten sie viele gefangene Frauen und Männer zu ihrem Dienst zusammen.

So schreibt der Missionar Diego de Landa, der alles andere als ein Indianerfreund war und selbst höchstpersönlich Indianer zu Tode folterte, in seinem *Bericht aus Yucatán* (Kap. IV).

Aber nicht nur solche Grausamkeiten oder die Zwangsarbeit gehörten zu den »Plagen der Indianer«, wie Motolina, der vehement für die Indianer eintrat, es formulierte. Vor allem die von Spaniern eingeschleppten Krankheiten führten zu einem extremen Rückgang der indianischen Bevölkerung schon wenige Jahrzehnte nach der Eroberung. Zählte man 1521 im Hochtal von Mexiko ca. 1 ½ Millionen Indianer und 1000 Spanier, so waren es 1570, nur 50 Jahre später, noch gerade einmal 325 000 Indianer. Ganze Serien von Epidemien in Zentralmexiko von der Eroberung an bis zum 18. Jahrhundert waren daran vor allem Schuld. Um welche Epidemien es sich dabei genau handelte, ist nicht mehr feststellbar. Wahrscheinlich waren es Pocken, Typhus, Gelbfieber oder Masern. Die Indianer waren gegen diese Krankheiten nicht immun und so waren selbst Masern für sie tödlich. Von den Indianern wiederum »erbten« die Europäer die Syphilis, gegen die zwar die Indianer, aber nicht die Spanier immun waren. Zudem verfielen viele Indianer angesichts der desolaten Lebensverhältnisse dem Alkoholismus. Ab Mitte des 17. Jahrhunderts stieg die indianische Bevölkerungszahl wieder an und erreichte 1822, im Jahr der Unabhängigkeit Mexikos von Spanien, im Hochtal von Mexiko 275 000 Indianer. Insgesamt war dies trotzdem nur ein Fünftel der Bevölkerung in vorspanischer Zeit. Ging unter spanischer Herrschaft die indianische Bevölkerungsanzahl um vier Fünftel zurück, war sie im Gegensatz dazu unter aztekischer Herrschaft im Hochtal von Mexiko um das Vierfache gewachsen.

Auf der anderen Seite wuchsen, teilweise schon während der Eroberung, die spanische und indianische Gesellschaft zusammen und es kam zur Mischung der Kulturen. Denn bereits die Eroberer hatten indianische Konkubinen. Indianische Frauen des Adels wurden durchaus von den Spaniern geschätzt. Eine feste Verbindung gingen die Conquisdatoren mit ihren indianischen Frauen meist aber deshalb nicht ein, weil sie bereits mit einer spanischen Frau verheiratet waren oder weil sie sich eine Heirat in den Adelskreisen Spaniens erhofften. So bot der Herrscher von Tlaxcala seine Tochter Xicotenga (spanisch Doña Luisa) Cortés als »Geschenk« an. Cortés lehnte ab, da er schon »gut versorgt« war, und gab das »Geschenk« an Pedro de Alvarado weiter. Das einzige »Manko« von Doña Luisa war mit der christlichen Taufe schnell behoben. Alvarado heiratete sie zwar auch nicht, aber sie wurde ehrenvoll behandelt und zumindest die gemeinsame Tochter Doña Leonora kam später in den Genuss einer standesgemäßen Heirat mit Francisco de la Cueva, einem Vetter des Herzogs von Albuquerque. Cortés selbst hatte nicht nur mit Malinche einen Sohn, sondern auch mit Tecuichpo (mit spanischen Namen Isabel) eine Tochter. Tecuichpo war eine Tochter Moctezumas und die Frau Cuauthémocs. Cortés »übernahm« sie, nachdem er Cuauthémoc hingerichtet hatte, vielleicht war sie der eigentliche Grund für die Hinrichtung ihres Gatten. Nachdem sie Cortés eine Tochter geboren hatte, verheiratete er sie mit einem anderen Spanier, gut versorgt mit der Ortschaft Tacuba als *Encomienda*. Damit war sie auch für die nächsten »Ehen« mit zwei Spaniern bestens ausgestattet. Im Laufe der Kolonialzeit ging aus den Verbindungen der Spanier mit Indianerinnen die Mestizenbevölkerung hervor, die auch noch heute in Mexiko beheimatet ist. Bis heute fehlt »dem Mestizen« eine eigene Identität, er ist weder Spanier noch Indianer bzw. beides zugleich. Man unterschied in der Kolonialzeit die Gesellschaft Mexikos in Weiße bzw. Spanier, Indianer und Mestizen. Die Weißen bildeten die Elite, waren aber eine Minderheit. Bei den Weißen handelte es sich entweder um Kreolen, die in Neuspanien geborenen Spanier, oder die »Peninsularen«, die in Spanien geborenen Weißen. Schließlich sind auch die ursprünglich als Sklaven von den Spaniern nach Mexiko gebrachten Afrikaner zu erwähnen, die ebenfalls Verbindungen mit Weißen und Indianern eingingen. Bei den Mestizen unterschied man diverse »Kasten«. Mit »Kaste« bezeichnete man die Herkunft des Mestizen und den Grad seiner *mestizaje* (»Vermischung«).

Die indianischen Adligen nahmen zwar in der indianischen Hierarchie den obersten Rang ein und waren bis zu einem gewissen Grad den Spaniern gleichgestellt, aber sie hatten keine politische Macht. Man verwehrte ihnen den Zugang zu höheren Positionen in Verwaltung oder Regierung, das Priesteramt, das Tragen von Waffen und anderes mehr. Dem einfachen Indio wurde nicht einmal das volle Bürgerrecht zugestanden. Von Cortés wurden die indianischen Würdenträger der Provinzen aus der Zeit vor der Eroberung zunächst in ihren Ämtern belassen. Man nannte sie »Kaziken« (ein Wort aus dem Karibischen) und sie waren sozusagen die Herrscher einer *Cabecera* oder Provinzhauptstadt (wie die spanische Verwaltungseinheit genannt wurde). Die *Cabeceras* waren die Zentren der indianischen Lokalregierungen. Diesen untergeordnet waren die *Estancias*, die kleineren Orte. Die den spanischen Behörden unterstellten Kaziken waren für die lokale Verwaltung ihrer *Cabecera* zuständig, vor allem für die Steuerabgaben an die *Encomenderos*, aber auch für Wasserversorgung, Straßen und Märkte.

Sehr bald versuchten die Spanier, durch Organisation und Verwaltung ihr Ziel, möglichst schnell reich zu werden, zu erreichen – und zwar auf Kosten der Indianer. Die spanische Krone war ebenso darauf bedacht, ihren Anteil aus den Kolonialgebieten zu erhalten, und versuchte aus diesem Grund, eine zu extreme Ausbeutung der Länder und der Indianer durch die Kolonisten zu verhindern. Zahlten die Indios früher Tribut an die Aztekenherrscher, hielten nach der Eroberung stattdessen die Spanier die Hände auf. Bereits von Cortés wird berichtet, dass er in der Provinz von Cuernavaca von den Indios alle 80 Tage einen Tribut von 4800 Mänteln aus Baumwolle, ferner 20 Hemden, 20 Röcke und 20 Bettdecken aus Baumwolle abverlangte. Darüber hinaus mussten die Indios unentgeltlich die notwendigen Arbeiten in den Ländereien von Cortés leisten. Dadurch war Cortés seinerzeit der reichste Mann in Mexiko.

Tenochtitlán wurde von Indianern völlig neu als spanische Stadt mit einem schachbrettartigen Grundriss wieder aufgebaut, die nicht nur die Arbeit, sondern auch das Material dazu liefern mussten. Dort, wo der Kultbezirk mit dem Templo Mayor und der Palast des Aztekenherrschers gestanden hatten, wurden die Kathedrale und der spanische Regierungspalast (Nationalpalast) erbaut, die als wichtigste Gebäude mit dem Zócalo das Zentrum der Stadt bildeten. Die indianische Bevölkerung wurde auf die Randbezirke der Stadt wie Xochimilco, Tacuba und Texcoco oder auf das Land verdrängt. Auch durch den Rückgang der indianischen Bevölkerung gewannen die Spanier immer mehr am – den Indianern zunächst als Gemeindeland belassenen – Land.

1503 war in Spanien die *Casa de Contratación* (»Haus des Handels«) gegründet worden, eine Institution zur Verwaltung aller Handelsangelegenheiten der Kolonialgebiete Spaniens. 1508 hatte der Papst der spanischen Krone das Patronatsrecht über die Kirche in Übersee übertragen und damit die Berechtigung, in den betreffenden Gebieten das Christentum und die christliche Ordnung zu verbreiten. 1524 wurde der *Consejo de las Indias*, der Indienrat gegründet, der alle Angelegenheiten in Übersee (also auch die *Casa de Contratación*) kontrollierte. Der Indienrat richtete in den spanischen Kolonialgebieten lokale Behörden ein, die *Audiencias,* die für die Gerichts- und Verwaltungsaufgaben, aber auch für die Indianer zuständig waren. Die *Audiencia* kontrollierte auch den im Namen bzw. in Vertretung des spanischen Königs regierenden Vizekönig.

Im Laufe der Kolonialzeit wurde Neuspanien die reichste Kolonie Spaniens – auf Kosten der Indianer. Für die Spanier erwies sich dabei vor allem die Institution der *Encomienda* als ideales Mittel zur Ausbeutung der Indianer. Zweck der *Encomienda* (vom spanischen Wort *encomendar* = »treuhänderisch verwalten«) war ursprünglich, einem Spanier die Verantwortung für die christliche Unterweisung der Indianer eines bestimmten Gebietes zu übertragen, wofür er als Gegenleistung Tribut und – wenn dies nicht möglich war – Dienstleistungen erhalten sollte. Diesem Ziel wurde aber die *Encomienda* nie gerecht, sondern sie wurde von Anfang an als Zuteilung von Land und Arbeitskraft der Indianer missbraucht. Um 1550 gab es im Hochtal von Mexiko 130 Encomenderos, die über ca. 180 000 Indianer herrschten. Das System der *Encomienda* blieb – wenn auch in eingeschränkter Form – bis ins 18. Jahrhundert bestehen.

Neben der durch die *Encomienda* legitimierten Zwangsarbeit gab es von Anfang an auch die Sklaverei. Gerade für die Silbergewinnung in den Minen wurden Sklaven eingesetzt. Waren es anfangs noch Goldminen, so wurde ab Mitte des 16. Jahrhunderts intensiv Silber im Norden Mexikos abgebaut. Die Stadt Guanajuato hatte die reichsten Silberminen. Nach Peru war Mexiko der zweitgrößte Silberlieferant Spaniens. Heute ist Mexiko der weltweit größte Produzent von Silber.

Schließlich wurde die Institution der *Encomienda* von der des *Repartimiento* abgelöst. Dabei wurden einem Spanier direkt indianische Arbeiter zugeteilt, die er bar bezahlen musste – in der Praxis ebenfalls eine Form der Zwangsarbeit. 1601 wurde die Zwangsarbeit verboten, mit Ausnahme der Arbeit in den Bergwerken. Die Spanier mussten sich jetzt »auf dem freien Arbeitsmarkt« nach Arbeitern umsehen, was aber für sie teuer geworden wäre. Sie lösten dieses Problem mit der *Peonaje*, der Schuldknechtschaft, die das *Repartimiento* ersetzte. Hatte man einmal indianische Arbeiter mit Vorschusszahlungen angeworben, die sie abzuarbeiten hatten, genügten ein paar Tricks – wie z. B. die Verpflichtung zum Kauf der zum Leben nötigen Sachen beim Großgrundbesitzer zum mehrfach überhöhten Preis –, so dass die Indianer nie mehr aus den Schulden und somit aus dem Arbeitsverhältnis herauskamen.

Es trat nun der *Hacendado* oder *Patrón*, der Großgrundbesitzer, an die Stelle des *Encomendero* und übte die Herrschaft über die für ihn arbeitenden Indianer aus. So hatte man einen Weg gefunden, die offiziell abgeschaffte Sklaverei fortzuführen. Bis ins 20. Jahrhundert setzte sich diese Ausbeutung der indianischen Bevölkerung fort, wie sie beispielsweise B. Traven in seinen Romanen, die durchaus nicht Fiktion sind, beschreibt. Nur eine einzige Gruppe von Spaniern ergriff Partei für die Indianer und setzte sich für ihre Rechte ein: die Ordensgeistlichen. Zu nennen sind hier besonders die Orden der Dominikaner und Franziskaner, aus denen die großen Verteidiger der Indianer, Fray Bartolomé de las Casas und Fray Toribío de Benavente genannt Motolinía, hervorgingen. Aber diese waren nur Ausnahmen, denn die weltlichen Geistlichen – mit denen die wichtigsten Kirchenämter besetzt waren – standen auf Seiten der spanischen Kolonisten und waren ebenso wie diese der persönlichen Bereicherung auf Kosten der Indios nicht abgeneigt.

Las Casas wurde 1474 in Sevilla geboren. Sein Vater, ein einfacher Marinesoldat, nahm 1492 an der Entdeckungsfahrt von Kolumbus teil. Las Casas hatte zunächst selbst von 1502 bis 1512 auf der Insel Hispaniola eine *Encomienda* und vollzog dann eine völlige Kehrtwendung: Er wurde Dominikanermönch und kämpfte 50 Jahre lang gegen Missbrauch, Gewalt, Ausbeutung und Versklavung der Indios und machte in seinen Schriften auf dieses Unrecht aufmerksam. Aus Kolumbien berichtet er, wie die Spanier ihre Hunde mit Indianerfleisch füttern. Aus Yucatán berichtet er, dass ein Spanier einem Indianerjungen Ohren und Nase abschneidet, um ihn dafür zu bestrafen, dass er nicht mit ihm kommen will. Bestätigt werden Las Casas Berichte von anderen Chronisten.

Ein Ergebnis des unermüdlichen Kampfes Las Casas' waren die Neuen Gesetze (»Nuevas Leyes«) von Burgos, die Karl V. am 20. November 1542 erließ. Diese Gesetze hatten den Schutz der Indios zum Ziel; sie schränkten z. B. *Encomienda* und Zwangsarbeit ein und verboten die Sklaverei und Ausschreitungen gegen die Indios. Die Umsetzung dieser Gesetze war die andere Seite der Medaille. In Juan Ginés de Sepúlveda, dem persönlichen Berater von Karl V., hatte Las Casas einen scharfen Gegner. 1550 fand ein Streitgespräch zwischen Las Casas und Sepúlveda statt.

Las Casas wirkte auch praktisch. Im Grenzgebiet zwischen Chiapas und Guatemala – bei den Quiché- und Kechí-Maya – begann Las Casas 1537 ein Missionsreservat zu errichten, nicht nur mit dem Ziel der Missionierung der Indianer, sondern auch zu ihrem Schutz vor Übergriffen durch die *Encomenderos*. Las Casas konnte Karl V. dafür gewinnen und 1545 wurde er Bischof von Chiapas. Die Stadt San Cristobal de las Casas wurde später nach ihm benannt. Sein Missionswerk hatte jedoch nur in Guatemala Erfolg, in Chiapas musste Las Casas gegen den Widerstand der *Encomenderos* kapitulieren, so dass er 1547 sein Bischofsamt aufgab und nach Spanien zurückkehrte – um dort seinen Einsatz für die Indianer bis zu seinem Tod 1566 in Madrid fortzusetzen.

Christliche oder indianische Religion? –
der Kult der Jungfrau von Guadalupe

In Gestalt des Kultes der heiligen Jungfrau von Guadalupe *(Virgin de Guadalupe)*, die auf eine Marienerscheinung eines Indianers zurückgeht, verbinden sich aztekische und christliche Religion. Denn die Erscheinung der heiligen Maria widerfuhr 1531 – zehn Jahre nach der Eroberung – einem Indianer, und zwar genau an der Stelle auf dem Berg Tepeyacac außerhalb von Mexiko-Stadt, wo sich früher ein Heiligtum der aztekischen Erdgöttin Tonantzin befand. Heute bildet dieser Ort mit der Basilika der Jungfrau von Guadalupe einen nördlichen Stadtteil von Mexiko-Stadt.

Der Indianer Juan Diego aus Cuauhtitlán war 1531 auf dem Weg zum Gottesdienst, als ihm auf dem Hügel Tepeyacac die Gottesmutter Maria erschien und zu ihm sprach: »Es ist mein innigster Wunsch, dass man mir hier eine Kirche erbaut, wo ich (...) allen Menschen, alle meine Liebe, mein Mitleid, meine Hilfe, meinen Schutz erweisen, verbreiten und schenken kann. (...) Hier werde ich erhören ihre Klagen, ihr Leiden, so werde ich sie aufrichten, werde ich heilen alle ihre Not, ihr Elend, ihre Leiden.«[26]

Juan Diego sollte zum Bischof Zumárraga von Mexiko gehen und ihm alles mitzuteilen. Er bekam auch eine Audienz beim Bischof, aber dieser war skeptisch und vertröstete ihn damit, noch einmal wiederzukommen. Wieder zum Berg Tepeyacac umgekehrt, erhielt Diego nochmals von der Gottesmutter den Auftrag, beim Bischof vorzusprechen. Dieser empfing ihn zwar wieder, verlangte aber einen Beweis von ihm. Mit dieser Antwort kehrte Diego wieder um. Nun ließ die Jungfrau – mitten im Winter und in der kargen Landschaft – Rosen erblühen. Nachdem Diego die Rosen auf Anweisung der Jungfrau gepflückt und in seinen Umhang getan hatte, trat er

---

26 zit. aus Miguel Léon-Portilla: Tonantzin Guadalupe, 2000, S. 101 ff. (dt. U. P.)

wiederum vor den Bischof und öffnete den Umhang. »Und darauf öffnete er seine weiße Decke, in der die Blumen aufbewahrt waren. Und als die mannigfaltigen kastilischen Blumen zu Boden fielen, blieb dort in seinem Umhang das Zeichen, erschien das herrliche Bild der Heiligen Jungfrau Maria, der Mutter Gottes, so wie es heute aufbewahrt wird in dem herrlichen Schrein, in ihrer Kirche in Tepeyacac, die man Guadalupe nennt.«[27] Während die weltliche Kirche die Marienerscheinung anerkannte, die Kirche baute und den Kult der Jungfrau von Guadalupe förderte, standen die Ordensgeistlichen der Sache ablehnend gegenüber, da sie die indianische Darstellung Marias mit dem indianischen Gesicht auf dem Gnadenbild als heidnisch empfanden. Nicht ganz zu Unrecht, denn die an derselben Stelle zuvor verehrte aztekische Erdgöttin Tonantzin war eine Erscheinung der Coatlicue, der Mutter des aztekischen Stammes- und Kriegsgottes Huitzilopochtli.

Die Jungfrau von Guadalupe wurde zur Schutzheiligen Lateinamerikas schlechthin und zum Vorbild der Jungfräulichkeit in einer männerorientierten bzw. durch *Machismo* geprägten Gesellschaft. Im Jahr 2001 wurde – als erster Indianer – Juan Diego heiliggesprochen. Am 12. Dezember wird der Tag der *Virgin de Guadalupe* gefeiert. Die Basilica ist an diesem Tag das Ziel von Pilgerfahrten, auf dem Platz vor der Basilica finden Tänze statt, meistens organisiert von *Cofradías* (Bruderschaften). Diese Cofradías sind der integrierende Faktor zwischen indianischer und christlicher Religion. Sie wurden von den Europäern zur Festigung des Christentums eingeführt und lassen sich auf die christlichen Bruderschaften in Europa zur Zeit des Mittelalters zurückführen. Die *Cofradías* verbinden nicht nur das katholische und indianische Element, sondern sind auch ein stabilisierender Faktor der Dorfgemeinschaft, ja der indianischen Identität. Wichtigste Aufgabe einer *cofradía* ist die Verehrung und »Betreuung« eines bestimmten, mit einer indianischen Gottheit gleichgesetzten Heiligen, die Organisa-

---

27 Ebd.

tion seines Patronatsfestes, die Versorgung der in der Kirche aufgestellten Heiligenfigur mit Opfern und Bekleidung etc.

Der *Guadalupismo*, der Kult der *Virgin de Guadalupe* ist gleichzeitig das Paradebeispiel für den Synkretismus zwischen indianischer und christlicher Religion. Schon die Franziskaner und Dominikaner waren bei der Missionierung nach der Eroberung bestrebt – solange es erlaubt war –, indianische Gesänge und Tänze in den christlichen Ritus zu integrieren und christlich zu interpretieren. Heute zeigt sich der Synkretismus dergestalt, dass man offiziell der katholischen Kirche angehört und dass im öffentlichen Bereich das Christentum vorherrscht, im privaten Leben aber die indianische Tradition noch sehr lebendig ist. Mit bestimmten christlichen Heiligen, die man verehrt, verehrt man gleichzeitig indianische Gottheiten. Indianische Heiler, Medizinmänner und Wahrsager sind nach wie vor gefragt und haben ein fundiertes Wissen über wirksame Heilkräuter – das übrigens auch für die moderne Medizin fruchtbar gemacht wird. Am deutlichsten wird dies für jeden Touristen, der eine Kirche in Chiapas besucht: Äußerlich als katholische Kirche erkennbar, fehlen innen weitgehend die üblichen Sitzbänke. Stattdessen fallen die Altäre vor den einzelnen Heiligenbildern und – mit Kleidern versehenen – Heiligenfiguren samt ihren Opfergaben auf: Kerzen, Getränke wie Wasser, Cola oder Alkohol, Blumen, Räucheropfer und anderes mehr. Zum Fest des Heiligen eines Ortes sind die – meist indianischen – Tänze ein unerlässlicher Bestandteil.

Adler oder Sonne? – indianische Tradition im Wandel der Zeit

Mexiko kann als Paradebeispiel für die indianische Tradition im Wandel der Zeit gelten, wo seit der Revolution der »Indigenismus« gefördert wird. Dieser versucht einerseits die indianische Tradition, das Indianische aufzuwerten und zu erhalten, andererseits die Indianer in die Gesellschaft zu integrieren und anzupassen – ein Widerspruch in sich. Dieser Widerspruch, die Betonung des Wertes der altmexikanischen Hochkulturen und Vergangenheit einerseits und die Geringschätzung der heutigen Indianer, ist nach wie vor präsent und zeigt sich am deutlichsten an *dem* Symbol mexikanischer Identität, dem Nationalmuseum für Anthropologie in Mexiko-Stadt.

Auch in der Kunst zeigt sich nicht nur in Mexiko mit Beginn des 20. Jahrhunderts eine Rückbesinnung auf die altindianischen Traditionen. Gerade mexikanische Künstler wurden über die Landesgrenzen hinaus bekannt. In der Literatur sind beispielhaft Juan Rulfo (1918–1986), Octavio Paz (1914–1998) und Carlos Fuentes (1928–2012) zu nennen, die in ihren Werken die indianische Vergangenheit oder Gegenwart Mexikos zum Thema machten. Im Zuge des Indigenismus sollten Wandmalereien in öffentlichen Gebäuden der – zum großen Teil analphabetischen – Bevölkerung die eigene Geschichte vermitteln. Die drei bedeutendsten Vertreter des mexikanischen *Muralismo*, der Wandmalerei, waren Diego Rivera (1886–1957), José Clemente Orozco (1883–1949) und David Alfaro Siqueiros (1896–1974). Ihre Wandmalereien finden sich noch heute in zahlreichen öffentlichen Gebäuden vor allem von Mexiko-Stadt. Diego Rivera war der produktivste von diesen drei *Muralisten*. Bei ihm wurde die indianische Vergangenheit – neben anderen politischen und sozialen Motiven – zu einem zentralen Thema. Seine wichtigsten Wandmalereien befinden sich im Regierungspalast und Erziehungsministerium von Mexiko-Stadt. Privat besaß er eine nicht unbedeutende Sammlung präkolumbianischer Kunst von ca. 2000 Exemplaren, die heute noch in dem von ihm – nach dem Vorbild eines Maya-Grabes – selbst entworfenen Haus, dem Anahuacalli (»Haus von Anáhuac«) in Coyoacán ausgestellt ist.

Auch bei der Potraitmalerin Frida Kahlo (1907–1954), Ehefrau von Diego Rivera, spielt die Betonung des Mexikanischen und des Indianischen eine wichtige Rolle. Sowohl auf Fotos und erst recht in ihren Selbstbildnissen fällt die Selbstinszenierung Frida Kahlos in indianischer Tracht, oft mit ihren beiden mexikanischen Nackthunden auf. Ein anderer sehr bedeutender moderner Maler Mexikos ist der zapotekische Indianer Rufino Tamayo (1899–1991), der moderne Malerei mit mexikanischer Volkskunst verband. Auch er besaß eine Sammlung archäologischer Kunstwerke, die noch heute in dem Museum »Rufino Tamayo« in Oaxaca zu sehen sind.

In der Folklore, in den Festen oder im Kunsthandwerk lebt das altmexikanische bzw. indianische Element weiter. Zu nennen sind Keramik, Weberei, Kupfersachen, Malereien auf Amate sowie Holz- und Lackarbeiten. Diverse Gebiete und Städte Mexikos sind jeweils für eine spezielle kunsthandwerkliche Sparte und einen bestimmten Kunststil bekannt. Bestimmte Teile des altindianischen Kunsthandwerkes sind ganz ausgestorben, wie z. B. die kunstvollen aztekischen Federarbeiten, die noch in der Kolonialzeit ein gewisses Nachleben in Form von Heiligenbildern hatten. Da das indianische Kunsthandwerk vor allem auch vom Tourismus lebt, ergibt sich immer eine gewisse Anpassung an die jeweilige Nachfrage der Touristen und die »Modetendenzen« der Gegenwart.

Die Nachkommen derer, die die Pyramiden und Tempel der Hochkulturen des Alten Mexiko schufen, leben noch heute. Von den schätzungsweisen 120 Millionen Einwohnern Mexikos sind ca. zwölf Millionen Indianer. Die Mehrheit der mexikanischen Bevölkerung bilden mit 60 % die Mestizen. Offiziell sind allein in Mexiko 62 indianische Sprachen anerkannt. Mehr als sechs Millionen Mexikaner im Alter von über fünf Jahren gaben 2005 an, dass eine dieser 62 indianischen Sprachen ihre Muttersprache sei. Nach dem Zensus von 2000 in Mexiko sprechen 1,5 Millionen Mexikaner Nahuatl, die Sprache der Azteken. Im nördlichen Teil des Hochlandes von Mexiko sprechen 300 000 die Sprache der Otomi-Indianer. An der Golfküste sprechen noch 280 000 die Sprache der Totonaken. In Oaxaca und Teilen der Nachbarbundesstaaten sprechen 750 000 Zapotekisch und 450 000 Mixtekisch. In Guatemala sprechen zwei Millionen die Maya-Sprache Quiché (bzw. K'iche'), in Yucatán 805 000 Mayathan bzw. das yukatekische Maya; 234 000 Chol-Chontal, 356 000 Tzotzil (in Chiapas) und Huastekisch 173 000. Vor allem die Hochland-Maya, die Tzotzil, Tzeltal und Tojolabal in Chiapas (ähnlich auch die Hochland-Maya in Guatemala) leben noch sehr traditionell. Jede Gemeinde bzw. jeder Ort spricht einen eigenen Dialekt und hat seine eigene Tracht. Dem Besucher des Marktes in San Cristobal de las Casas, der Hauptstadt von Chiapas, bietet sich ein farbenprächtiges Bild der verschiedensten Maya-Trachten, denn der Markt ist ein Treffpunkt für alle Maya der Umgebung. Im Regenwald des östlichen Chiapas leben noch ca. 560 Lakandonen, die nie missioniert bzw. christianisiert worden sind, aber deren Lebensraum durch die Holzindustrie immer mehr eingeschränkt wird. Ebenfalls sehr traditionell leben die Indianergruppen im Norden Mexikos, so die Tarahumaras, Huicholes, Yaqui und Cora. Die Tatsache, dass die Nachfahren der alten Kulturen Mexikos heute immer noch präsent sind, wurde von der Wissenschaft der Alt-Amerikanistik lange ignoriert: Man beschäftigte sich lange Zeit ausschließlich mit den *alt*mexikanischen Kulturen, ohne einen Blick auf die Situation der heutigen Indianer zu werfen, ihnen die Erkenntnisse und somit ihre eigene Vergangenheit zu vermitteln oder sich gar für deren Kampf ums Überleben einzusetzen. Erst in den letzten Jahrzehnten hat erfreulicherweise eine Entwicklung in diese Richtung stattgefunden.

Die Sprache ist zwar ein eindeutiges Kriterium der Einordnung als Indianer, aber nicht das Einzige. Mitentscheidend ist – was generell für die Definition einer Ethnie gilt – die eigene und fremde, letztlich mental-subjektive Zuordnung, d. h. ob sich jemand selbst als Indianer betrachtet und/oder auch von außen als solcher gesehen wird. Diese Selbsteinschätzung kann sich innerhalb des Lebens einer Person durchaus ändern. Jemand gilt z. B. solange, wie er in einer indianischen Dorfgemeinschaft lebt, als Indianer. Sobald er aber in die Stadt zieht, in der Hoffnung auf mehr und bessere Arbeitsmöglichkeiten, und sich dem Stadtleben anpasst, ist er letztlich nicht mehr als Indianer anzusprechen, da er nicht mehr im indianischen Kontext der Dorfgemeinschaft lebt. Für den Fremden und Touristen wird das indianische Leben vor allem anhand der Fiestas und Märkte sichtbar.

Die existenziellen Probleme werden häufig durch Alkoholismus kompensiert. Auch die Fiestas und der *Machismo*, die männerorientierte Lebenseinstellung, sind Bereiche, in denen sich der Indio ausleben, ein gewisses Selbstwertgefühl erlangen sowie seine Misere verdrängen kann und die daher von Regierung und Obrigkeit seit jeher bewusst toleriert, ja gefördert werden, um jeden Widerspruch und Aufstand seitens der Indianer von Anfang an zu vermeiden. Obwohl indianisches Leben und indianische Tradition nach wie vor präsent sind, scheint die Zukunft ungewiss – um mit den Worten eines anonymen Dichters der *Cantares Mexicanos* zu enden:

> »Eines Tages müssen wir gehen,
> eines Nachts müssen wir hinabsteigen
> ins Reich des Mysteriums.
> Hier erst lernen wir uns wahrhaft kennen,
> Nur im Schwinden sind wir auf Erden.«[28]

---

28 zit. in DuMont-Verlag (Hg.): »Azteken«, 2003, S. 69.

ZEITLICHER ÜBERBLICK ÜBER DIE WICHTIGSTEN HOCHKULTUREN DES ALTEN MEXIKO

Zwischen 40 000–10 000 v. Chr.	Einwanderung verschiedener Gruppen von Jägern und Sammlerinnen aus Asien nach Amerika in mehreren Schüben
um 22 000 v. Chr.	Erste menschliche Siedlungsspuren in Mexiko (Tlapacoya)
5000–3400 v. Chr.	Beginn der Kultivierung von Mais und Bohnen, Beginn der Sesshaftigkeit
2300–1500 v. Chr.	Erstmals Herstellung von Keramik, ein sicheres Zeichen völliger Sesshaftigkeit

Vorklassik

1200–600 v. Chr.	Blütezeit der Kultur der Olmeken, der ersten Hochkultur in Mesoamerika (San Lorenzo und La Venta)
50 v. Chr.–150 n. Chr.	Izapa / Kaminaljuyú (Anfänge der Maya-Kultur)

Klassik

350–550 n. Chr.	Blütezeit von Teotihuacán
500–800 n. Chr.	Blütezeit von Monte Albán
600–900	Blütezeit von El Tajín (Tarasken)
725–950	Blütezeit von Cholula

Nachklassik

um 900	Blütezeit der Puuc-Städte (Uxmal, Kabah, Labná, Sayil, Edzná) und der Stadt Cobá im Maya-Gebiet
900–1150	Tula (Tolteken)
900–1200	Chichén Itzá (Yucatán)
1250–1451	Mayapán (Yucatán)
1250	Ankunft der Mexica im Hochtal von Mexiko
1325	Gründung von Tenochtitlán, der Hauptstadt der Mexica
1433	Gründung des aztekischen Dreierbundes der Städte Tenochtitlán, Texcoco und Tlacopan
1519–1521	Eroberung Tenochtitláns durch die Spanier
1521	Gefangennahme Cuauhtémocs, des letzten Aztekenherrschers, und endgültiger Sieg der Spanier
1697	Eroberung von Tayasal (Guatemala), der letzten Maya-Siedlung, durch die Spanier

BIBLIOGRAFIE

(Bei der Auswahl der Bibliografie wurden deutschsprachige Publikationen als Einstiegslektüre in das Thema vorrangig berücksichtigt.)

Landeskunde und Geschichte im Überblick

Baedeker-Reiseführer: Mexiko, Ostfildern, [13]2014
Ewald, Ursula: Mexiko. Das Land, seine Geschichte und Kultur, Stuttgart u. a. 1994
Gockel, Wolfgang: Mexiko (DuMont-Kunstreiseführer), Köln [3]2005
Heck, Gerhard / Gockel, Wolfgang: Guatemala, Belize, Honduras und El Salvador (DuMont-Kunstreiseführer), Köln [2]2006
Neubauer, Jürgen: Mexiko. Ein Länderporträt, Berlin 2012
Ruhl, Klaus-Jörg / Ibarra García, Laura: Kleine Geschichte Mexikos. Von der Frühzeit bis zur Gegenwart, München [2]2007
Prescott, William H.: Die Eroberung von Mexiko, Berlin 1956

Allgemeine Übersichtswerke

Coe, Michael D. (Hg.): Amerika vor Kolumbus (Bildatlas der Weltkulturen), Augsburg 1996
Ders.: Mexico: From the Olmecs to the Aztecs, London 2002
Consejo Nacional para la Cultura y las Artes / Instituto Nacional de Antropología e Historia (Hg.): Arqueología Mexicana (Zeitschrift, die anschaulich und verständlich zu Themen der mesoamerikanischen Kulturen berichtet, allerdings auf Spanisch)
Davies, Nigel: Die versunkenen Königreiche Mexikos, München 1988
Kirchhoff, Paul: Mesoamérica: sus límites geográficos, composición étnica y carácteres culturales, Acta Americana 1 (1943), 92–107.
Köhler, Ulrich (Hg.): Altamerikanistik. Eine Einführung in die Hochkulturen Mittel- und Südamerikas, Berlin 1990
Pörtner, Rudolf / Davies, Nigel (Hg.): Alte Kulturen der Neuen Welt. Neue Erkenntnisse der Archäologie, Frankfurt a. M. 1982

Prem, Hanns J.: Geschichte Alt-Amerikas, München 2007

Prem, Hanns J. / Dyckerhoff, Ursula (Hg.): Das alte Mexiko. Geschichte und Kultur der Völker Mesoamerikas, München 1986

Riese, Berthold: Der Untergang der Sonnengötter. Die Hochkulturen des alten Amerika, Freiburg, Basel, Wien 2010

Seler, Eduard: Gesammelte Abhandlungen zur Amerikanischen Sprach- und Altertumskunde (4 Bde.), Graz 1960

Übersee-Museum Bremen / Ganslmayr, Herbert (Hg.): Lebende Tote. Totenkult in Mexiko, Frankfurt a. M. 1986

Wauchope, Robert (Hg.): Handbook of Middle American Indians (16 Bde.), Austin 1964–1976 (bis heute Grundlagenwerk zu den meso-amerikanischen Kulturen, mit Ergänzungsbänden)

Vorläufer und Nachbarkulturen der Maya und Azteken

Blanton, Richard E. / Feinman, Gary M. / Kowalewski, Stephen A. u. a.: Ancient Oaxaca. The Monte Albán State, Cambridge 1999

Bernal, Ignacio: The Olmec World, California University 1969

Caso, Alfonso: Dioses y Signos Teotihuacános, in: IX Mesa Redonda, Mexiko-Stadt 1966, 249–275.

Coe, Michael D. / Diehl, Richard A. / Furst, Peter D. u. a.: The Olmec World. Ritual and Rulership, New York 1996

Flannery, Kent V. / Marcus, Joyce (Hg.): The Cloud People: Divergent Evolution of the Zapotec und Mixtec Civilizations, New York 1983

Kasburg, Carola: Die Totonaken und El Tajín. Beharrung und Wandel über vier Jahrtausende (Ethnografische Studien 22), Berlin, Münster, Wien u. a. 1992

Kubler, George: The Iconography of the Art of Teotihuacán, 1967

Lynton, Marion und Mark: Aus der Tiefe. Grabfiguren aus Westmexiko, Köln 1986

Pool, Christopher: Olmec Archaeology and Early Mesoamerica (Cambridge World Archaeology), Cambridge 2007

Rönz, Tina: Die Zapoteken, München 2002

Solis, Felipe / Cowgill, George L. / Cabrera Castro, Rubén u. a.: Teotihuacan. Geheimnisvolle Pyramidenstadt, Paris 1996

Soustelle, Jaques: Die Olmeken. Ursprung der mexikanischen Hochkulturen, Zürich 1982

Maya

Benavide Castillo, Antonio / Staines Cicero, Leticia / Garza, Mercedes de la u. a.: Maya. Die nachklassische Periode, München 1998
Coe, Michael D.: Die Maya. Glanz und Untergang einer indianischen Kultur, Bergisch Gladbach 1982
Eggebrecht, Arne und Eva (Hg.): Die Welt der Maya, Mainz [2]1992
Grube, Nikolai (Hg.): Maya. Gottkönige im Regenwald, Köln 2000
Grube, Nikolai / Gaida, Maria: Die Maya: Schrift und Kunst, Köln 2006
Schele, Linda / Freidel, David: Die unbekannte Welt der Maya. Das Geheimnis ihrer Kultur entschlüsselt, Augsburg 1994
Riese, Berthold: Die Maya. Geschichte – Kultur – Religion, München [7]2011
John L. Stephens: In den Städten der Maya. Reisen und Entdeckungen in Mittelamerika und Mexiko 1839–1842, hg. v. Frank Rainer Scheck, Köln 1980
Taladoire, Éric: Die Maya, Darmstadt 2003
Thompson, J. Eric S.: Die Maya. Aufstieg und Niedergang einer Indianerkultur, Essen 1975
Westphal, Wilfried: Die Maya. Volk im Schatten seiner Väter, München 1977

Azteken

Carrasco, David: Die Azteken, Stuttgart 2015
Davies, Nigel: Die Azteken. Meister der Staatskunst, Schöpfer hoher Kultur, Reinbek bei Hamburg 1976
DuMont-Verlag (Hg.): Azteken (Ausstellungskatalog), Köln 2003
Eggebrecht, Arne (Hg.): Geheimnisvolles Mexiko. Die Kultur der Azteken (Ausstellungskatalog), Augsburg 1994
Leon-Portilla, Miguel: La Filosofia Nahuatl. Estudia en sus fuentes, México 1983
Peters, Ulrike: Philosophie der Azteken. Eroberung und Mission als Transkulturation (Interkulturelle Bibliothek 22), Nordhausen 2010
Prem, Hanns J.: Die Azteken. Geschichte, Kultur, Religion, München [5]2011
Riese, Berthold: Das Reich der Azteken: Geschichte und Kultur, München 2014

Sandmaier, Peter: Azteken und Spanier: Das Aufeinandertreffen zweier Großmächte, München 2013

Westphal, Wilfried: Montezumas Erben. Die Geschichte der Azteken von den Anfängen bis heute, Essen 2003

Religion, Schrift und Kalender

Anders, Ferdinand / Jansen, Maarten: Schrift und Buch im Alten Mexiko, Graz 1988

Arellano Hoffman, Carmen / Schmidt, Peer (Hg.): Die Bücher der Maya, Mixteken und Azteken. Die Schrift und ihre Funktion in vorspanischen und kolonialen Codices (Schriften der Universitätsbibliothek Eichstätt 34), Frankfurt a. M. 1997

Coe, Michael D.: Das Geheimnis der Maya-Schrift. Ein Code wird entziffert, Reinbek ²1995

Eliade, Mircea: Schamanismus und archaische Ekstasetechnik, Frankfurt a. M. (1951) 2006

Furst, Peter: Flesh of the Gods. The Ritual Use of Hallucinogens, Waveland 1990

Grube, Nikolai: Der Dresdner Maya-Kalender. Der vollständige Codex, Freiburg, Basel, Wien 2012

Hellmuth, Nicholas M.: Monster und Menschen in der Maya-Kunst. Eine Ikonographie der alten Religionen Mexikos und Guatemalas, Graz 1987

Krickeberg, Walter u. a. (Hg.): Die Religionen des alten Amerika (Die Religionen der Menschheit 7), Stuttgart 1961

Léon-Portilla, Miguel: Tonantzin Guadalupe. Pensamiento Náhuatl y Mensaje Cristiano en el »Nican Mopohua«, México D.F. 2000

Linden, Heidi: Das Ballspiel in Kult und Mythologie der mesoamerikanischen Völker (Nikephoros 1), Hildesheim 1993

Peters, Ulrike: Esoterik als moderne Religionsform (Interkulturelle Bibliothek 13), Nordhausen 2012 (behandelt ausführlich den Maya-Kalender in der Esoterik im Vergleich zu den Kalendersystemen der historischen Maya)

Rätsch, Christian (Hg.): Chactun. Die Götter der Maya. Quellentexte, Darstellung und Wörterbuch, Köln 1988

Ders.: Vom Forscher, der auszog, das Zaubern zu lernen. Meine Erlebnisse bei den Erben der Maya, Stuttgart 2008

Schellhas, Paul: Die Göttergestalten der Maya-Handschriften: Ein mythologisches Kulturbild aus dem Alten Amerika, Dresden 1897

Stenzel, Werner: Grundlagen der mesoamerikanischen Religionen, Frankfurt a. M. 2014

Miller, Mary / Taube, Karl: An Illustrated Dictionary of the Gods and Symbols of Ancient Mexico and the Mayas, London 1997

Vajda, Laszlo: Zur phaseologischen Stellung des Schamanismus, in: C. A. Schmitz (Hg.): Religions-Ethnologie, Frankfurt a. M. 1964, 265–295.

Quellen / Primärliteratur

Cortés, Hernan: Die Eroberung Mexikos. Eigenhändige Berichte an Kaiser Karl V., Frankfurt a. M. 1974

Crónica Mexicayotl: hg. v. Berthold Riese (Collectana Instituti Anthropos 44), Sankt Augustin 2004

Díaz del Castillo, Bernal: Denkwürdigkeiten des Hauptmanns Bernal Díaz del Castillo oder Wahrhafte Geschichte der Entdeckung und Eroberung von Neuspanien, Stuttgart 1965

Humboldt, Alexander von: Mexico-Werk. Politische Ideen zu Mexico. Mexicanische Landeskunde (Darmstädter Ausgabe 4), hg. v. Hanno Beck, Darmstadt ²2008

Ders.: Die Wiederentdeckung der Neuen Welt. Erstmals zusammengestellt aus dem unvollendeten Reisebericht und den Reisetagebüchern, hg. v. Paul Kanut Schäfer, München 1992

Krickeberg, Walter (Hg.): Märchen der Azteken und Inkaperuaner, Maya und Muisca, München 1991

Landa, Diego de: Bericht aus Yucatán, hg. v. Carlos Rincón, Leipzig 1990

León-Portilla, Miguel (Hg.): Cantos y Crónicas del México Antigua (historia 16), Madrid 1986

Popol Vuh. Das Buch des Rates, hg. v. Wolfang Cordan, Köln 1995

Seler, Eduard: Einige Kapitel aus dem Geschichtswerk des Fray Bernardino de Sahagun, hg. v. Caecilia Seler-Sachs / Walter Lehmann / Walter Krickeberg, Stuttgart 1927 (Nachdruck Paderborn 2014)

Bildnachweis

S. 34, 99, 139:
Cartomedia Karlsruhe

Alle übrigen Abbildungen stammen aus dem privaten Besitz
unserer Autorin Ulrike Peters.